Jean-Martin Jünger **Arbeitsrecht**

JURIQ Erfolgstraining

Herausgegeben von JURIQ® Juristisches Repetitorium, Köln

Arbeitsrecht

von
Rechtsanwalt Jean-Martin Jünger

2., neu bearbeitete Auflage

CFM
C.F. Müller

Bibliografische Information der Deutschen Nationalbibliothek
Die Deutsche Nationalbibliothek verzeichnet diese Publikation in der Deutschen Nationalbibliografie; detaillierte bibliografische Daten sind im Internet über <http://dnb.d-nb.de> abrufbar.

Bei der Herstellung des Werkes haben wir uns zukunftsbewusst für umweltverträgliche und wiederverwertbare Materialien entschieden. Der Inhalt ist auf elementar chlorfreies Papier gedruckt.

ISBN 978-3-8114-7120-7

E-Mail: kundenservice@hjr-verlag.de
Telefon: +49 6221/489-555
Telefax: +49 6221/489-410

www.cfmueller-campus.de
www.hjr-verlag.de

Satz: TypoScript, München
Illustrationen: Mattfeldt & Sänger, München
Druck: Kessler Druck + Medien, Bobingen

Liebe Leserinnen und Leser,

die Reihe „JURIQ Erfolgstraining" zur Klausur- und Prüfungsvorbereitung verbindet sowohl für Studienanfänger als auch für höhere Semester die Vorzüge des klassischen Lehrbuchs mit meiner Unterrichtserfahrung zu einem umfassenden Lernkonzept aus Skript und Online-Training.

In einem ersten Schritt geht es um das **Erlernen** der nach Prüfungsrelevanz ausgewählten und gewichteten Inhalte und Themenstellungen. Einleitende Prüfungsschemata sorgen für eine klare Struktur und weisen auf die typischen Problemkreise hin, die Sie in einer Klausur kennen und beherrschen müssen. Neu ist die **visuelle Lernunterstützung** durch

- ein nach didaktischen Gesichtspunkten ausgewähltes Farblayout
- optische Verstärkung durch einprägsame Graphiken und
- wiederkehrende Symbole am Rand

= Definition zum Auswendiglernen und Wiederholen

= Problempunkt

= Online-Wissens-Check

Illustrationen als „Lernanker" für schwierige Beispiele und Fallkonstellationen steigern die Merk- und Erinnerungsleistung Ihres Langzeitgedächtnisses.

Auf die Phase des Lernens folgt das **Wiederholen und Überprüfen** des Erlernten im **Online-Wissens-Check**: Wenn Sie im Internet unter **www.juracademy.de/skripte/login** das speziell auf das Skript abgestimmte Wissens-, Definitions- und Aufbautraining absolvieren, erhalten Sie ein direktes Feedback zum eigenen Wissensstand und kontrollieren Ihren individuellen Lernfortschritt. Durch dieses aktive Lernen vertiefen Sie zudem nachhaltig und damit erfolgreich Ihre **arbeitsrechtlichen** Kenntnisse!

Frage 1 (Punkte: 1)

Der Arbeitnehmer zeichnet sich durch folgende Kriterien aus:

Antwort

Aussagen	Antwort	Aussagerichtigkeit und Kommentar
a) Eigenes Unternehmerrisiko	☐ ✓	Falsch. Dies ist Merkmal der Selbstständigkeit und somit kein Kriterium der Arbeitnehmerschaft.
b) Dienstleistung ohne fremde Mittel	☐ ✓	Falsch. Der Arbeitnehmer nutzt die Arbeitsmittel des Arbeitgebers und somit fremde Mittel.
c) Eingliederung in den Betrieb	☑ ✓	Richtig. Das BAG geht davon aus, dass der Dienstverpflichtete in die Organisation des Dienstberechtigten eingebunden sein muss.
d) Starke Weisungsgebundenheit	☑ ✓	Richtig. Arbeitnehmer ist, wer seine Tätigkeit gerade nicht im Wesentlichen frei gestalten und auch seine Arbeitszeit nicht frei bestimmen kann.

→ **Richtig**
Punkte für diese Antwort: 1/1.

Schließlich geht es um das **Anwenden und Einüben** des Lernstoffes anhand von Übungsfällen verschiedener Schwierigkeitsstufen, die im Gutachtenstil gelöst werden. Die JURIQ **Klausurtipps** zu gängigen Fallkonstellationen und häufigen Fehlerquellen weisen Ihnen dabei den Weg durch den Problemdschungel in der Prüfungssituation.

Das **Lerncoaching** jenseits der rein juristischen Inhalte ist als zusätzlicher Service zum Informieren und Sammeln gedacht: Ein erfahrener Psychologe stellt u.a. Themen wie Motivation, Leistungsfähigkeit und Zeitmanagement anschaulich dar, zeigt Wege zur Analyse und Verbesserung des eigenen Lernstils auf und gibt Tipps für eine optimale Nutzung der Lernzeit und zur Überwindung evtl. Lernblockaden.

Dieses Skript wurde im Sommer 2013 auf den neuesten Stand gebracht. Es gab seit der Erstellung der 1. Auflage nur wenige ausbildungsrelevante Gesetzänderungen im Arbeitsrecht; diese wurden selbstverständlich eingepflegt. Weiterhin habe ich besonders viel Wert darauf gelegt, den Anregungen aus der Leserschaft und von Rezensenten nachzukommen. Daher wurden sehr viele Beispiele aus der Rechtsprechung in das Skript aufgenommen, bevorzugt natürlich die aktuellsten Urteile der höchstrichterlichen Ebene.

Auf geht's – ich wünsche Ihnen viel Freude und Erfolg beim Erarbeiten des Stoffs!

Und noch etwas: Das Examen kann jeder schaffen, der sein juristisches Handwerkszeug beherrscht und kontinuierlich anwendet. Jura ist kein „Hexenwerk". Setzen Sie nie ausschließlich auf auswendig gelerntes Wissen, sondern auf Ihr Systemverständnis und ein solides methodisches Handwerk. Wenn Sie Hilfe brauchen, Anregungen haben oder sonst etwas loswerden möchten, sind wir für Sie da. Wenden Sie sich gerne an C.F. Müller, Verlagsgruppe Hüthig Jehle Rehm GmbH, Im Weiher 10, 69121 Heidelberg, E-Mail: kundenservice@hjr-verlag.de. Dort werden auch Hinweise auf Druckfehler sehr dankbar entgegen genommen, die sich leider nie ganz ausschließen lassen.

Mannheim, im August 2013 *Jean-Martin Jünger*

JURIQ Erfolgstraining – die Skriptenreihe von C.F. Müller mit Online-Wissens-Check

Mit dem Kauf dieses Skripts aus der Reihe **„JURIQ Erfolgstraining"** haben Sie gleichzeitig eine Zugangsberechtigung für den Online-Wissens-Check erworben – ohne weiteres Entgelt. Die Nutzung ist freiwillig und unverbindlich.

Was bieten wir Ihnen im Online-Wissens-Check an?

- Sie erhalten einen individuellen Zugriff auf **Testfragen zur Wiederholung und Überprüfung des vermittelten Stoffs**, passend zu jedem Kapitel Ihres Skripts.
- Eine individuelle **Lernfortschrittskontrolle** zeigt Ihren eigenen Wissensstand durch Auswertung Ihrer persönlichen Testergebnisse.

Wie nutzen Sie diese Möglichkeit?

Online-Wissens-Check

Registrieren Sie sich einfach für Ihren kostenfreien Zugang auf **www.juracademy.de/skripte/login** und schalten sich dann mit Hilfe des Codes für Ihren persönlichen Online-Wissens-Check frei.

Ihr persönlicher User-Code: 128973799

Der Online-Wissens-Check und die Lernfortschrittskontrolle stehen Ihnen für die **Dauer von 24 Monaten** zur Verfügung. Die Frist beginnt erst, wenn Sie sich mit Hilfe des Zugangscodes in den Online-Wissens-Check zu diesem Skript eingeloggt haben. Den Starttermin haben Sie also selbst in der Hand.

Für den technischen Betrieb des Online-Wissens-Checks ist die JURIQ GmbH, Unter den Ulmen 31, 50968 Köln zuständig. Bei Fragen oder Problemen können Sie sich jederzeit an das JURIQ-Team wenden, und zwar per E-Mail an: info@juriq.de.

Inhaltsverzeichnis

Literaturverzeichnis

Junker	Grundkurs Arbeitsrecht, 12. Aufl. 2013
Lieb/Jacobs	Arbeitsrecht, 9. Aufl. 2006
Michalski	Arbeitsrecht, 7. Aufl. 2008
Müller-Glöge/Preis/Schmidt (Hrsg.)	Erfurter Kommentar zum Arbeitsrecht, 13. Aufl. 2013 (zitiert: ErfK-*Bearbeiter*)
Thomas/Putzo (Hrsg.)	Kommentar zur Zivilprozessordnung, 33. Aufl. 2012 (zitiert: *Bearbeiter* in Thomas/Putzo)
Staudinger (Hrsg.)	Kommentar zum Bürgerlichen Gesetzbuch, Bearbeitung 2011 (zitiert: Staudinger-*Bearbeiter*)

1. Teil
Grundzüge des Arbeitsrechts

A. Zum Skript

Das wegen des steten Wandels des Arbeitsmarktes immer wichtiger werdende Arbeitsrecht spielt auch in der rechtswissenschaftlichen Ausbildung eine zunehmend große Rolle. Die meisten Bundesländer bieten Arbeitsrecht als Wahlfachgruppe an, oft ist dieses Fach aber auch ein Teil des Pflichtfachstudiums und/oder des Vorbereitungsdienstes. **1**

Dieses Skript soll dem Lernenden den Einstieg in das Rechtsgebiet des Arbeitsrechts erleichtern und ist gleichzeitig zur schnellen Wiederholung kurz vor der Prüfung geeignet. Wo möglich, wurden Parallelen zum bereits erlernten allgemeinen Zivilrecht aufgezeigt, um den Arbeitsaufwand erträglicher zu gestalten. **2**

Das Skript ist nicht als rein wissenschaftliches Lehrwerk zu verstehen, sondern vielmehr als eine Lernhilfe, die das (Er-)Lernen des klausurrelevanten Examensstoffes unter Anführung wichtiger Rechtsprechung und interessanter Übungsfälle erleichtern soll. Unabdingbar für ein gutes Bestehen der Klausur ist nach Erfahrung des Verfassers aber die konkrete und selbstständige Fallbearbeitung. Es wird daher dringend empfohlen, nach Lektüre des vorliegenden Skripts Übungsfälle aus einschlägigen Büchern und Zeitschriften nicht nur durchzulesen, sondern selbstständig aufzuarbeiten. Dies ist zwar ein harter, aber sehr Erfolg versprechender Weg, den gelesenen Stoff zu vertiefen und verarbeiten zu lernen. Denn dann muss man in der Klausur nicht erst überlegen, an welcher Stelle und mit welchen Formulierungen er die bloß gelesene Theorie nun in ein brauchbares Gutachten umsetzen kann. **3**

Nicht zuletzt aus Gründen der besseren Verständlichkeit wird dieses prüfungsorientierte Skript nicht mit allzu vielen theoretischen Streitigkeiten belastet. Problemschwerpunkte werden „vor Ort" erläutert. Dabei wird aufgezeigt, wie die Rechtsprechung das entsprechende Problem löst. Diese Darstellung gewährleistet im Gegensatz zur bloßen Aufzählung von Einzelproblemen, dass der Kandidat für eventuelle Problemstellungen sensibilisiert wird, sie erkennt und selbstständig unter Anwendung des Gelernten lösen kann. Gerade diese Fähigkeit ist für ein Bestehen einer juristischen Prüfung von entscheidender Bedeutung. **4**

Wie in jedem anderen Rechtsgebiet ist auch im Arbeitsrecht die Kenntnis der wesentlichen Begriffe unabdingbar, um vertieft in die Materie einsteigen zu können. Daher werden in den folgenden Teilen dieses Skripts zunächst wichtige Grundlagen erläutert, bevor die eigentliche Darstellung des jeweiligen Arbeitsrechtsausschnitts beginnt. **5**

B. Struktur des Arbeitsrechts

Dem Grunde nach besteht das Arbeitsrecht aus zwei Gebieten, dem **Individualarbeitsrecht** und dem **Kollektivarbeitsrecht**. **6**

Wie im Schaubild erkennbar, werden dem individuellen Arbeitsrecht diejenigen Regelungen zugeordnet, die die Rechtsbeziehungen zwischen dem Arbeitgeber und dem Arbeitnehmer regeln. Zum kollektiven Arbeitsrecht gehören hingegen Angelegenheiten zwischen Arbeitgebern bzw. ihren Koalitionen (Arbeitgeberverbänden) einerseits und Gewerkschaften und Mitbestimmungsorganen (z.B. Betriebsrat) andererseits.

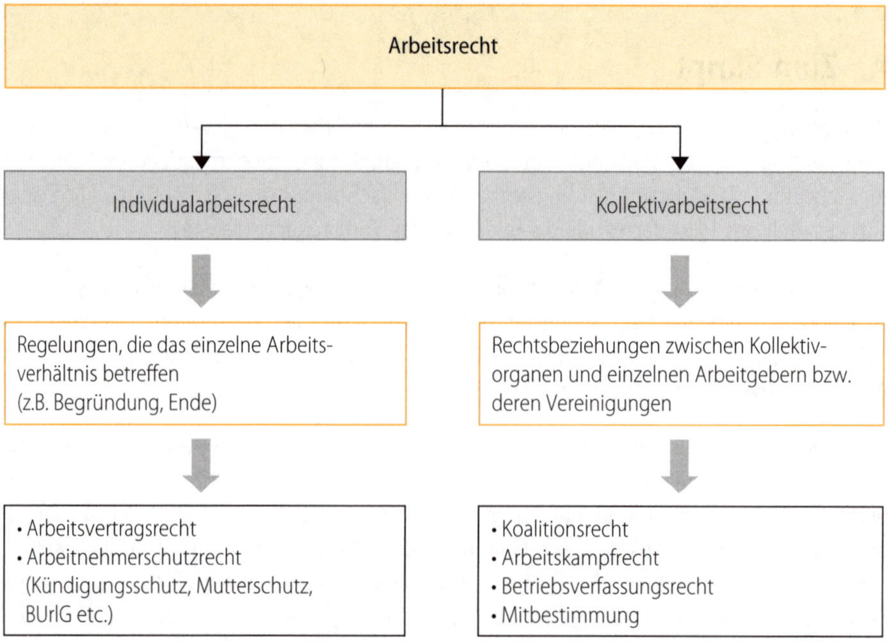

7 Die Zuordnung eines Problems in eines der beiden Teilgebiete ist in der Regel recht einfach. Ähnlich wie in der Verwaltungsklausur bei der Einordnung einer Streitigkeit zum öffentlichen Recht muss man danach fragen, welche Norm den Streit maßgeblich bestimmt und wer an ihm beteiligt ist. Verlangt der Arbeitnehmer etwas von seinem Arbeitgeber, handelt es sich meist um einen Fall aus dem Individualarbeitsrecht. Spielen hingegen zum Beispiel Betriebsräte und ihr Verhältnis zum Arbeitgeber eine Rolle, liegt der Schwerpunkt auf dem kollektiven Recht.

8 Selbst wenn ein Fall unproblematisch in eine der beiden Säulen des Arbeitsrechts einsortiert werden kann, darf die jeweils andere Säule aber keinesfalls ignoriert werden. Denn die Wahrscheinlichkeit ist groß, dass wichtige Normen des anderen Gebiets starken Einfluss auf die Falllösung haben oder haben können.

Beispiel Der Arbeitnehmer hat einen Arbeitsvertrag mit seinem neuen Arbeitgeber geschlossen, wonach er an einer bestimmten Maschine des Werkes ab dem 1. Februar beschäftigt werden soll.

Der Arbeitgeber bittet den Betriebsrat nach § 99 Abs. 1 Betriebsverfassungsgesetz (BetrVG) um Zustimmung zur Einstellung des Arbeitnehmers. Der Betriebsrat verweigert die Zustimmung.

Die Situation ist nun Folgende: Der Arbeitnehmer hat ab dem 1. Februar einen vertraglichen Beschäftigungsanspruch an der im Arbeitsvertrag näher bestimmten Maschine. Der Arbeitgeber darf ihn aber nicht an der Maschine einsetzen. Denn: die Einstellung des Arbeitnehmers i.S.d. BetrVG, nämlich die tatsächliche Zuweisung des Arbeitsplatzes an den neuen Arbeitnehmer, bedarf der Zustimmung des Betriebsrats, § 99 Abs. 1 BetrVG. Der

Arbeitgeber muss zunächst die fehlende Zustimmung des Betriebsrats durch das Arbeitsgericht ersetzen lassen. Dies kann einige Wochen oder Monate dauern.

Macht der Arbeitnehmer nun Anfang Februar seinen Beschäftigungsanspruch geltend, verlangt er die Erfüllung einer rechtlich unmöglichen Leistung.[1] Arbeitslohn steht ihm aber nach den Regeln des Annahmeverzugs trotzdem zu.

Ergebnis: Nach individuellem Arbeitsrecht besteht der Anspruch des Arbeitnehmers auf Beschäftigung, nach kollektivem Recht ist dem Arbeitgeber die Zuweisung des Arbeitnehmers an die Maschine untersagt („betriebsverfassungsrechtliches Beschäftigungsverbot"[1]). Wer nur die individuell-rechtliche Seite des Falles beleuchtet, kommt zur falschen Lösung. ■

Das Beispiel zeigt, dass trotz der vermeintlichen Zweiteilung des Arbeitsrechts eine starke Verknüpfung beider Säulen besteht, sodass immer alle einschlägigen Normen beachtet werden müssen, egal welchem Gebiet sie entstammen. Die folgenden Erläuterungen (Teile 2 und 3) sind dem entsprechend auch der besseren Übersichtlichkeit halber zwar in die Bereiche „Individualarbeitsrecht" und „Kollektivarbeitsrecht" aufgeteilt. Die Verbindungspunkte werden aber an den jeweiligen Stellen aufgezeigt, sodass beim Lernen bereits eine Sensibilität für beide Säulen betreffende Rechtsprobleme geschaffen wird. 9

Zunächst jedoch wird im Folgenden ein kurzer Überblick über die Rechtsquellen des Arbeitsrechts gegeben. Die Kenntnis der Quellen und ihrer Hierarchie ist unabdingbar, weil dadurch Kollisionen verschiedener Normen aufgelöst werden können. 10

C. Rechtsquellen des Arbeitsrechts und ihre Rangfolge

Das deutsche Arbeitsrecht ist insofern eine Besonderheit in der Rechtslandschaft, als es kein einheitliches Gesetzbuch gibt, das alle Fragen zu dem Thema regelt. Das Arbeitsrecht ist vielmehr in einigen allgemeinen und in zahlreichen speziellen Gesetzbüchern „verteilt". Ergänzt wird das geschriebene Recht durch die Rechtsprechung, die hier wie in kaum einem anderen Gebiet umfassend auf die geltende Rechtslage einwirkt, sie gestaltet und zuweilen auch verändert. 11

I. Normenhierarchie

Wie in jedem Rechtsgebiet existiert auch im Arbeitsrecht eine Normenhierarchie der Rechtsquellen, an deren Spitze über dem Grundgesetz stehendes Europarecht steht, während am unteren Ende das dispositive, also das abdingbare, Gesetzesrecht zu finden ist. Prinzipiell geht demnach auch hier das ranghöhere dem rangniederen Gesetz vor. Auflockerungen von diesem strengen Rangverhältnis können jedoch durch eine Besonderheit des Arbeitsrechts, dem Günstigkeitsprinzip, hervorgerufen werden. Im Einzelfall kann die rangniedere Vorschrift der ranghöheren ausnahmsweise vorgehen, wenn sie für den Arbeitnehmer günstiger ist als die eigentlich anwendbare Norm. 12

1 *BAGE* 97, 276-294.

13 Die Rangfolge der verschiedenen Rechtsquellen lässt sich wie folgt darstellen:

1. **Zwingendes Gesetzesrecht**
   a) EG-Recht
   b) Grundgesetz
   c) Einfaches Recht
2. **Zwingende Kollektivvereinbarungen**
   a) Der jeweils gültige und anwendbare Tarifvertrag
   b) Betriebsvereinbarungen/Dienstvereinbarungen
3. **Arbeitsvertrag inklusive …**
   a) … allgemeiner Arbeitsbedingungen
   b) … betrieblicher Übung
   c) … Direktionsrecht des Arbeitgebers (§ 106 GewO)
4. **Dispositive Kollektivvereinbarungen**
   a) Tarifvereinbarung
   b) Betriebsvereinbarung
5. **Dispositives Gesetzesrecht (z.B. § 616 BGB)**
   Dispositives Gesetzesrecht lässt eine Abweichung, die zum Nachteil für den Arbeitnehmer ist, grundsätzlich zu.

II. Quellen

14 Wie soeben dargestellt, sind zahlreiche Gesetze, Richtlinien und sonstige Rechtsnormen zu beachten, wenn man einen arbeitsrechtlichen Fall lösen muss.

1. Europarecht

15 Entsprechend der oben dargestellten Rangfolge ist das geltende EU-Recht als Erstes zu erwähnen. Als wichtigstes gesetzliches Regelungswerk ist der Vertrag über die Arbeitsweise der Europäischen Union (abgekürzt mit „AEUV“) zu nennen. Darin sind wichtige Grundsätze geregelt, etwa das allgemeine Diskriminierungsverbot in Art. 18 AEUV (früher: Art. 12 EG), die Arbeitnehmerfreizügigkeit in Art. 45 AEUV (früher: Art. 39 EG) und die Entgeltgleichheit in Art. 157 AEUV (früher: Art. 141 EG).

2. Verfassungsrecht

16 Das Grundgesetz enthält wichtige Grundrechte, die auf das Arbeitsrecht einwirken. Die allgemeinen Grundrechte sind – da die Arbeitsvertragsparteien nicht zu den staatlichen Adressaten der Grundrechte gehören – nur über sogenannte Einfallstore (z. B. §§ 242, 315 BGB) des Zivilrechts zu berücksichtigen. Dies bedeutet, dass der Arbeitgeber z. B. bei Ausübung des billigen Ermessens i. S. d. § 315 BGB darauf achten muss, dass er die familiäre Situation (Art. 6 GG) oder die Religionsfreiheit (Art. 4 GG) des Arbeitnehmers hinreichend in seine Überlegungen mit einbezieht.

Beispiel Eine Einzelhandelskauffrau arbeitet in ihrem ehemaligen Ausbildungsbetrieb, einem Kaufhaus. Sie hat türkische Wurzeln. Der Arbeitgeber beschäftigt im Verkauf ca. 85 Arbeitnehmer, im Verwaltungsbereich 8 Arbeitnehmer, in der Warenannahme 2 Arbeitnehmer und mit Hausmeisteraufgaben 3 Mitarbeiter. Nach der Elternzeit erklärte die Arbeitnehmerin ihrem Arbeitgeber, sie werde künftig ein Kopftuch tragen. Ihre religiösen

Vorstellungen hätten sich gewandelt, ihr muslimischer Glaube verbiete es ihr, sich in der Öffentlichkeit ohne Kopftuch zu zeigen. Zwei Gespräche mit der Personalleitung konnten sie nicht davon abbringen, obwohl man ihr mitgeteilt hatte, dass dann eine Beendigung ihres Arbeitsverhältnisses unausweichlich sei. Gegen die Kündigung ging die Arbeitnehmerin vor. Sie unterlag in der zweiten Instanz. Ihre Revision vor dem BAG[2] hatte jedoch Erfolg. Das BAG wertete die Kündigung als sozial ungerechtfertigt nach § 1 Abs. 2 KSchG. Sie sei nicht durch einen verhaltensbedingten Grund (worauf sich der Arbeitnehmer hauptsächlich berufen hatte) und auch nicht durch einen personenbedingten Grund gerechtfertigt gewesen. Die Arbeitnehmerin könne ihrer vertraglichen Verpflichtung auch ein Kopftuch tragend nachkommen. Weder Verkaufsgespräche noch -vorgänge würden dadurch gestört. Wörtlich führten die Richter dann zur o.g. Thematik aus: *„[...]sowohl bei der Ausübung ihres Weisungsrechts als auch bei der Ausgestaltung dieser vertraglichen Pflicht ist das spezifische, durch Art. 4 Abs. 1 und 2 GG grundrechtlich geschützte Anliegen der Klägerin, aus religiösen Gründen nicht mehr ohne ein Kopftuch zu arbeiten, zu beachten. Auf Grund der verfassungsrechtlich gewährleisteten, im Arbeitsverhältnis bei der Ausübung des Weisungsrechts oder der Ausgestaltung der vertraglichen Rücksichtnahmepflicht zu berücksichtigenden Glaubens- und Bekenntnisfreiheit der Klägerin kann deshalb die Beklagte nicht ohne weiteres die Einhaltung der in ihrem Betrieb allgemein üblichen Bekleidungsstandards verlangen und die Klägerin zur Arbeitsleistung ohne ein Kopftuch wirksam auffordern."* Die in § 315 Abs. 1 BGB geforderte Billigkeit werde inhaltlich durch die Grundrechte, hier vor allem durch die Glaubens- und Bekenntnisfreiheit des Art. 4 Abs. 1 GG und die Gewährleistung der ungestörten Religionsausübung des Art. 4 Abs. 2 GG, mitbestimmt: *„Kollidiert das Recht des Arbeitgebers, im Rahmen seiner gleichfalls grundrechtlich geschützten unternehmerischen Betätigungsfreiheit (Art. 12 Abs. 1 GG), die auch für die Beklagte als juristische Person nach Art. 19 Abs. 3 GG gewährleistet ist, den Inhalt der Arbeitsverpflichtung des Arbeitnehmers näher zu konkretisieren, mit grundrechtlich geschützten Positionen des Arbeitnehmers, so ist das Spannungsverhältnis im Rahmen der Konkretisierung und Anwendung der Generalklausel des § 315 BGB einem grundrechtskonformen Ausgleich der Rechtspositionen zuzuführen. Dabei sind die kollidierenden Grundrechte in ihrer Wechselwirkung zu sehen und so zu begrenzen, daß die geschützten Rechtspositionen für alle Beteiligten möglichst weitgehend wirksam werden („praktische Konkordanz")."*[3] ■

In der Klausur ist es wichtig, genau darauf zu achten, in welchem Bereich der betroffene Arbeitnehmer arbeitet. Die Abwägung der Grundrechte kann nämlich auch – sogar bei sonst sehr ähnlichem Sachverhalt – genau anders herum ausgehen: 17

Beispiel Eine Erzieherin ist bei einer Stadt angestellt, die 34 Kindertagesstätten betreibt. Die Arbeitnehmerin hat türkische Wurzeln. Sie trägt aus religiösen Gründen auch bei der Arbeit ein Kopftuch. Es gilt das Kindertagesbetreuungsgesetz (KiTaG) Baden-Württemberg, das u.a. vorsieht, dass Erziehungspersonen *„in Einrichtungen, auf die dieses Gesetz Anwendung findet und die in Trägerschaft des Landes, eines Landkreises, einer Gemeinde, einer Verwaltungsgemeinschaft, eines Zweck- oder Regionalverbandes stehen, keine politischen, religiösen, weltanschaulichen oder ähnliche äußeren Bekundungen abgeben, die geeignet sind, die Neutralität des Trägers gegenüber Kindern und Eltern oder dem politischen, religiösen oder weltanschaulichen Frieden in Einrichtungen, auf die dieser Absatz Anwendung findet, zu gefährden oder zu stören. Insbesondere ist ein äußeres Verhalten unzulässig, welches bei Kindern oder Eltern den*

2 *BAG* Urteil vom 10.10.2002, Az. 2 AZR 472/01.

3 Nach *BAGE* 103, 111–123.

Eindruck hervorrufen kann, dass eine Fachkraft oder eine andere Betreuungs- oder Erziehungsperson gegen die Menschenwürde, die Gleichberechtigung der Menschen nach Artikel 3 des Grundgesetzes, die Freiheitsgrundrechte oder die freiheitlich-demokratische Grundordnung auftritt." Die Stadt berief sich auf diese Vorschrift und forderte die Erzieherin auf, ihr Kopftuch während des Dienstes abzulegen. Dies verweigerte die Angesprochene. Daraufhin erhielt sie eine Abmahnung. Diese hielt einer Überprüfung durch das BAG[4] stand. Das BAG betonte, dass die o.g. Vorschrift nicht gegen höherrangiges Recht verstößt. Die Arbeitnehmerin habe das „Bekundungsverbot" bewusst und dauerhaft verletzt, was abmahnfähig sei. Das Verhalten der Erzieherin sei geeignet, die Neutralität der Stadt gegenüber Kindern und Eltern und den religiösen „Einrichtungsfrieden" zu gefährden. Eine Erzieherin nehme als Bezugs- und Autoritätsperson eine Mittelpunktfunktion ein und habe einen hohen Einfluss auf die Kinder. Dies, so urteilten die Richter unterm Strich, erlaube es der Stadt, auf ein Erscheinungsbild ohne „islamisches Kopftuch" zu bestehen. Zwar stehe der Erzieherin natürlich das Recht aus Art. 4 Abs. 1 und 2 GG zu. Andererseits sei es den Kindern und Eltern aber zuzubilligen, *„kultischen Handlungen eines nicht geteilten Glaubens fernzubleiben"*. Gemeinsam mit Art. 6 Abs. 2 Satz 1 GG umfasse Art. 4 Abs. 1 GG das Recht der Eltern zur Kindererziehung in religiöser und weltanschaulicher Hinsicht, deswegen sei es deren Sache, ihren Kindern diejenigen Überzeugungen in Glaubens- und Weltanschauungsfragen zu vermitteln, die sie für richtig hielten. Dazu gehört nach Ansicht der BAG-Richter auch das Recht, die Kinder von Glaubensüberzeugungen fernzuhalten, die den Eltern falsch oder schädlich erscheinen.[4] ■

JURIQ-Klausurtipp

In der Prüfung ist also besonderes Augenmerk darauf zu legen, ob der Arbeitnehmer in einer privaten Organisation beschäftigt wird oder im öffentlich-rechtlichen Bereich. Das eben zweitgenannte Urteil des BAG aus dem Jahr 2010 verweist im Übrigen auch auf ein wichtiges Urteil des EGMR zum Thema „Kopftuch einer Lehrerin". Sie sollten das Urteil aus Straßburg[5] kennen.

18 Auch der Arbeitgeber kann sich auf Grundrechte berufen. So ist dem Arbeitnehmer etwa mit Blick auf die Berufsfreiheit des Arbeitgebers aus Art. 12 GG zuzumuten, dass er eine unternehmerische Grundentscheidung wie etwa die Wegrationalisierung seines Arbeitsplatzes hinnimmt.

19 Art. 9 Abs. 3 GG enthält eine besondere Regelung, die auch ohne den eben beschriebenen „Umweg" direkt auf das Arbeitsverhältnis Einfluss nimmt. Die Sätze 1 und 2 der Norm lauten:

Das Recht, zur Wahrung und Förderung der Arbeits- und Wirtschaftsbedingungen Vereinigungen zu bilden, ist für jedermann und für alle Berufe gewährleistet. Abreden, die dieses Recht einschränken oder zu behindern suchen, sind nichtig, hierauf gerichtete Maßnahmen sind rechtswidrig.

20 Der Verfassungsgeber hat also ausdrücklich klargestellt, dass zwischen den Arbeitsvertragsparteien keine Regelungen getroffen werden dürfen, die etwa die Zugehörigkeit des Arbeitnehmers zu einer Gewerkschaft untersagen. Solche Klauseln im Arbeitsvertrag sind ohne Weiteres nichtig, der Arbeitnehmer darf sie ignorieren.

4 Nach *BAG* NZA-RR 2011, 162–166.
5 *EGMR* Urteil vom 10.11.2005, NVW 2006, 1389.

3. Einfaches Recht

Eine der wichtigsten Quellen im normierten einfachen Recht ist das Bürgerliche Gesetzbuch. 21
In den §§ 611 ff. des BGB sind sowohl Regelungen zum generellen Typus des Dienstvertrages als auch zum Arbeitsvertrag als speziellem Dienstvertrag enthalten. Begriffe wie „Arbeitnehmer", „Arbeitgeber" und „Arbeitsverhältnis" deuten dabei auf Spezialnormen des Arbeitsrechts hin.[6]

Im BGB finden sich darüber hinaus im allgemeinen Teil Vorschriften, die direkt im Arbeits- 22
recht gelten (etwa die Regelungen zur Geschäftsfähigkeit, Anfechtung von Willenserklärungen, Sittenwidrigkeit[7]) oder deren Rechtsgedanke von der Rechtsprechung weiterentwickelt und angepasst wurde (zum Beispiel die Regelung des § 314 Abs. 2 BGB, die eine Abmahnung als milderes Mittel vor der Kündigung eines Dauerschuldverhältnisses vorsieht).

Auf der Ebene des einfachen Rechts spielt weiterhin eine große Rolle das „Gesetz über Teil- 23
zeitarbeit und befristete Arbeitsverträge" (TzBfG), welches die Teilzeitarbeit in Grundzügen regelt und unter bestimmten Voraussetzungen die Befristung und Bedingung von Arbeitsverhältnissen erlaubt.

Während der Durchführung des Arbeitsverhältnisses sind unter anderem das Arbeitszeitgesetz, das Bundesurlaubsgesetz und das Entgeltfortzahlungsgesetz wichtig, die neben vielen anderen Schutzgesetzen den Inhalt des Arbeitsverhältnisses maßgeblich mitbestimmen. Von enormer Bedeutung ist auch § 106 GewO, der das Weisungsrecht des Arbeitgebers regelt. Wenn es um die Beendigung der arbeitsvertraglichen Beziehungen geht, ist das Kündigungsschutzgesetz (KSchG) von großer praktischer Bedeutung.

4. Sonstige Rechtsquellen

Weitere wichtige Regelungen können sich aus dem Arbeitsvertrag, dem Tarifvertrag oder 24
Betriebsvereinbarungen ergeben. Nähere Erläuterungen dazu finden Sie weiter unten.[8]

6 Vgl. §§ 612a, 613a, 619a, 622, 623 BGB.
7 Wiederholen Sie hierzu die Ausführungen in den Skripten „BGB AT I und II".
8 Arbeitsvertrag: Rn. 26 ff.; Tarifvertrag: Rn. 371 ff.; Betriebsvereinbarung: Rn. 541 ff.

2. Teil
Individualarbeitsrecht

A. Grundbegriffe

25 Bevor man in die arbeitsrechtliche Fallbearbeitung einsteigen kann, muss man die entsprechenden Fachtermini beherrschen. Gerade im Arbeitsrecht haben einige das Gefühl, sich bereits auszukennen, da viele Begriffe dieses Rechtsgebiets im täglichen Leben vorkommen. Die Annahme, dass dieses Kapitel übersprungen werden kann, ist aber falsch. Denn oft genug handelt es sich bei dem vermeintlichen Wissen um weitverbreitete Irrtümer, welche in einer arbeitsrechtlichen Klausur nichts zu suchen haben.

Beispiele solcher Irrtümer „Es besteht kein Arbeitsverhältnis, wenn kein schriftlicher Vertrag geschlossen wurde." (s. dazu Rn. 30)

„Wenn im Vertrag steht, dass der Mitarbeiter selbstständig beschäftigt wird, dann ist das halt so." (s. dazu Rn. 36) ■

I. Arbeitsvertrag

26 Die wichtigste Voraussetzung für die Anwendung des Arbeitsrechts ist natürlich das Vorliegen eines Arbeitsvertrags. Dieser wird wie folgt definiert:

> Unter einem **Arbeitsvertrag** versteht man einen gegenseitigen Vertrag zwischen dem Arbeitnehmer und dem Arbeitgeber, durch den sich der Arbeitnehmer zur Leistung der festgelegten Arbeit und der Arbeitgeber im Gegenzug zur Gewährung eines Arbeitsentgelts verpflichtet, vgl. § 611 BGB.

27 Für den Abschluss des Arbeitsvertrags gilt das im ganzen Zivilrecht gegebene Prinzip der **Vertragsfreiheit.**[1] Bekanntermaßen gewährleistet dieser Grundsatz die Freiheit der handelnden Personen, über den Abschluss eines Vertrags überhaupt und auch über den Inhalt dieses Vertrags zu entscheiden. Eine Ausnahme von der Abschlussfreiheit besteht zum Beispiel bei einem **Beschäftigungsverbot** für Kinder und Jugendliche.

28 Auch inhaltlich haben die Parteien grundsätzlich Gestaltungsfreiheit. Der Gestaltungsfreiraum findet jedoch dort seine Grenzen, wo zwingende Vorschriften bestehen, von denen nicht abgewichen werden darf.

29 Mindestwirksamkeitsvoraussetzung für den Arbeitsvertrag ist die Einigung der Parteien über die wesentlichen Vertragsbestandteile. Als essentialia negotii des Arbeitsvertrags sind die Parteien, die Tätigkeit und die Zahl der Arbeitsstunden zu werten. Alles andere kann (in den Grenzen zwingender gesetzlicher Vorgaben), muss aber nicht geregelt werden, vgl. § 105 GewO.

30 Entgegen einem weitverbreiteten Irrtum ist es nicht notwendig, den Arbeitsvertrag förmlich zu schließen. Es ist aber möglich, dass ein Formzwang zum Beispiel in einem Tarifvertrag ent-

1 Wiederholen Sie hierzu die Ausführungen im Skript „BGB AT I".

halten ist. Bei Missachtung kann sich aus den §§ 125, 126 BGB die Nichtigkeit des Vertrages ergeben. Der Tarifvertrag ist als „Gesetz" im Sinne dieser Vorschriften zu sehen. Allerdings bedarf es einer Auslegung der Bestimmung, ob der Tarifvertrag die Schriftform konstitutiv oder – wovon im Zweifel ausgegangen wird – nur deklaratorisch regeln will. Im letzteren Fall führt eine Nichtbeachtung nicht zur Nichtigkeit des Vertrages.

> **JURIQ-Klausurtipp**
>
> Auf eventuelle Formvorschriften muss in der Klausur nur dann eingegangen werden, wenn der Sachverhalt oder der Bearbeitervermerk einen Hinweis darauf enthalten! Andernfalls kann schon der kurze Hinweis auf die allgemeine Formfreiheit zu viel sein.

Etwas anderes ergibt sich auch nicht aus § 2 NachwG, der vorschreibt, dass der Arbeitnehmer einen Anspruch auf eine schriftliche Dokumentation der wichtigsten Arbeitsbedingungen hat. Diese Dokumentation dient lediglich der Rechtssicherheit und Rechtsklarheit zwischen den Parteien. **31**

Wie bei jedem zweiseitig verpflichtenden Vertrag lassen sich auch aus dem Arbeitsvertrag Rechte und Pflichten für beide Parteien herleiten. Beide Seiten treffen Haupt- und Nebenleistungspflichten, die gegenüber der anderen Partei einzuhalten sind.[2] **32**

II. Arbeitnehmer

Die Bestimmung der Arbeitnehmereigenschaft gehört zu den schwierigeren Aufgaben des Arbeitsrechtlers. Erforderlich ist eine genaue Abgrenzung zu anderen in Frage kommenden Vertragsverhältnissen, etwa dem Dienst- und Werkvertrag. Die korrekte Einstufung des Betroffenen ist mangels einer genau bestimmten gesetzlichen Definition sehr schwer, gleichzeitig wegen der großen Unterschiede zum Dienst- oder Werkvertragsrecht aber auch sehr wichtig. **33**

Neben der Festlegung des anzuwendenden materiellen Rechts hat das Vorliegen der Arbeitnehmereigenschaft auch prozessrechtliche Folgen. Für Streitigkeiten eines Arbeitnehmers, die sein Arbeitsverhältnis betreffen, ist die Zuständigkeit der Arbeitsgerichte gem. § 2 Abs. 1 Nrn. 3, 4, 5, 9 Arbeitsgerichtsgesetz (ArbGG) gegeben.

> **JURIQ-Klausurtipp**
>
> Das Arbeitsrecht wird gerne auch als **Arbeitnehmerschutzrecht** bezeichnet, da sehr viele Regelungen nur dazu geschaffen wurden, einen gerechten Ausgleich zwischen den Interessen des Arbeitnehmers und denen des ihm übergeordnet anzusehenden Arbeitgeber zu gewährleisten. Die Eingrenzung eines Dienstschuldners als Arbeitnehmer und damit die Anwendbarkeit des Arbeitnehmerschutzrechts ist daher von enormer Bedeutung für die Betroffenen. Die Frage nach der Arbeitnehmereigenschaft ist immer dann in der Klausur anzusprechen, wenn eine Norm sie als Tatbestandsvoraussetzung vorsieht.

2 Vgl. Rn. 154 ff.

34 Wie oben bereits angedeutet, ist der Begriff der Arbeitnehmereigenschaft nicht explizit gesetzlich geregelt. Er wird zwar in einigen Vorschriften scheinbar definiert, so etwa in § 5 Abs. 1 S. 1 ArbGG und § 5 Abs. 1 BetrVG. Dort wird wortgleich festgelegt, dass Arbeitnehmer im Sinne des jeweiligen Gesetzes „Arbeiter, Angestellte und zur Berufsausbildung Beschäftigte" seien. Was genau aber nun etwa ein „Angestellter" ist, bleibt einerseits unklar. Andererseits gelten die Beschreibungen auch nur für das betroffene Gesetz, sodass schon dem Wortlaut nach keine allgemeine Begriffsbestimmung vorliegen kann.

35 Im Laufe der Jahre und der Rechtsprechung hat sich nach allgemeiner Ansicht folgende Definition bewährt:

Arbeitnehmer ist, wer aufgrund eines privatrechtlichen Vertrags im Dienste eines anderen zur Leistung weisungsgebundener fremdbestimmter Arbeit in persönlicher Abhängigkeit verpflichtet ist.[3]

36 Bei Vorliegen dieser Voraussetzungen steht fest, dass der Betroffene nicht im Rahmen eines unentgeltlichen Auftragsverhältnisses, freien Dienstverhältnisses (§ 611 BGB) oder eines Werkvertrages (§ 631 BGB) handelt.

JURIQ-Klausurtipp

Bei der Klausurbearbeitung muss man sich zuerst nach dem Wortlaut des Sachverhalts richten. Nur wenn dort nicht von Arbeitgeber oder Arbeitnehmer, Arbeiter oder Angestelltem gesprochen wird, ist es nötig, mithilfe der Sachverhaltsangaben den Charakter des Vertrags zu ermitteln. Dazu müssen alle äußeren und inneren Merkmale herangezogen werden, die aus dem gegebenen Sachverhalt hervorgehen. Die konkrete Bezeichnung des Vertragsverhältnisses (z.B. Überschrift „Vertrag für freie Mitarbeiter") kann nur als Indiz gewertet werden. Maßgeblich für die Qualifizierung des Rechtsverhältnisses ist nämlich seine tatsächliche Durchführung. Erscheint dieses nach Würdigung der äußeren Umstände als Arbeitsverhältnis, so sind die Parteien als Arbeitnehmer und Arbeitgeber einzuordnen und zu behandeln.

3 *BAGE* 115, 1-11.

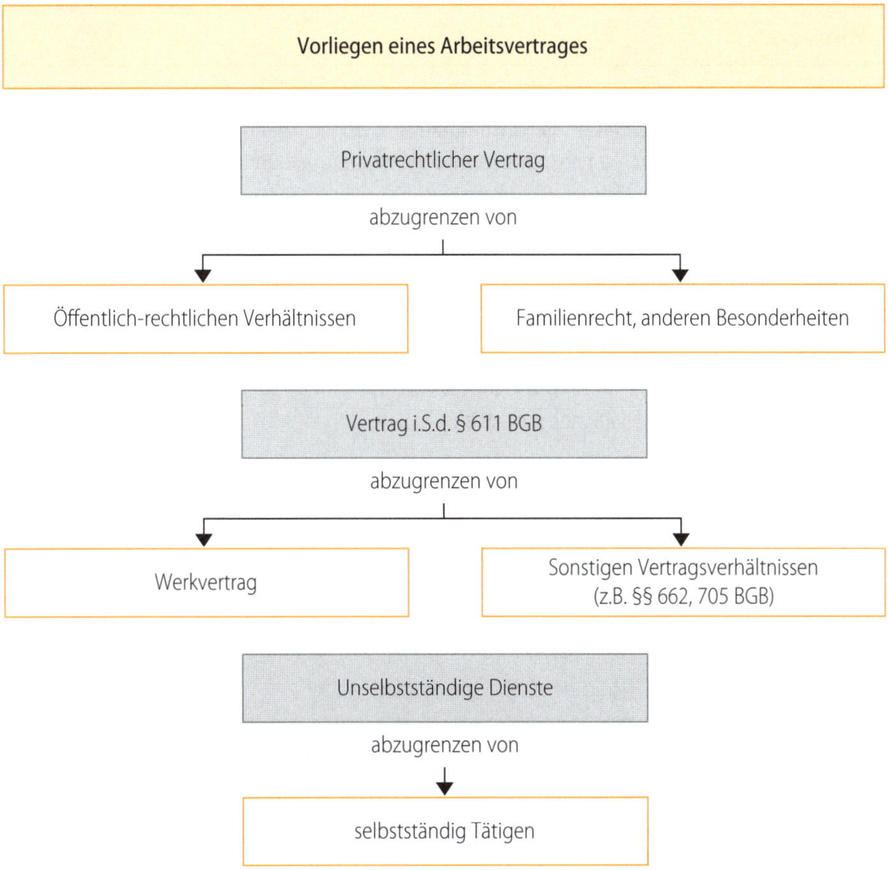

Bei der Prüfung der Arbeitnehmereigenschaft eines Beteiligten können Sie sich an folgenden Fragen orientieren: 37

PRÜFUNGS-SCHEMA

Arbeitnehmereigenschaft

I. Ist der Vertrag dem Privatrecht zuzuordnen?

II. Ist der Schuldner verpflichtet, dem Gläubiger Dienste i.S.d. § 611 BGB zu erbringen?

III. Kann er dabei nicht selbstständig handeln?
Weisungsgebundenheit Rn. 48

1. Privatrechtlicher Vertrag

38 Die Rechtsbeziehung zwischen den Parteien muss zunächst dem privaten Recht zuzuordnen sein. An dieser Stelle ist eine Abgrenzung zu öffentlich-rechtlichen Rechtsverhältnissen notwendig. Dem Anwendungsbereich des Arbeitsrechts unterfallen demnach etwa nicht Beamte, Soldaten und Richter. Diese Beziehungen basieren nämlich nicht auf einer „Einstellung", also dem Abschluss eines Arbeitsvertrags. Rechtsgrundlage für die genannten Berufsbilder ist vielmehr die **Ernennung**, also die hoheitliche Indienststellung des Betroffenen durch einen Verwaltungsakt. Diese Rechtsbeziehungen ergeben sich also aus dem öffentlichen Recht.

Hinweis

Bitte nicht Beamte und Angestellte im öffentlichen Dienst verwechseln oder gleichstellen. Personen, die als Angestellte des öffentlichen Dienstes gelten, sind mit dem öffentlichen Träger der Staatsgewalt durch einen privatrechtlichen Vertrag verbunden. Diese Personen sind als privatrechtliche Arbeitnehmer zu qualifizieren.

39 Nicht auf einem privatrechtlichen Vertrag beruhen weiterhin Tätigkeiten, die eine Person ausschließlich aufgrund familiärer Bindungen erbringt, etwa im Rahmen des § 1360 BGB.

40 Strafgefangene, die während der Inhaftierung in der Haftanstalt Arbeit verrichten, sind ebenfalls keine Arbeitnehmer. Ihre Tätigkeit fußt allein auf einem staatlichen Zwangsverhältnis und gehört somit dem öffentlichen Recht an.[4]

» An dieser Stelle rufen Sie sich bitte nochmals die im besonderen Schuldrecht gelernten Voraussetzungen der §§ 611, 631, 662, 705 BGB ins Gedächtnis. «

2. Vertrag nach §§ 611 ff. BGB

41 In der Prüfung muss zunächst ausgeschlossen werden, dass ein Werkvertrag vorliegt.

Hinweis

Hier hilft die aus dem allgemeinen Zivilrecht bekannte Faustregel „Beim Dienstvertrag wird die Tätigkeit, beim Werkvertrag der Erfolg geschuldet" weiter.

42 Auszuschließen ist als Nächstes das Vorliegen eines **Gesellschaftsvertrages** gem. § 705 ff. BGB. Mit einem solchen Vertrag regeln die Vertragsparteien, dass sie zur Erreichung eines gemeinsamen Zwecks kooperieren und ihre Einsätze mit Blick auf diesen Zweck leisten wollen (§ 705 BGB). Ein solcher Einsatz kann auch in der Erbringung von Arbeitsleistung bestehen (§ 706 Abs. 3 BGB).

43 Die Dienste müssen gegen ein **Entgelt** erbracht werden. Wenn zwischen den Parteien Klarheit darüber herrscht, dass keine Vergütungsansprüche des Dienstleistenden bestehen, kann ein Auftrag i.S.d. §§ 662 ff. BGB vorliegen. Wenn hingegen die Parteien nicht über eine Vergütung gesprochen haben, aber Dienste wie die vereinbarten normalerweise nur gegen Geld erbracht werden, kann auch § 612a BGB eingreifen. Diese Norm regelt die Höhe des Vergütungsanspruchs in diesen Fällen.

44 Steht danach fest, dass die §§ 611 ff. BGB einschlägig sind, ist nach Maßgabe des folgenden Kapitels „Unselbstständigkeit der Dienstleistung" zu ermitteln, ob ein so genannter freier Dienstvertrag oder ein Arbeitsvertrag vorliegt.

3. Unselbstständigkeit der Dienstleistung

45 **JURIQ-Klausurtipp**

Auf dem Prüfungspunkt der **Unselbstständigkeit** der zu erbringenden Dienstleistung liegt in der Regel der bzw. ein Schwerpunkt der Klausur. An dieser Stelle sollte also der Sachverhalt genau ausgewertet und das Ergebnis im Gutachten umfangreich dargestellt werden. Wer hier lediglich eine halbe Seite schreibt, verschenkt in der Regel wertvolle Punkte!

4 *BAG* DB 1979, 1186 f.

Im Gegensatz zum Arbeitsvertrag wird die Dienstleistung im Rahmen eines freien Dienstvertrags in Selbstbestimmung und persönlicher **Unabhängigkeit** erbracht. Der Arbeitnehmer hingegen ist persönlich abhängig und fremdbestimmt durch den Arbeitgeber.

Die Rechtsprechung hat Beurteilungsgrundsätze entwickelt, die bei der Zuordnung eines Dienstleistenden zum abhängigen Arbeitnehmer helfen können. Es ist aber darauf zu achten, dass ein „Abhaken" vorgegebener Prüfungspunkte nicht immer zur sachgerechten Lösung führt. Vielmehr ist im Einzelfall auf die einzelnen tatsächlichen und rechtlichen Umstände abzustellen. Hierbei hat in der Regel der **tatsächlich gelebte Vertragsinhalt** ein höheres Gewicht als die vertraglich festgeschriebenen Regelungen. Denn das tatsächliche Verhalten der Parteien bestimmt maßgeblich den Inhalt des Vertragsverhältnisses, nicht ihre eventuell nur auf dem Papier stehenden Vereinbarungen. Insgesamt sind also sämtliche Umstände des Einzelfalls zu beachten und in ihrer Gesamtheit zu würdigen.[5] **46**

Eine entscheidende Hilfe bei der Einordnung eines Erwerbstätigen als Arbeitnehmer bietet § 84 Abs. 1 S. 2 HGB: **47**

Selbstständig ist, wer im Wesentlichen frei seine Tätigkeit gestalten und seine Arbeitszeit bestimmen kann.

Daraus ist zu folgern: Arbeitnehmer ist, wer seine Tätigkeit gerade nicht im Wesentlichen frei gestalten und auch seine Arbeitszeit nicht frei bestimmen kann, mit anderen Worten **weisungsgebunden** ist. Man spricht hier von einer **persönlichen** Abhängigkeit des Arbeitnehmers. Eine wirtschaftliche Abhängigkeit wird nicht gefordert.[5] **48**

Entscheidende Indizien, die zur Bejahung der Arbeitnehmereigenschaft führen können, sind die Folgenden: **49**

- Weisungsgebundenheit des Dienstverpflichteten liegt dann vor, wenn er auf die Faktoren Zeit, Inhalt und Ort der Dienstleistung (vgl. § 106 GewO) keinen oder sehr wenig Einfluss hat.
- Das Gleiche gilt, wenn der Betroffene in die Organisation des Betriebs des Dienstberechtigten **eingegliedert** ist. In der neueren Rechtsprechung des BAG tritt dieses Merkmal als eigener Prüfungspunkt etwas in den Hintergrund und geht im Begriff der Weisungsgebundenheit auf.[6] Das BAG geht demnach davon aus, dass der einem umfassenden Weisungsrecht unterliegende Dienstverpflichtete in die Organisation des Dienstberechtigten eingebunden sein **muss**.
- Arbeitnehmer müssen ihre Dienste in der Regel in eigener Person, mithin **höchstpersönlich**, erbringen. Darf der Vertragspartner andere Personen mit der Erledigung seiner Aufgaben betrauen, spricht dies gegen eine Arbeitnehmereigenschaft.

Falls diese Prüfung kein eindeutiges Ergebnis ermöglicht, können weitere Kriterien zur Beurteilung herangezogen werden. Diese stellen im Gegensatz zu den bisher genannten Abgrenzungskriterien jedoch nur schwache Indizien dar: **50**

- Bezeichnung der Vertragsparteien im Vertrag (Arbeitnehmer, Arbeitgeber)
- Lohnsteuer und Sozialversicherungsbeiträge werden abgeführt
- Der zur Leistung Verpflichtete erhält auch im Krankheitsfall Lohnfortzahlung
- Der zur Leistung Verpflichtete erhält bezahlten Urlaub

5 *BAGE* 115, 1-11.
6 *BAG* NZA 1998, 705 ff.

JURIQ-Klausurtipp

In der Klausur wird in der Regel die Arbeitnehmereigenschaft zu bejahen sein, handelt es sich doch um eine Arbeitsrechtsklausur. Falls die Klausur im Rahmen einer Zivilklausur gestellt wird, müssen Sie im Zweifelsfall den Sachverhalt daraufhin untersuchen, bei welcher Lösung Sie sich mit der Entscheidung für oder gegen das Vorliegen eines Arbeitnehmers die wenigsten Probleme „abschneiden". Diesen Weg sollten Sie dann wählen.

Abgrenzung

Arbeitnehmer	Selbstständiger
• Starke Weisungsgebundenheit • Eingliederung in den Betrieb • Feste Gehaltszahlungen • Ganze Arbeitskraft geschuldet • Abführen von Lohnsteuer und Sozialabgaben • Entgeltfortzahlung auch bei Urlaub und Krankheit • Bezeichnung „Arbeitsvertrag"	• Kaum oder gar keine Weisungsgebundenheit • Dienstleistung ohne fremde Mittel • Tätigkeit für mehrere Auftraggeber • Bezahlung nach Stunden • Vorhandenes Unternehmerrisiko • Bezeichnung als „freier Mitarbeiter" • Rechnungserteilung mit Ausweis der MwSt.

Beispiel Der Kläger war über einen Zeitraum von etwa 10 Jahren für die Beklagte als Fotograf tätig. Basis der Zusammenarbeit war eine schriftliche Vereinbarung, wonach der Kläger ein Unternehmen gründen sollte, um im hauseigenen Studio der Beklagten im Bereich „Möbeldekoration und Möbelfotografie" Werbefotografie zu betreiben. Die Beklagte sollte neben den Räumlichkeiten auch Handwerker für den Auf- und Abbau der Werbeobjekte zur Verfügung stellen. § 2 der Vereinbarung sah vor, dass die Abrechnung der Fotoaufträge zu den üblichen Konditionen jeweils nach abgeschlossenem Auftrag erfolgen sollte. Die Parteien vereinbarten eine Laufzeit von zunächst 5 Jahren, in beiderseitigem Einvernehmen verlängerbar. Der Kläger brachte seine eigene Fotoausrichtung mit und engagierte auf eigene Rechnung Stylisten. Seine Aufträge bekam er per Fax, später E-Mail. Darin wurde ihm mitgeteilt, welches Möbelprogramm er in welchem Aufbau fotografieren sollte und wie lange und ab wann die Produktion laufen sollte. Die Handwerker bauten dann die Programme auf, die Stylisten dekorierten. Die fertigen Aufnahmen sandte der Kläger an die Beklagte, die ggf. Änderungswünsche mitteilte und erst nach deren Erledigung die Bilder abnahm. Der Kläger wurde nach Rechnungsstellung entlohnt. Im Januar 2009 bearbeitete der Kläger den letzten Auftrag für die Beklagte. Ende 2010 bot er seine Arbeitsleistung an, welche abgelehnt wurde. Anfang 2012 kündigte die Beklagte vorsorglich ein etwaig bestehendes Arbeitsverhältnis. Die Kündigungsschutzklage hatte keinen Erfolg. Die LAG-Richter urteilten, dass der Kläger nicht als Arbeitnehmer der Beklagten arbeitete. Weder die Auftragserteilung noch die zeitlichen Vorgaben (auch freie Mitarbeiter müssen sich oft an zeitlichen Gegebenheiten orientieren) sprachen für das Vorliegen einer Arbeitnehmereigenschaft. Weiterhin war auch die Vorgabe der Möbel (natürlich!) nicht ausreichend: *„Zum*

Leistungsbestimmungsrecht der Beklagten gehörte ohne Weiteres die Vorgabe der zu fotografierenden Möbel. Geschuldete Tätigkeit des Klägers war das Fotografieren von ihm durch die Beklagte gestellten Möbeln und Möbeldekoration(en). Im Rahmen dieser Vorgabe besaß der Kläger in fotografischer Hinsicht gestalterische Freiheit und Selbstständigkeit. Einer Vorgabe, wie er technisch die Fotografien zu bewerkstelligen hatte, war er nicht ausgesetzt. Er war Fotograf; im Bereich der Technik der Fotografie arbeitete er weisungsfrei." Die Abnahme der Fotos durch die Beklagte war ebenfalls kein Grund für die Annahme einer arbeitnehmerschaftlichen Abhängigkeit. Denn auch freie Mitarbeiter seien nicht völlig frei in ihrer Leistungserbringung. Eine Eingliederung in die Arbeitsorganisation war nach Ansicht der Richter ebenfalls nicht erkennbar, auch wenn die Tätigkeiten des Kläger „Hand in Hand" mit Mitarbeitern der Beklagten stattfanden: *„Auf- und Abbau der Möbel/der Dekorationen ergaben sich daher aus den sachlichen Erfordernissen der mit dem Kläger vereinbarten Fotoeinsätze, ohne dass der Kläger insoweit in die Arbeitsorganisation der Beklagten eingegliedert gewesen wäre."*[7]

III. Arbeitnehmerähnliche Personen

Der Gesetzgeber hat erkannt, dass viele Dienstleistende zwar per definitionem schon mangels persönlicher Abhängigkeit keine Arbeitnehmer sind, aber einer gewissen wirtschaftlichen Abhängigkeit vom Auftraggeber unterliegen und damit eines Mindestmaßes an Schutz bedürfen. **51**

§ 12a Abs. 1 Nr. 1 des Tarifvertragsgesetzes (TVG) beinhaltet eine Legaldefinition dieser so genannten arbeitnehmerähnlichen Personen: **52**

Personen, die wirtschaftlich abhängig und vergleichbar einem Arbeitnehmer sozial schutzbedürftig sind (arbeitnehmerähnliche Personen)[…]

Erfüllen diese Personen darüber hinaus im § 12a Abs. 1 Nr. 1 näher bestimmte Voraussetzungen, findet auf diesen Personenkreis das TVG Anwendung: **53**

[…] wenn sie aufgrund von Dienst- oder Werkverträgen für andere Personen tätig sind, die geschuldeten Leistungen persönlich und im Wesentlichen ohne Mitarbeit von Arbeitnehmern erbringen und

a) überwiegend für eine Person tätig sind oder

b) ihnen von einer Person im Durchschnitt mehr als die Hälfte des Entgelts zusteht, das ihnen für ihre Erwerbstätigkeit insgesamt zusteht; ist dies nicht voraussehbar, so sind für die Berechnung, soweit im Tarifvertrag nichts anderes vereinbart ist, jeweils die letzten sechs Monate, bei kürzerer Dauer der Tätigkeit dieser Zeitraum, maßgebend […]

» Weitere Vorschriften mit Sonderregelungen für arbeitnehmerähnliche Personen finden sich in den §§ 2 BUrlG, 11 EFZG, 5 ArbGG. «

Der Gruppe der arbeitnehmerähnlichen Personen können beispielsweise Heimarbeiter (§ 2 Abs. 1 HAG) angehören. **54**

IV. Scheinselbstständigkeit

Eine in der Praxis häufig vorkommende Form der Mitarbeit ist die so genannte „freie Mitarbeit". Freie Mitarbeiter sind selbstständig Tätige, die im Rahmen eines Dienstvertrags für Auftraggeber handeln. Vorteile dieser Art der Zusammenarbeit bestehen hauptsächlich für den **55**

7 Nach *LAG Hamm* Urteil vom 10.1.2013, Az. 15 Sa 1238/12, juris.

Auftraggeber, der für einen echten freien Mitarbeiter keine Arbeitgeberanteile an die Sozialversicherungsträger zahlen muss. Denn der freie Mitarbeiter ist sozialversicherungsrechtlich nicht als Beschäftigter zu sehen und unterliegt damit nicht der Versicherungspflicht nach oben genannten Normen, vgl. §§ 2, 7 Abs. 1 SGB IV.

56 Problematisch wird die freie Mitarbeit, wenn der Auftragnehmer nur für einen Auftraggeber arbeitet. In dem Fall wird regelmäßig eine „Scheinselbstständigkeit" vorliegen, also eine verschleierte Arbeitnehmereigenschaft des Dienstleistenden. Ob dies der Fall ist, bestimmt sich nach den oben unter dem Punkt „Arbeitnehmer" genannten Kriterien.

V. Übungsfall Nr. 1

„Der Sportredakteur[8]" 57

A hat Journalismus studiert und ist seit mehreren Jahren bei dem öffentlich-rechtlichen Fernsehsender B in der Redaktion „Sport" beschäftigt. Die Zusammenarbeit basiert auf mit „Honorarvertrag" überschriebenen Vereinbarungen, nach denen der A als Reporter, Berichterstatter, Redakteur oder Moderator inhaltlich gestaltend am Programm der Beklagten mitwirken soll, indem er seine Fachkenntnisse, Informationen und journalistischen Arbeitsergebnisse, seine eigene Auffassung zu politischen, wirtschaftlichen, kulturellen und anderen Sachfragen sowie seine individuelle künstlerische und journalistische Befähigung und Aussagekraft in die Sendungen einbringen soll.

Dazu übermittelt B dem A sechs Wochen vor Beginn des Planungszeitraums einen Vordruck, in den der A eintragen soll, wann und wie viel Zeit er für die B arbeiten will. A schreibt stets hinein, wann er für andere Auftraggeber arbeitet und folglich keine Zeit hat, andernfalls vermerkt er: „Keine besonderen Wünsche". Daraufhin wird A hauptsächlich als Moderator des Sportteils einer überregionalen Nachrichtensendung eingesetzt, die montags bis freitags abends je drei Mal zu festen Zeiten ausgestrahlt wird. Am jeweiligen Sendungstag begibt sich A gegen 13 Uhr in die Redaktion, wo er zunächst eigene Themenvorschläge mit dem Redakteur vom Dienst bespricht. Nach einer Redaktionskonferenz, an der A nicht teilnimmt, bekommt er mitgeteilt, welche Themen er bringen soll. Daraufhin recherchiert A und bereitet seine Beiträge vor. Die Ergebnisse liest der Redakteur vom Dienst gegen und korrigiert und kürzt sie gegebenenfalls.

Für die Einsätze erhält A festgelegte Honorare. Von diesen werden Lohnsteuer, Solidaritätszuschlag und Beiträge zu den Sozialkassen einbehalten und von der B an die zuständigen Behörden abgeführt.

Als A schwer erkrankt und vier Wochen arbeitsunfähig ist, verlangt er von B Entgeltfortzahlung. Hat er darauf einen Anspruch?

Lösung 58

Anspruch aus § 3 EFZG

A könnte gegen die B einen Anspruch auf Fortzahlung seiner Vergütung aus § 3 EFZG haben. Nach dieser Vorschrift hat der Arbeitnehmer, der aufgrund von Krankheit arbeitsunfähig unverschuldet erkrankt ist, einen Anspruch auf Entgeltfortzahlung für einen Zeitraum von bis zu sechs Wochen.

Zu prüfen ist, ob A Arbeitnehmer i.S.d. § 3 EFZG ist. Arbeitnehmer ist nach der Rechtsprechung, wer aufgrund eines privatrechtlichen Vertrags im Dienste eines anderen zur Leistung weisungsgebundener fremdbestimmter Arbeit in persönlicher Abhängigkeit verpflichtet ist.

1. Privatrechtlicher Vertrag

Zwischen A und B müsste zunächst ein privatrechtlicher Vertrag geschlossen worden sein. B ist zwar als öffentlich-rechtlicher Fernsehsender eine Anstalt des öffentlichen Rechts. Es sind aber keine Hinweise auf ein Sonderverhältnis, etwa einen Beamtenstatus des A, erkennbar. Folglich basiert die zwischen A und B bestehende Vereinbarung auf privatem Recht.

2. Dienstvertrag, §§ 611 ff. BGB

Zu prüfen ist weiterhin, ob der Vertrag als Dienstvertrag i.S.d. §§ 611 ff. BGB anzusehen ist. Es liegen keine Anhaltspunkte dafür vor, dass A und B ein Gesellschafts- oder Auftragsverhältnis verbinden könnte. Folglich ist lediglich eine Abgrenzung zum Werkvertrag i.S.d. §§ 631 ff. BGB vorzunehmen. Dies wäre dann zu bejahen, wenn der A dem B einen Erfolg schulden würde statt einer Tätigkeit. Dies kann zum Beispiel der Fall sein, wenn er als Journalist lediglich einen Zeitungsartikel oder Nachrichtentext abliefern müsste. Hier schuldet A aber nicht nur

8 Nach *BAG* NZA-RR 2007, 424 ff.

die Lieferung eines von ihm zu fertigenden Beitrages, sondern er muss Beitragsthemen vorschlagen, sie vorbereiten und anschließend auch im Fernsehen vortragen. Dies entspricht einer dienstvertraglichen Tätigkeit. Damit liegt ein Vertrag i.S.d. § 611 BGB vor.

3. Unselbstständigkeit der Dienstleistung

Fraglich ist jedoch, ob A seine Leistungen als freier Mitarbeiter oder als unselbstständiger Arbeitnehmer erbringt. Maßgebliches Unterscheidungskriterium ist hier der Grad der persönlichen Abhängigkeit des Dienstverpflichteten vom Dienstberechtigten. Hier kann auf die Regelung des § 84 Abs. 1 S. 2 HGB zurückgegriffen werden. Demnach ist Selbstständiger, wer im Wesentlichen seine Tätigkeit frei gestalten und die Arbeitszeit bestimmen kann.

Fraglich ist, ob diese Grundsätze auch bei dem B herangezogen werden können. Denn B genießt als Fernsehsender den besonderen Schutz des Art. 5 Abs. 1 GG, die Rundfunkfreiheit. Auf diese Besonderheit ist bei der Auswahl, Einstellung und Beschäftigung der Mitarbeiter, die bei der Gestaltung der Programme mitwirken, Rücksicht zu nehmen. Nur so kann gewährleistet werden, dass die Sender frei ihre Programme entwerfen und durchführen können und nicht unbillig an einzelne Mitarbeiter gebunden werden, die nicht in das aktuelle Konzept des Senders passen. Konkret wirkt sich das so aus, dass zwar grundsätzlich die allgemeinen Abgrenzungskriterien des Arbeitsrechts anwendbar sind. Dabei ist aber eine fallbezogene Abwägung zwischen der Bedeutung der Rundfunkfreiheit einerseits und dem Rang der von den Normen des Arbeitsrechts geschützten Rechtsgüter andererseits zu treffen. Hier ist wiederum zu unterscheiden, ob ein Programm gestaltender Mitarbeiter betroffen ist oder einer, der auf das Programm keinen Einfluss hat, somit die Rundfunkfreiheit des Senders nicht beeinträchtigen kann und daher als normaler Arbeitnehmer gewertet werden könnte.

Zu prüfen ist demnach, zu welcher Gruppe der A gehört. Zu seinen Aufgaben gehört die Einbringung eigener Ideen für die von ihm moderierte Sendung. In dieser muss er seine Kenntnisse und Fähigkeiten nutzen, um den Zuschauer von dem Programm zu überzeugen, sodass er auch künftig einschaltet. Daher steht fest, dass der A selbst sowohl inhaltlich als auch gestalterisch auf das Programm Einfluss nimmt. Fraglich ist, welche Rolle es spielt, dass die endgültige Themenwahl dem Redakteur vom Dienst oblag und A insofern keine Entscheidungsgewalt hatte. Maßgeblich muss hier aber sein, dass A überhaupt in der Position ist, eigene Ideen und Akzente zu setzen, zumal bei getroffener Themenwahl die Präsentation wieder allein in As Machtbereich lag. A war also Programm gestaltender Mitarbeiter des B. Bei diesen Mitarbeitern kann ein Arbeitsverhältnis gegeben sein, wenn ihnen nur ein geringes Maß an Selbstständigkeit und Gestaltungsfreiheit verbleibt und der Sender über die Arbeitsleistung des Mitarbeiters verfügen kann. Zu prüfen ist daher zunächst, ob A über ein gewisses Maß an Selbstständigkeit und Gestaltungsfreiheit verfügt. Wie gesagt, ist er insofern eingeschränkt, als der Redakteur vom Dienst über die Themen entscheidet und die Texte des A redigiert. Allerdings ist hier nach obigen Maßstäben i.S.d. Art. 5 Abs. 1 GG zu beachten, dass B ein Programmauftrag obliegt, der nicht zuletzt wegen der ihn finanzierenden GEZ-Gebühren erfüllt werden muss. Es ist daher unabdingbar, dass B darauf achtet, was seine Programm gestaltenden Mitarbeiter zur Sendung vorbereiten. Außerdem ist auch der freie Mitarbeiter nicht auf allen Gebieten gänzlich frei, sondern muss bestimmte Vorgaben des Auftraggebers beachten. Er muss sich daher an Verpflichtungen des Auftraggebers seinerseits halten und mit Kontrollen der Qualität seiner Arbeit rechnen. So verhält es sich im vorliegenden Fall. A steht die Gestaltung der Sendung, die Formulierung seiner Worte etc. frei. Er ist lediglich an die Themenvorgaben des Redakteurs gebunden. Da dies auch bei freien Mitarbeitern der Fall sein kann, spricht hier noch nichts für seine Arbeitnehmereigenschaft. Fraglich ist, ob aus den Zeitvorgaben für den A etwas anderes hergeleitet werden kann. A muss sich den Sendezeiten unterwerfen und könnte daher in dieser Hinsicht weisungsgebunden sein. Weisungsgebunden ist in zeitlicher Hinsicht, wem Arbeitszeiten zugewiesen werden. Hier hat der B die Dienstpläne einseitig erstellt. Dies geschah jedoch im Rahmen der Vorgaben des A, der Zeiten blockte, in denen er nicht für B arbeiten wollte, und dem B im Übrigen freie Hand ließ. Dies kann nicht mit den Fällen verglichen werden, in denen einem Arbeitnehmer die Arbeitszeit diktiert wird, denn A begab sich freiwillig in die freie Einteilung durch B. Hieran ändert auch nichts, dass die Tätigkeit des A von den festen Sendezeiten abhängig war. Es handelt sich hier um einen Umstand, der dem Wesen der freien Mitarbeit nicht fremd ist. Auch im Rahmen von freien Dienstverträgen sind häufig feste Fristen, Arbeitsdauer u.ä. einzuhalten, ohne dass daraus eine Abhängigkeit vom Auftraggeber abgeleitet werden kann. Vielmehr sind diese Mitarbeiter von den konkreten Gegebenheiten ihres Auftragsinhalts abhängig, so auch A. Eine zeitliche Unselbstständigkeit ist also nicht erkennbar.

Die Prüfung der wesentlichsten Arbeitnehmermerkmale hat demnach ergeben, dass der A ein freier, Programm gestaltender Mitarbeiter des B und nicht sein Arbeitnehmer ist. Fraglich ist, ob unter Heranziehung sonstiger Umstände ein anderes Ergebnis vorliegt. A könnte als Arbeitnehmer zu werten sein, weil er steuer- und sozialversicherungsrechtlich wie ein solcher behandelt wird. Dies ist indes ein schwaches Indiz, weil auf die Umstände abzustellen ist, die die Dienstleistung betreffen, nicht ihre Entlohnung. Außerdem könnte eine falsche Beurteilung der Sach- und Rechtslage durch B zu der Behandlung der Vergütung wie Arbeitslohn geführt haben. Dies kann sich nicht auf die richtige Beurteilung der Arbeitnehmereigenschaft des A auswirken. Nachdem A zudem bei anderen Auftraggebern arbeiten darf, dies auch tut und sogar seine Arbeitszeit bei dem B danach ausrichtet, kann eine Arbeitnehmereigenschaft des A nicht bejaht werden.

4. Ergebnis

A ist kein Arbeitnehmer. Er hat keinen Anspruch auf Entgeltfortzahlung nach § 3 EFZG.

VI. Arbeitgeber

59 Der Arbeitgeber– und der Arbeitnehmerbegriff hängen naturgemäß eng zusammen.

Der Arbeitgeberbegriff lässt sich kurz und knapp definieren wie folgt:

Arbeitgeber ist, wer zumindest einen Arbeitnehmer beschäftigt.[9]

60 Arbeitgebereigenschaft können natürliche und juristische Personen, aber auch Personengesellschaften innehaben. Die Ausübung der Arbeitgeberaufgaben obliegt je nach Gesellschaftsform dem zuständigen Organ, bei der GmbH z.B. dem Geschäftsführer i.S.d. § 35 GmbHG.

61 Eine Hauptaufgabe des Arbeitgebers gegenüber seinem Arbeitnehmer und gleichzeitig ein starkes Recht des Arbeitgebers ist das Weisungs- oder auch Direktionsrecht. Eine Normierung dazu beinhaltet § 106 S. 1 GewO. Demnach darf der Arbeitgeber einseitig Bestimmungen treffen hinsichtlich des Inhalts, des Orts und der Zeit der Arbeitsleistung des Arbeitnehmers. Dieses Recht geht durch die einmalige Ausübung nicht unter, sondern besteht im Arbeitsverhältnis stets fort, sodass der Arbeitgeber bei Bedarf Änderungen vornehmen und neue Weisungen aussprechen darf.[10]

62 Einschränkungen des Weisungsrechts gibt § 106 S. 1 Hs. 2 GewO selbst vor. Der Arbeitgeber darf dem Arbeitnehmer keine Weisungen erteilen, die dem Arbeitsvertrag, Betriebsvereinbarungen, Tarifverträgen oder dem Gesetz zuwiderlaufen. Außerdem muss er bei Ausübung seines einseitigen Leistungsbestimmungsrechts die Grenzen der Billigkeit gem. § 315 BGB beachten. Vor Erteilung einer Weisung ist also eine umfassende Interessenabwägung notwendig seitens des Arbeitgebers. Nur wenn die Abwägung ergibt, dass der Arbeitnehmer nicht unbillig benachteiligt wird, darf die Weisung ergehen. Eine den obigen Grundsätzen und Rechtsquellen zuwiderlaufende Weisung muss der Arbeitnehmer nicht beachten. Dies geht aus § 315 Abs. 3 BGB hervor, der eine Unverbindlichkeit unrechtmäßiger Weisungen vorsieht.

VII. Betrieb

63 Das geschriebene Arbeitsrecht bietet auch für den Begriff **Betrieb** keine einheitliche gesetzliche Definition. Die Rechtsprechung hat folgende Definition entwickelt:

Der **Betrieb** ist die organisatorische Einheit von Arbeitsmitteln, mit deren Hilfe jemand allein oder in Gemeinschaft mit seinen Mitarbeitern einen bestimmten arbeitstechnischen Zweck fortgesetzt verfolgt.[11]

64 Diese Definition wird auch im Betriebsverfassungsgesetz sowie im Kündigungsschutzgesetz (§§ 1, 15, 17 und 23 KSchG) verwendet.[12]

---

9 *BAG* NZA 1999, 539.
10 *BAGE* 122, 225-234.
11 *BAGE* 1, 175.
12 *BAG* NZA 2004, 1380-1383.

Im Einzelnen ist bei Zweifeln am Vorliegen eines Betriebs wie folgt zu prüfen: 65

1. Organisatorische Einheit

Das wahrscheinlich wichtigste und aussagekräftigste Kriterium bei der Bestimmung, ob ein Betrieb vorliegt, ist das der **organisatorischen Einheit**. Ob eine solche vorliegt, hängt davon ab, ob der fragliche Unternehmensteil einer einheitlichen Leitung untersteht. Das BAG hat aktuell wieder betont, dass sich diese Frage an der Existenz eines Leistungsapparates, der wesentliche personelle und soziale Entscheidungen selbst trifft, festmachen lässt.[13] Zu prüfen ist demnach, wer im Betrieb oder für den Betrieb diese Richtlinien vorgibt. Ist hier erkennbar, dass die Verwaltung von einer einzigen, selbstständigen Stelle ausgeht, liegt in der Regel ein Betrieb vor. 66

2. Verfolgung eines arbeitstechnischen Zwecks

Dieses Merkmal dient der Abgrenzung des Betriebs vom Unternehmen an sich, das üblicherweise einen wirtschaftlichen oder ideellen Zweck verfolgt. Der Betrieb ist gewissermaßen dazu da, den wirtschaftlichen Zweck des Unternehmens voranzutreiben. Dies kann nach Ansicht des BAG negativ abgrenzt werden.[14] Zu prüfen ist daher, ob der zu untersuchende Teil des Unternehmens nur Hilfsfunktionen erfüllt (so z.B. eine Kantine, die die Versorgung der Arbeitnehmer sicherstellen soll) oder mittelbar dazu beiträgt, dass das Unternehmen wirtschaftliche Erfolge erzielen kann (z.B. Versandabteilung). Nur im letzteren Fall ist von einem Betrieb auszugehen. 67

Die Frage nach dem Vorhandensein oder der Art von Betriebsmitteln sollte nicht gesondert geprüft werden. In der Regel wird wenigstens *ein* Mittel materieller oder immaterieller Art eingesetzt werden, um den arbeitstechnischen Zweck zu verfolgen. Eine besondere Erwähnung dieses Umstands erscheint nicht notwendig. Wichtig ist vielmehr, dass die vorhanden Mittel *„für den oder die verfolgten arbeitstechnischen Zwecke zusammengefaßt, geordnet und gezielt eingesetzt werden"*[15], was allerdings eher unter den Prüfungspunkt „Einheit" passt. 68

VIII. Betriebsrat

Der Betriebsrat ist – obwohl das Recht des Betriebsrats als **Kollektivorgan** dem kollektiven Arbeitsrecht zuzuordnen ist – auch im Individualarbeitsrecht von entscheidender Bedeutung. Der Betriebsrat fungiert als **gesetzlicher Interessenvertreter** nicht nur der gesamten Arbeitnehmerschaft,[16] sondern auch des einzelnen Arbeitnehmers (z.B. als Ansprechpartner für Beschwerden nach § 85 BetrVG). 69

1. Betriebsratsfähigkeit des Betriebs

Nach § 1 Abs. 1 BetrVG kann in Betrieben und Unternehmen ab einer Größe von mindestens fünf ständig wahlberechtigten Arbeitnehmern, wovon drei wählbar sind, ein Betriebsrat gewählt werden. Wie die Formulierung als „Kannvorschrift" verrät, besteht keine Betriebsratspflicht. 70

---

13 Zuletzt *BAG* NZA 2010, 671-272.

14 *BAGE* 85, 291-306.

15 *BAGE* 59, 319-328.

16 Vgl. dazu etwa § 80 Abs. 1 BetrVG.

Die Organisation der Erstwahl kann von einem Gesamt- oder Konzernbetriebsrat oder der Betriebsversammlung initiiert werden, § 17 BetrVG. Die weiteren Wahlen organisiert in der Regel der amtierende Betriebsrat, § 16 BetrVG. Wahlen finden gem. § 13 Abs. 1 BetrVG alle vier Jahre statt. Planmäßig wird erst 2014 wieder gewählt.

71 **Wählbar** zum Betriebsrat, also passiv wahlberechtigt, sind Arbeitnehmer, die dem Betrieb länger als sechs Monate angehören oder eine entsprechende Zeit lang in Heimarbeit für den Betrieb tätig waren, § 8 Abs. 1 S. 1 BetrVG. Zeiten in einem anderen Betrieb des Unternehmens oder Konzerns werden dabei gem. § 8 Abs. 1 S. 2 BetrVG angerechnet. Die Wählbarkeit verliert, wem nach strafrechtlichen Grundsätzen das Wahlrecht aberkannt wurde, § 8 Abs. 1 S. 3 BetrVG.

72 **Wählen** dürfen gem. § 7 BetrVG alle Arbeitnehmer ab dem 18. Lebensjahr, außerdem Leiharbeitnehmer, wenn sie über drei Monate im Betrieb eingesetzt werden.

73 Die Größe des Betriebsratsgremiums bestimmt sich nach § 9 BetrVG nach der Anzahl der dem Betrieb angehörenden Arbeitnehmer. In Betrieben mit zum Beispiel fünf bis 20 Arbeitnehmern besteht der Betriebsrat demnach aus nur einem Mitglied. Ab einer Arbeitnehmerzahl von 200 Arbeitnehmern ist eine bestimmte Zahl von Betriebsratsmitgliedern vollständig von ihrer Arbeitspflicht zu befreien. Diese **freigestellten** Betriebsräte können sich ganz ihrer Tätigkeit als Interessenvertreter widmen, ohne gleichzeitig ihren Aufgaben in der Produktion oder Verwaltung usw. nachgehen zu müssen.

Hinweis

Das genaue Wahlverfahren und die Wahlanfechtung gehören eher selten zu den Prüfungsthemen, weswegen im Rahmen dieses Skripts keine weiteren Ausführungen dazu gemacht werden. Sie sollten die einschlägigen Vorschriften (§§ 13–20 BetrVG) trotzdem vor der Klausur wenigstens einmal durchlesen.

2. Aufgaben des Betriebsrates

74 Wie bereits angedeutet, vertritt der Betriebsrat die Interessen der Arbeitnehmer gegenüber dem Arbeitgeber, steht also im Arbeitnehmerlager. § 80 Abs. 1 BetrVG enthält einen Katalog, der die allgemeinen Aufgaben des Betriebsrats näher beschreibt. Das BetrVG enthält darüber hinaus Spezialaufgaben des Gremiums, welche in Rn. 518 ff. näher beschrieben werden.

Online-Wissens-Check

Wissen Sie noch, was man unter einem „Betrieb" versteht?

Überprüfen Sie jetzt online Ihr Wissen zu den in diesem Abschnitt erarbeiteten Themen. Unter **www.juracademy.de/skripte/login** steht Ihnen ein Online-Wissens-Check speziell zu diesem Skript zur Verfügung, den Sie kostenlos nutzen können. Den Zugangscode hierzu finden Sie auf der Codeseite.

B. Die Anbahnung und Begründung eines Arbeitsverhältnisses

75 Die ersten Kontakte zwischen dem Bewerber und seinem potenziellen Arbeitgeber kommen oft dadurch zustande, dass der Arbeitnehmer sich auf eine Stellenanzeige des Arbeitgebers hin bewirbt.

Hinweis

Auch hier gelten die allgemeinen Regeln des BGB AT. Das Stellenangebot des Arbeitgebers stellt mangels Rechtsbindungswillen nur eine unverbindliche invitatio ad offerendum dar.

Zu beachten ist, dass ein Schuldverhältnis i.S.d. § 280 BGB nach § 311 Abs. 2 BGB auch durch die Aufnahme von Vertragsverhandlungen, die Anbahnung eines Vertrages oder ähnliche geschäftliche Kontakte entsteht. Nach § 241 Abs. 2 BGB sind die Parteien zur gegenseitigen Rücksichtnahme verpflichtet. Eine schuldhafte Verletzung dieser Rücksichts- und Interessenwahrungspflichten löst Schadensersatzansprüche nach §§ 280 Abs. 1, 311 Abs. 2, 241 Abs. 2 (c.i.c) aus.[17]

I. AGG-Schutz des Arbeitnehmers

76 Das Allgemeine Gleichbehandlungsgesetz (AGG) spielt in Klausuren an dieser Stelle oft eine wichtige Rolle. Das Gesetz verbietet die Diskriminierung durch Arbeitgeber vor, während und auch bei Beendigung des Arbeitsverhältnisses und setzt mitunter strenge Rechtsfolgen für den Fall des Verstoßes, vgl. Rn. 19 ff.

» Lesen Sie zunächst §§ 1–3, 6–11 AGG, um mit den Vorschriften vertraut zu werden. «

In der Prüfung bietet sich die Orientierung an folgenden Punkten an:

Schutz vor Benachteiligung

PRÜFUNGSSCHEMA

I. Persönlicher (§ 6 AGG) und sachlicher Anwendungsbereich (§ 2 AGG)
Bewerber Rn. 81

II. Verstoß gegen das Benachteiligungsverbot des § 7 Abs. 1 AGG
1. **Diskriminierungsgrund,** §§ 1, 4 AGG
2. **Benachteiligung,** §§ 3, 4 AGG
   a) § 3 Abs. 1 AGG: unmittelbarer Verstoß
   b) § 3 Abs. 2 AGG: mittelbarer Verstoß
   c) § 3 Abs. 3 AGG: Belästigung
   d) § 3 Abs. 4 AGG: sexuelle Belästigung
   e) § 3 Abs. 5 AGG: Anweisung zur Benachteiligung
3. **Sachlicher Grund** als Rechtfertigung
   a) § 8 AGG: berufliche Anforderung
   b) § 9 AGG: Religion/Weltanschauung
   c) § 10 AGG: Alter
   d) § 5 AGG: Positive Ausgleichsmaßnahmen
4. **Beweislast** nach § 22 AGG, Indizien

III. Rechtsfolgen verbotswidriger Benachteiligung
1. §§ 7 Abs. 2, 13, 14 AGG
2. Ersatzansprüche, § 15 Abs. 1, 2 AGG, § 280 Abs. 1 BGB

17 Wiederholen Sie hierzu die Ausführungen im Skript „Schuldrecht AT II".

1. Die Benachteiligung

77 Das AGG zielt darauf ab, eine Benachteiligung des „Schwächeren" aufgrund der in § 1 AGG abschließend aufgezählten Kriterien zu verhindern bzw. zu beseitigen.

78 § 1 AGG verbietet eine Benachteiligung wegen

- des Geschlechts
- einer Behinderung im Sinne des § 2 Abs. 1 SGB IX
- des Alters
- der Rasse oder ethnischen Herkunft
- der Religion oder Weltanschauung
- der sexuellen Identität.

JURIQ-Klausurtipp

Ein immer wieder auftauchender Prüfungsgegenstand im Rahmen des AGG sind Klauseln in Tarifverträgen, die das Arbeitsverhältnis zu einem bestimmten Alter des Arbeitnehmers beendigen sollen. Oft sind Piloten von solchen Regelungen betroffen. Das BAG hat am 18.1.2012[18] die Unwirksamkeit einer Klausel festgestellt, die das Arbeitsverhältnis eines Piloten mit Erreichen des 60. Lebensjahrs enden lassen sollte. Dies sahen die Richter des BAG als Verstoß gegen § 7 Abs. 1 i.V.m. § 1 AGG an. Das Argument der Tarifvertragsparteien, dass die Sicherheit der Passagiere und der Bewohner der überflogenen Gebiete eine Altersgrenze von 60 Jahren gebiete, teilten die Richter also nicht. Die nationalen und internationalen Lizenzregelungen lassen nämlich auch Piloten bis zu 65 Jahren zu, wenn der Copilot jünger als 60 Jahre alt ist. Es gebe auch keine hinreichend belastbaren Erkenntnisse dazu, dass diese öffentlich-rechtlichen Regelungen nicht ausreichend wären zur Sicherung des Luftverkehrs und die Tarifregelungen deswegen beschränkend eingreifen müssten.

79 Der Begriff der Benachteiligung im Sinne des AGG ist in § 3 AGG legal definiert. Das AGG differenziert dabei zwischen unmittelbarer (§ 3 Abs. 1 AGG) und mittelbarer Benachteiligung (§ 3 Abs. 2 AGG):

(1) Eine unmittelbare Benachteiligung liegt vor, wenn eine Person wegen eines in § 1 genannten Grundes eine weniger günstige Behandlung erfährt, als eine andere Person in einer vergleichbaren Situation erfährt, erfahren hat oder erfahren würde. Eine unmittelbare Benachteiligung wegen des Geschlechts liegt in Bezug auf § 2 Abs. 1 Nr. 1 bis 4 auch im Falle einer ungünstigeren Behandlung einer Frau wegen Schwangerschaft oder Mutterschaft vor.

(2) Eine mittelbare Benachteiligung liegt vor, wenn dem Anschein nach neutrale Vorschriften, Kriterien oder Verfahren Personen wegen eines in § 1 genannten Grundes gegenüber anderen Personen in besonderer Weise benachteiligen können, es sei denn, die betreffenden Vorschriften, Kriterien oder Verfahren sind durch ein rechtmäßiges Ziel sachlich gerechtfertigt und die Mittel sind zur Erreichung dieses Ziels angemessen und erforderlich.

Beispiel Eine mittelbare Benachteiligung wurde etwa in dem Fall angenommen, in dem Vollzeitbeamte einen höheren Lohn als Teilzeitbeamte erhalten haben, wobei über 75 % der Teilzeitbeamten Frauen waren. Im Wesentlichen war das weibliche Geschlecht betroffen. Obwohl also nicht direkt an eins der in § 1 AGG genannten Merkmale angeknüpft wird, liegt eine Benachteiligung vor.[19] ■

18 *BAG* NZA 2012, 691-696.

19 *EuGH* NZA 2008, 31-33.

Unter den in § 3 Abs. 3 AGG genannten Voraussetzungen stellt das AGG eine Belästigung einer Benachteiligung gleich. Auch eine sexuelle Belästigung kann unter Umständen eine Benachteiligung darstellen, § 3 Abs. 4 AGG. Schließlich gilt auch eine Anweisung zur Benachteiligung einer Person aus einem in § 1 AGG genannten Grund als Benachteiligung, vgl. § 3 Abs. 5 AGG. 80

Der persönliche Anwendungsbereich ergibt sich aus § 6 AGG, der sachliche Anwendungsbereich ist in § 2 AGG normiert. Danach findet das AGG sowohl im Stadium des **Bewerbungsverfahrens** und der **Vertragsanbahnung** als auch während des gesamten Vertragsverhältnisses sowie auch nach seiner Beendigung Anwendung. 81

Nach § 2 Abs. 4 AGG sind für Kündigungen ausschließlich die Bestimmungen zum allgemeinen und besonderen Kündigungsschutz anzuwenden. 82

Hinweis

Gegen diese Vorschrift bestehen jedoch europarechtliche Bedenken, da nach der Beschäftigungsrichtlinie 3 Abs. 2c das Diskriminierungsverbot des § 1 AGG auch für Kündigungen von Arbeitsverhältnissen gilt.[20] Ein diesen Vorgaben genügender Schutz kann aber durch richtlinienkonforme Auslegung der Kündigungsvorschriften erreicht werden.[21]

Bereits die **Stellenausschreibung** darf nicht unter Verstoß gegen das in § 7 Abs. 1 AGG normierte Benachteiligungsverbot erfolgen, § 11 AGG. Stellenanzeigen müssen also insoweit neutral gehalten werden. Will er sich AGG-konform verhalten, so ist es dem Arbeitgeber grundsätzlich verwehrt, eine Stelle beispielsweise geschlechtsspezifisch auszuschreiben. 83

2. Ausnahmsweise gerechtfertigte Benachteiligung

Ausnahmsweise gerechtfertigt ist eine Diskriminierung nach Maßgabe der §§ 8 bis 10 und § 5 AGG. 84

§ 8 Abs. 1 AGG lässt eine unterschiedliche Behandlung aufgrund eines an sich unzulässigen Benachteiligungskriteriums zu, sofern dies wegen der Art der auszuübenden Tätigkeit oder der Bedingungen ihrer Ausübung eine wesentliche und entscheidende berufliche Anforderung darstellt, wenn der Zweck **rechtmäßig** und die Anforderung **angemessen** ist. 85

Beispiel Dieser Rechtfertigungsgrund wird beispielsweise angenommen werden können, wenn der Arbeitgeber eine männliche Theater- oder Schauspielrolle für männliche Bewerber ausschreibt oder etwa für die Vorführung seiner Damenkollektion ein weibliches Model sucht. In diesen Fällen ist das Geschlecht unverzichtbare Voraussetzung für die Tätigkeit. ■

Der bloße Wunsch, optimale Unternehmensergebnisse zu erzielen, reicht in der Regel nicht aus, um eine Ungleichbehandlung zu rechtfertigen. Maßgeblich ist vielmehr die Sicht eines zeitgemäßen sozialbewussten Arbeitgebers, der den Fortbestand und die Leistungsfähigkeit seines Unternehmens anstrebt.[22] 86

---

20 *EuGH* NZA 2006, 839-841.
21 *BAG* NZA 2010, 387-393.
22 *BAGE* 90, 170-181.

87 Hinsichtlich der Kriterien Alter, Religion oder Weltanschauung wird § 8 AGG ergänzt durch die Rechtfertigungsgründe der §§ 9 und 10 AGG.

Beispiel *Die Klägerin begehrte von ihrer Arbeitgeberin die gleichen Leistungen auf betriebliche Altersversorgung, wie sie einigen Kollegen gewährt wurden. Die Beklagte hatte entschieden, dass Betriebsrenten an Mitarbeiter gezahlt werden würden. Allerdings sollte diese Regelung nicht für die Klägerin und einen weiteren Mitarbeiter gelten, die „zu alt" seien. Den anderen Mitarbeitern wurden Einzelzusagen erteilt. Bedingung der Beklagten war u.a. der Bestand eines Arbeitsverhältnisses zu einem gewissen Stichtag sowie die Erreichbarkeit einer 15-jährigen Betriebszugehörigkeit bis zur Regelaltersgrenze in der gesetzlichen Rentenversicherung. Für die Klägerin war es aufgrund ihres fortgeschrittenen Alters nicht mehr möglich, diese Bedingung zur Betriebszugehörigkeit zu erreichen. Die Bundesarbeitsrichter billigten diese Regelung. Ein Arbeitgeber darf demnach eine Mindestbetriebszugehörigkeit als Voraussetzung für einen Anspruch festlegen. Dies stelle weder eine verbotene Altersdiskriminierung noch eine Benachteiligung wegen des Geschlechts dar. Sie verwiesen auf § 10 S. 3 Nr. 4 AGG (lesen!). Eine unzulässige (mittelbare) Diskriminierung wegen des Geschlechts sahen die Richter ebenfalls nicht. Denn bei typisierender Betrachtung sei mit dem Wiedereintritt in das Berufsleben nach Zeiten der Kindererziehung bereits vor der Vollendung des 50. Lebensjahres zu rechnen*[23]. ■

88 § 9 AGG sieht vor, dass eine unterschiedliche Behandlung wegen der Religion oder der Weltanschauung zulässig ist, wenn der Arbeitgeber eine Religionsgemeinschaft ist oder einer solchen oder ähnlichen Vereinigung angehört.

89 § 10 AGG erlaubt die Ungleichbehandlung wegen des Alters, wenn sie objektiv angemessen und durch ein legitimes Ziel gerechtfertigt ist. Als Beispiele nennt § 10 S. 3 in seinem nicht abschließenden Katalog etwa die Festlegung von Mindestanforderungen an das Alter für den Zugang zu einer Beschäftigung (Ziff. 1) oder auch Vereinbarungen, dass ein Arbeitsverhältnis bei Eintritt in das gesetzliche Rentenalter enden soll (Ziff. 5).

Hinweis

Es stets also zu prüfen, ob das Mittel zur Erreichung des Ziels angemessen und erforderlich ist. Dabei muss auch das Ziel selbst angemessen sein.

90 Abschließend ist noch § 5 AGG zu erwähnen, der ungeachtet der in § 8 bis 10 benannten Gründe eine unterschiedliche Behandlung auch dann für zulässig erklärt, wenn durch geeignete und angemessene Maßnahmen bestehende Nachteile verhindert oder ausgeglichen werden sollen. Hierunter werden insbesondere Maßnahmen zur Förderung der Chancengleichheit von Männern und Frauen subsumiert, wie zum Beispiel die Bereitstellung von Plätzen im Betriebskindergarten nur für Kinder der im Betrieb unterrepräsentierten weiblichen Arbeitnehmer.[24]

23 *BAG* NZA 2013, 733-738.
24 *EuGH* NJW 2002, 1859-1862.

3. Rechtsfolgen

a) § 15 AGG

Nach § 15 Abs. 1 AGG hat der Arbeitgeber einen Schaden zu ersetzen, der dem Bewerber oder Arbeitnehmer durch eine verbotene Benachteiligung entstanden ist, es sei denn, er hat die Pflichtverletzung nicht zu vertreten. 91

Beispiel Arbeitnehmerin A wird unter Verstoß gegen das Diskriminierungsverbot wegen des Geschlechts nicht befördert. Aufgrund dessen entstehen ihr Vermögensnachteile in Form von fehlenden Einkommenssteigerungen von 300 Euro brutto monatlich. Diesen materiellen Schaden muss der Arbeitgeber gem. § 15 Abs. 1 AGG ersetzen. ■

Außerdem hat der Betroffene einen – nach umstrittener Ansicht nicht vom Verschulden des Arbeitgebers abhängigen[25] – Anspruch auf Entschädigung hinsichtlich der immateriellen Schäden gem. § 15 Abs. 2 AGG. 92

Der Wortlaut des § 15 Abs. 2 AGG erklärt sich von selbst:

Wegen eines Schadens, der nicht Vermögensschaden ist, kann der oder die Beschäftigte eine angemessene Entschädigung in Geld verlangen. Die Entschädigung darf bei einer Nichteinstellung drei Monatsgehälter nicht übersteigen, wenn der oder die Beschäftigte auch bei benachteiligungsfreier Auswahl nicht eingestellt worden wäre.

Der wegen einer Diskriminierung abgelehnte zweitbeste Bewerber kann demnach eine Entschädigung von maximal drei auf der ausgeschriebenen Stelle gezahlten Monatsgehältern verlangen. Der bestqualifizierte Bewerber kann sogar eine höhere Entschädigung verlangen.

Wird der Arbeitnehmer durch die Anwendung kollektivrechtlicher Vereinbarungen wie z.B. Tarifverträge benachteiligt, so ist der Arbeitgeber nur zu einer Entschädigung verpflichtet, wenn er vorsätzlich oder grob fahrlässig gehandelt hat, § 15 Abs. 3 AGG. Diese Regelung dient dem Schutz des Arbeitgebers. Sie zielt darauf ab, den Arbeitgeber vor Entschädigungsansprüchen zu bewahren, die durch die Anwendung eines Tarifvertrages in nur fahrlässiger Unkenntnis seiner diskriminierenden Wirkung ausgelöst werden. 93

Für die Geltendmachung dieser Ansprüche ist insbesondere auf die Frist von lediglich zwei Monaten gem. § 15 Abs. 4 AGG zu achten. 94

Der diskriminierte Bewerber hat gem. § 15 Abs. 6 AGG keinen Anspruch auf Begründung eines Arbeitsverhältnisses. 95

b) Beweislastverteilung im Rahmen des § 15 AGG

Für die anspruchsbegründenden Tatsachen, also dafür, dass eine Benachteiligung auf einem der in § 1 AGG genannten Kriterien basiert, trägt grundsätzlich der Anspruchssteller die Beweislast. 96

§ 22 AGG sieht aber eine Abweichung von diesen allgemeinen Beweislastregeln vor. Danach obliegt dem Arbeitgeber die Beweislast dafür, dass kein Verstoß gegen die Bestimmungen zum Schutz vor Benachteiligung vorgelegen hat, wenn der Arbeitnehmer im Rechtsstreit 97

25 M.w.N. zum Streitstand *BAG* NZA 2009, 945-954.

Indizien beweist, die eine Benachteiligung wegen eines in § 1 AGG genannten Grundes vermuten lassen. Insoweit führt § 22 AGG auch zu einer Absenkung des Beweismaßes.[26] Vermutungstatsachen können sich beispielsweise aus Äußerungen des Arbeitgebers oder etwa aufgrund einer geschlechts- oder altersspezifischen Ausschreibung ergeben.

Beispiel Der Arbeitgeber A hat ausweislich seiner Stellenausschreibung eine „Putzfrau" gesucht. Wird nun tatsächlich eine Frau eingestellt und es haben sich auch Männer beworben, ist die Stellenausschreibung ein Indiz für die Diskriminierung der Männer.

Hat der A einen Mann eingestellt, ist die Vermutung widerlegt. Ein anderer männlicher Mitbewerber kann sich nicht auf das Indiz „diskriminierende Stellenausschreibung" berufen. ■

98 Die bessere Eignung eines anderen Bewerbers schließt eine Benachteiligung nicht aus, was § 15 Abs. 2 AGG zeigt. Für eine Benachteiligung soll es ausreichen, wenn eine Person, die an sich geeignet wäre, von vornherein nicht in Betracht gezogen wird. Ausreichend soll sogar sein, dass das in § 1 AGG genannte Kriterium als eines von vielen in einem Motivbündel die Entscheidung des Arbeitgebers beeinflusst hat.[27]

Hinweis

Man fragt sich natürlich, wie der abgelehnte Bewerber erfahren soll, dass er eventuell i.S.d. AGG benachteiligt wurde. Besteht vielleicht ein Auskunftsanspruch gegen den „Nicht-Arbeitgeber"? Die Antwort hat der EuGH am 19.4.2012 im Fall „Meister"[28] gegeben. Im von einem deutschen Gericht vorgelegten Fall war eine Bewerberin russischer Herkunft, die ein in Deutschland anerkanntes Diplom als Systemtechnik-Ingenieurin vorzuweisen hatte, von der Beklagten ohne Einladung zum Vorstellungsgespräch abgewiesen worden. Die Beklagte hatte über eine Stellenanzeige eine/n erfahrene/n Softwareentwickler/in gesucht; nach der Ablehnung schaltete die Beklagte die gleiche Anzeige nochmals. Die Klägerin bewarb sich erneut und wurde erneut ohne Einladung und ohne Begründung abgelehnt. Der EuGH hat entschieden, dass ein abgelehnter Bewerber keine Auskunft über den Ausgang des Bewerbungsverfahrens verlangen kann. Es könne jedoch nicht ausgeschlossen werden, dass die Verweigerung der Informationen ein Gesichtspunkt sein könne, der im Rahmen des Nachweises von Tatsachen, die das Vorliegen einer unmittelbaren oder mittelbaren Diskriminierung vermuten lassen, heranzuziehen sei. Dies müsse das damit befasste Gericht unter Berücksichtigung aller Umstände des Einzelfalles in seine Überlegungen mit einbeziehen.

99 Im Rahmen von § 15 Abs. 1 AGG ist der Arbeitgeber zum Schadensersatz verpflichtet, es sei denn, er hat die Pflichtverletzung nicht zu vertreten. Dem Arbeitgeber obliegt es, sich insoweit zu exkulpieren.

c) Höhe des Schadensersatz- und Entschädigungsanspruchs

100 Der Schadensersatzanspruch nach § 15 Abs. 1 AGG ist auf Ausgleich des kausalen Vermögensschadens gerichtet, §§ 249 ff. BGB.

26 *BAG* NZA 2008, 1351-1354.
27 *BAGE* 109, 265-278.
28 *EuGH* NZA 2012, 493-495.

§ 15 Abs. 2 AGG sieht eine angemessene Entschädigung für sog. Nichtvermögensschäden vor. Der Höhe nach richtet sie sich nach verschiedenen Kriterien. Mitunter kommt es an auf:[29] 101

» Lesen Sie die §§ 7, 13, 14 AGG, die weitere Rechtsfolgen einer Diskriminierung regeln. «

- die Art und Schwere der Ungleichbehandlung
- Zahl und Folgen der Diskriminierungen
- die Intensität der geschädigten Interessen
- das Ausmaß (Intensität) des Verschuldens des Arbeitgebers,
- die Beweggründe
- die Wiederholungskomponente
- eine Genugtuung/Sanktion.

II. Der Arbeitsvertrag

Oben wurden bereits das Wesen und der Inhalt des Arbeitsvertrags dargestellt. Wie bei jedem Vertrag können sich Probleme hinsichtlich seiner Wirksamkeit ergeben. Die wichtigsten Regelungen dazu werden im Folgenden erläutert. 102

1. Wirksamkeit des Arbeitsvertrags

Die Wirksamkeit des Arbeitsvertrages ist allgemein an den §§ 104 ff. BGB zu messen. Grundsätzlich gelten alle Vorschriften des allgemeinen Teils des BGB auch für das Arbeitsverhältnis. Ausnahmen sind nur bei Unvereinbarkeit mit dem Wesen und Inhalt des Arbeitsverhältnisses als Rechtsverhältnis besonderer Art zu machen. 103

» Wiederholen Sie an dieser Stelle die allgemeinen Rechtsprobleme bei Vertragsschlüssen, z.B. in dem Skript „BGB AT I". «

a) Beschränkte Geschäftsfähigkeit

Der Wirksamkeit des Arbeitsvertrages kann die beschränkte Geschäftsfähigkeit eines Vertragspartners entgegenstehen. Besonderheiten ergeben sich aus § 112 und § 113 BGB, deren Inhalt sich durch aufmerksames Lesen gut erschließen lässt. 104

b) §§ 134, 138 Abs. 1 BGB

Ein Vertragsschluss entgegen der §§ 134, 138 Abs. 1 BGB führt zur Nichtigkeit des Vertrags. Von § 134 BGB auch umfasst sind Verstöße gegen Tarifvertrag oder Betriebsvereinbarung. 105

Beispiel Wird im Arbeitsvertrag eine Vereinbarung getroffen, die den Arbeitnehmer dazu verpflichtet, 13 Stunden täglich zu arbeiten, so verstößt diese Regelung gegen § 3 ArbZG. Dieser Verstoß führt gemäß § 134 BGB grundsätzlich zur Nichtigkeit des ganzen Vertrages (§ 139 BGB). Dieses Ergebnis wird aber ganz offensichtlich dem Schutzbedürfnis des Arbeitnehmers aber nicht gerecht. ■ 106

Insoweit gilt im Arbeitsrecht abweichend vom allgemeinen Zivilrecht der Grundsatz, dass im Zweifel der Rest des Vertrags als wirksam bestehen bleiben soll.[30]

29 *BAG* NZA 2009, 945-954.
30 *BAGE* 39, 67-76.

2. Die Anfechtung des Arbeitsvertrages

107 Besonderes Augenmerk soll im Folgenden auf die Anfechtung des Arbeitsvertrags gerichtet werden. Hier ergeben sich im Arbeitsrecht in Verbindung mit dem Fragerecht des Arbeitgebers Besonderheiten.

PRÜFUNGS-SCHEMA

Anfechtung

I. Anfechtungserklärung, § 143 BGB

II. Anfechtungsgrund, §§ 119, 123 BGB
Lüge bei unzulässigen Fragen Rn. 113, Rn. 120 ff.

III. Wahrung der Anfechtungsfrist, §§ 121, 124 BGB

a) Anfechtung wegen arglistiger Täuschung

108 Im Vorfeld des Vertrages ist der Arbeitgeber interessiert daran, Näheres über den Bewerber zu erfahren. Nur so kann er seine Entscheidung darüber treffen, wen er einstellt und wen nicht. In diesem Sinne wird er dem Bewerber zahlreiche Fragen stellen (wollen), sei es im Verlauf eines persönlichen Gesprächs oder auch mittels eines Fragebogens, der zur Vorbereitung eines Vorstellungsgespräches dienen soll.

109 Stellt sich nach Vertragsschluss heraus, dass der Arbeitnehmer eine für den Arbeitgeber bedeutsame Frage nicht wahrheitsgemäß beantwortet hat oder einen für ihn bedeutsamen Punkt verschwiegen hat, so wird sich für den Arbeitgeber die Frage nach Lösungsmöglichkeiten vom Vertrag stellen.

110 In Betracht kommt hier grundsätzlich eine **Anfechtung** des Vertrages wegen arglistiger Täuschung, § 123 BGB.

aa) Täuschung

111 Unter einer **Täuschung** wird jedes Verhalten verstanden, was bei dem Vertragspartner kausal einen Irrtum – das unbewusste Abweichen des Vorstellungsbildes von der Realität – erregt.[31]

Sie kann durch positives Tun erfolgen, etwa durch eine Lüge auf eine Frage des Arbeitgebers hin. Eine Täuschung durch Unterlassen kommt dann in Betracht, wenn die andere Partei eine Tatsache, zu deren Aufklärung sie verpflichtet ist, nicht offen legt.[31]

Beispiel Der Arbeitssuchende braucht ungünstige Umstände grundsätzlich nicht ungefragt zu offenbaren. Eine Aufklärungspflicht wurde z.B. ausnahmsweise angenommen, wenn die Verbüßung einer rechtskräftigen Freiheitsstrafe bevorsteht.[32]

---

31 ErfK-*Preis* § 611 BGB Rn. 359.
32 *BAG* NZA 1988, 731-731.

bb) Arglist

Arglistig ist die Täuschung dann, wenn sie darauf ausgelegt ist, den anderen zu einem Ver- 112
halten zu bewegen, dass er bei richtiger Einschätzung der Sachlage unterlassen hätte.[33]

Bezüglich der Veranlassung des Vertragspartners zur Abgabe einer Willenserklärung reicht beim Täuschenden bedingter Vorsatz aus.

cc) Rechtswidrigkeit

Liegen diese Voraussetzungen vor, so ergibt sich daraus grundsätzlich auch die Rechtswidrig- 113
keit der Täuschung. Etwas anderes gilt aber dann, wenn die **Lüge** des Arbeitnehmers ausnahmsweise berechtigt war. Unzulässige Fragen darf der Arbeitnehmer ohne Konsequenzen zu befürchten unwahr beantworten.

Danach muss der Arbeitnehmer nur diejenigen Fragen wahrheitsgemäß beantworten, an 114
denen der Arbeitgeber „ein berechtigtes und schutzwürdiges Interesse" hat, gegenüber dem das Interesse des Arbeitnehmers an der Geheimhaltung der Auskunft zurücktreten muss.[34]

An dieser Stelle ist also eine **Abwägung** der widerstreitenden Interessen vorzunehmen. Auf 115
Seiten des Arbeitgebers steht das Informationsbedürfnis, ein möglichst genaues Bild von dem Bewerber zu gewinnen (Art. 12, 14, 2 GG). Der Arbeitnehmer muss hingegen davor geschützt werden, sich Fragen des Arbeitgebers über persönliche, für die Tätigkeit eher bedeutungslose Eigenschaften, ausgeliefert zu sehen (Art. 2 Abs. 1 i.V.m. Art. 1 Abs. 1 GG).

Ein berechtigtes Interesse kann dem Arbeitgeber nur zugebilligt werden, wenn die Frage zur 116
Einstellung, der fachlichen und persönlichen Eigenschaften sowie zur Ausübung der vertraglich geschuldeten Arbeitsleistung aufschlussreich ist.[35] Die Frage muss stets in Beziehung zur geschuldeten Tätigkeit stehen und darf nicht unverhältnismäßig in die Intimsphäre des Arbeitnehmers eingreifen.

Beispiel Fragen nach Alkohol- und Drogenkonsum, nach sexuellen Vorlieben, Krankheiten in der Familie sind unzulässig. ■

b) Eigenschaftsirrtum

Auch die Anfechtung aufgrund eines Eigenschaftsirrtums nach § 119 Abs. 2 BGB ist im 117
Arbeitsrecht von großer Bedeutung. Danach steht demjenigen ein Anfechtungsrecht zu, der bei Abgabe der Willenserklärung über eine **verkehrswesentliche Eigenschaft** des Vertragspartners irrte.

Verkehrswesentliche Eigenschaften können körperliche Merkmale einer Person oder ihre Beziehungen zur Umwelt sein, sofern diese nach der Verkehrsanschauung für die Wertschätzung der zu leistenden Arbeit von nicht nur vorübergehender Relevanz sind.[36]

---

33 ErfK-*Preis* § 611 BGB Rn. 360.
34 *BAGE* 101, 341-351.
35 *BAGE* 91, 349-358.
36 Vgl. ErfK-*Preis* § 611 Rn. 350.

118 Die Verkehrswesentlichkeit kann dabei nur dann angenommen werden, wenn die Eigenschaft in Beziehung zum Arbeitsverhältnis steht. Daher ist die Frage immer mit Blick auf das konkrete Arbeitsverhältnis zu beantworten.

Beispiel Krankenschwester, die mit HIV infiziert ist; Taxifahrer ohne Führerschein; nicht hingegen die Schwangerschaft.[37] ■

119 Grundsätzlich kann davon ausgegangen werden, dass ein Irrtum über eine Eigenschaft, die der Arbeitgeber nicht zulässigerweise auch hätte erfragen können, nicht zur Anfechtung berechtigt.

c) Fragenkatalog

120 Oft gestellte Fragen der Arbeitgeber in dem Zusammenhang sind:

- **Beruflicher Werdegang, Zeugnisse und Prüfungsnoten**
  Diese Fragen sind zulässig.
- **Schwangerschaft**
  Unzulässig ist die Frage nach einer bestehenden oder geplanten Schwangerschaft.[38]
  Eine Lüge auf die unzulässig gestellte Frage bleibt daher ohne Konsequenz. § 3 Abs. 1 S. 2 AGG regelt eindeutig, dass eine unmittelbare Benachteiligung wegen des Geschlechts auch bei einer ungünstigen Behandlung wegen Schwangerschaft oder Mutterschaft gegeben ist.
- **Gesundheitszustand**
  Die Frage nach der Gesundheit kann im Einzelfall zulässig sein, soweit dadurch die generelle Arbeits- und Einsatzfähigkeit des Arbeitnehmers betroffen ist. Insbesondere ist sie zulässig, wenn eine Ansteckungsgefahr und starke Gefährdung anderer besteht.[39]
- **Schwerbehinderteneigenschaft**
  Es gelten bei Schwerbehinderung Sonderrechte, z.B. bei Kündigung und den Arbeitszeiten. Vor diesem Hintergrund wird vertreten, dass ein berechtigtes Interesse des Arbeitgebers an der Klärung dieser Eigenschaft bestehe. Zumindest dann, wenn durch die Schwerbehinderung die Eignung für die Tätigkeit eingeschränkt sei. Eine andere Ansicht hält diese Frage jedoch unter Verweis auf das Diskriminierungsverbot in § 81 Abs. 2 S. 2 Nr. 1 SGB IX für unzulässig.[40]

Hinweis

Die Frage nach der Schwerbehinderung kann zulässig sein, wenn das Arbeitsverhältnis bereits besteht. Denn der Arbeitgeber muss wissen, wenn er besondere Rechte des Arbeitnehmers zu beachten hat. Das BAG hat mit Urteil vom 16.2.2012[41] sogar weitreichende Konsequenzen an die Falschbeantwortung der berechtigen Frage des Arbeitgebers geknüpft. In dem Fall hatte der Insolvenzverwalter des arbeitgeberischen Unternehmens die Sozialdaten der Arbeitnehmer abgefragt, um eine ordnungsgemäße Sozialauswahl treffen zu können. Der Kläger, der einen Grad der Behinderung von 60 hatte, beantwortete die Frage nach einer vorhandenen Schwerbehinderung wahrheitswidrig. Gegen die ausgesprochene Kündigung

37 *BAGE* 71, 252-259.
38 Vgl. zum aufgehobenen § 611a BGB *BAGE* 104, 304-308.
39 *BAG* EEK II / 203.
40 *ArbG Berlin* AE 2009, 47-48; *LAG Hamm* Urteil vom 19.10.2006 Az. 15 Sa 740/06, juris.
41 *BAG* NZA 2012, 555-560.

wehrte er sich unter Berufung auf die fehlende Zustimmung des Integrationsamts gem. § 85 SGB IX. Die Bundesarbeitsrichter befanden, dass der Mann sich nach dem Grundsatz von Treu und Glauben gem. § 242 BGB nicht auf die fehlende Zustimmung berufen dürfe. Die Frage nach der Schwerbehinderung sei jedenfalls nach sechsmonatigem Bestehen des Arbeitsverhältnisses (§ 90 Abs. 1 S. 1 SGB IX) zulässig. Der Arbeitnehmer habe nach § 241 Abs. 2 BGB wahrheitsgemäß zu antworten, gerade wenn der Arbeitgeber Kündigungen vorbereite. Das Leugnen der Schwerbehinderung und ein späteres Pochen auf Rechte aus der doch gegebenen Schwerbehinderung sei unzulässige Rechtsausübung, so das BAG.

- Vorstrafen
  Die Frage nach Vorstrafen ist insoweit zulässig, als es sich um hinsichtlich der zu erledigenden Tätigkeit einschlägige Straftaten handelt.[42] Dies ist der Fall, wenn es sich bei dem ausgeschriebenen Arbeitsplatz um eine Vertrauensposition handelt, beispielsweise bei der Kassiererin. Ist sie wegen Diebstahls oder Unterschlagung vorbestraft, ist diese Vorstrafe bedeutsam im Zusammenhang mit dem konkreten Arbeitsplatz. Hingegen wäre bei einer Bestrafung wegen einer Trunkenheitsfahrt ein unmittelbarer Zusammenhang mit dem Arbeitsverhältnis nicht gegeben. Als nicht vorbestraft darf sich bezeichnen, wer keine Eintragung im Führungszeugnis hat (§ 51 BZRG). Vorsicht ist auch geboten, wenn – was in der Praxis häufig geschieht - nach abgeschlossenen Ermittlungs- oder Strafverfahren gefragt wird, hier ist § 53 BZRG zu beachten.

Beispiel Der Kläger hatte sich bei der beklagten Bezirksregierung als Seiteneinsteiger für eine Lehrerstelle beworben und bei der Einstellung ein Formular ausgefüllt und unterschrieben, wonach keine Vorstrafe vorliege und auch kein gerichtliches Strafverfahren und kein Ermittlungsverfahren der Staatsanwaltschaft wegen eines Vergehens oder Verbrechens anhängig oder innerhalb der letzten drei Jahre anhängig gewesen sei. Nach der Arbeitsaufnahme ging ein anonymes Schreiben bei der Schule des Klägers und der zuständigen Bezirksregierung ein, in dem darauf hingewiesen wurde, dass der Kläger unter dem Verdacht des Kindesmissbrauchs stehe. Auf Anfrage der Bezirksregierung bei der Staatsanwaltschaft wurde eine Liste von mehreren eingestellten Verfahren gegen den Kläger übersandt. Von zwei Ermittlungsverfahren hatte der Kläger unstreitig keine Kenntnis gehabt. Die Beklagte kündigte während noch laufender Probezeit außerordentlich, hilfsweise ordentlich und erklärte hilfsweise die Anfechtung des Arbeitsvertrags. Das BAG befand die Kündigungen für unwirksam gem. § 138 BGB. Die Frage nach abgeschlossenen Ermittlungsverfahren sei für die Bewerbung nicht erforderlich und nicht durch § 29 Datenschutzgesetz – DSG-NRW gestattet gewesen. Der Kläger habe die abgeschlossenen Verfahren verschweigen dürfen. Ein berechtigtes Interesse einer Auskunft nach anhängigen Straf- und Ermittlungsverfahren i.S.d. DSG sei anerkannt, wenn ein solches bei einer Bewerbung bei einem öffentlich-rechtlichen Arbeitgeber bereits ein solches Verfahren Zweifel an der persönlichen Eignung des Bewerbers für die in Aussicht genommene Tätigkeit begründen könne. An der Informationsbeschaffung durch die unspezifizierte Frage nach eingestellten Verfahren bestehe hingegen grundsätzlich kein berechtigtes Interesse des potentiellen Arbeitgebers. Dies ergebe sich aus der Wertentscheidung des § 53 BZRG[43]. ■

42 *BAGE* 91, 349-358.
43 *BAG* NZA 2013, 429-433.

- **Religions-/Parteizugehörigkeit**
  Diese Frage dürfen wegen der Grundrechte aus Art. 4, 9 Abs. 3 GG nur Tendenzbetriebe wie kirchliche Einrichtungen, Parteien und Gewerkschaften stellen.[44]

3. Das fehlerhafte Arbeitsverhältnis

121 Eine Besonderheit im Arbeitsverhältnis stellt das sog. **„fehlerhafte Arbeitsverhältnis"** dar. Stellt sich nach Vollzug des Arbeitsverhältnisses heraus, dass dieses unwirksam oder nichtig ist, so entfaltet dies grundsätzlich nur Wirkung für die Zukunft. Eine wirksame Anfechtung wirkt daher abweichend von § 142 Abs. 1 BGB nur **ex nunc**.[45] Auch ohne Anfechtung findet keine Rückabwicklung statt, lösen sich die Parteien vom unwirksamen Vertrag.

122 Vollzogen wurde das Arbeitsverhältnis dann, wenn die Parteien schon vertragstypische Leistungen ausgetauscht haben, der Arbeitnehmer also tatsächlich gearbeitet hat.

123 Hintergrund dieser Besonderheit ist die Überlegung, dass eine Rückabwicklung bereits erbrachter Arbeitsleistungen höchst unpraktisch wäre. Der Arbeitgeber müsste den gezahlten Arbeitslohn gem. §§ 812 ff. BGB zurückfordern, wobei er Gefahr liefe, dass sich der Arbeitnehmer auf die Entreicherung gem. § 818 Abs. 3 BGB beruft. Der Arbeitnehmer hingegen müsste seine erbrachte Arbeitsleistung kondizieren, was erhebliche Schwierigkeiten bei der Berechnung des Nutzungsersatzes gem. § 818 Abs. 1 BGB mit sich brächte. Daher kann der Arbeitgeber sich nicht auf die Nichtigkeit für die Vergangenheit berufen, das Arbeitsverhältnis wird als wirksam behandelt.

Hinweis

Zulasten eines Minderjährigen sind diese Grundsätze nicht anzuwenden, ebenso wenig zugunsten des arglistig Täuschenden. Es muss also stets überprüft werden, ob der Anwendung der Lehre vom fehlerhaften Arbeitsverhältnis höherrangige Schutzprinzipien entgegen stehen.

44 ErfK-*Preis* § 611 BGB Rn. 278.
45 *BAGE* 112, 299.

4. Übungsfall Nr. 2

„Die Schwangerschaftsvertretung“ 124

Arbeitgeber A benötigt für sein Schmuckgeschäft aufgrund eines schwangerschaftsbedingten Ausfalls einer seiner Verkäuferinnen eine Vertretung.

Nachdem sich B auf die Stelle beworben hat, wird sie zu einem Vorstellungsgespräch eingeladen. Diese freut sich immens über die Einladung, da sie bereits seit vielen Monaten einen Arbeitsplatz sucht. Während des Vorstellungsgesprächs fragt A, ob B schwanger sei. Auf diese Frage antwortet B nicht wahrheitsgemäß mit Nein.

Beide einigen sich, ein Arbeitsvertrag wird unterzeichnet.

A ist sehr erbost, als er später erfährt, dass B entgegen ihrer Angaben im Vorstellungsgespräch doch schwanger ist. Daraufhin erklärt er gegenüber B, dass er den Vertrag anfechten möchte, aus finanziellen Gründen könne er nicht noch eine Schwangere „beschäftigen“, bei vorheriger Kenntnis hätte er sie niemals eingestellt.

Kann sich A durch Anfechtung vom Arbeitsvertrag lösen?

Lösung 125

A. Anfechtung des Arbeitsvertrages

Von dem Arbeitsvertrag könnte sich A durch Anfechtung lösen, wenn ihm ein Anfechtungsrecht nach §§ 119 ff. BGB zustünde.

Zunächst ist zu klären, ob die Anfechtungsregeln auf den Arbeitsvertrag anwendbar sind. In Betracht kommt ein Vorrang des Kündigungsrechts als speziellere Lösungsmöglichkeit vom Vertrag. Dabei bliebe aber unberücksichtigt, dass nach besonderen Schutzvorschriften eine Kündigung ausgeschlossen sein kann, vgl. etwa § 9 MuSchG. Eine Unanwendbarkeit der Anfechtungsregeln würde weiter dazu führen, dass Willensmängel bei Eingehung des Arbeitsvertrages unberücksichtigt blieben. Daher sind die Anfechtungsregeln anzuwenden.

Eine Anfechtung setzt eine Anfechtungserklärung binnen der Anfechtungsfrist und einen Anfechtungsgrund voraus.

Eine wirksame Anfechtungserklärung (§ 143 BGB) des A, in der zum Ausdruck kommt, dass er sich von dem Vertrag aufgrund der unwahren Beantwortung der Frage nach der Schwangerschaft seitens der B lösen möchte, liegt vor.

B. Anfechtungsgrund nach § 123 Abs. 1 Alt. 1 BGB

Fraglich ist allerdings, ob A ein Anfechtungsgrund zusteht.

Ein Anfechtungsgrund könnte sich zunächst aus § 123 Abs. 1 Alt. 1 BGB ergeben. Danach steht demjenigen ein Anfechtungsrecht zu, der zur Abgabe seiner Willenserklärung durch arglistige Täuschung bestimmt worden ist.

I. Arglistige Täuschung

Erste Voraussetzung ist eine Täuschung des A seitens der B. Eine Täuschung ist jedes Verhalten, das bei dem anderen einen Irrtum hervorruft. Nach der Falschbeantwortung der Frage war A der Annahme, die B sei nicht schwanger. In Wirklichkeit stellte sich die Situation aber anders dar. A befand sich also aufgrund des Verhaltens der A über diesen Umstand im Irrtum. Eine Täuschung lag folglich vor. Diese Täuschung sollte A auch zum Abschluss des Arbeitsvertrages mit B veranlassen, was er bei richtiger Würdigung der Sachlage unterlassen hätte. B handelte also auch arglistig. Tatsächlich hat A die B auch deshalb eingestellt, weil er davon ausging, dass eine Schwangerschaft der B nicht vorliege, die erforderliche Kausalität zwischen Täuschung und Vertragsschluss ist mithin zu bejahen.

II. Widerrechtlichkeit der Täuschung

Zweifelhaft scheint allerdings, ob die Täuschung auch widerrechtlich war. Dies ist nur dann der Fall, wenn die Frage des A überhaupt zulässig war. Bei der Beantwortung der Frage, ob eine Frage zulässig ist, ist stets das Interesse des Arbeitgebers, sich ein persönliches und fachliches Bild vom Bewerber zu machen, gegen das Interesse des Bewerbers am Schutz seiner Persönlichkeitsrechte (Art. 1, 2 GG) abzuwägen.

Zwar hat der Arbeitgeber ein Interesse an der Beantwortung der Frage, gerade im Hinblick auf die Einsatzfähigkeit einer schwangeren Arbeitnehmerin. Dennoch ist die Frage nach der Schwangerschaft als unzulässig zu erachten. § 3 Abs. 1 S. 2 AGG regelt eindeutig, dass eine unmittelbare Benachteiligung wegen des Geschlechts auch bei einer ungünstigen Behandlung wegen Schwangerschaft oder Mutterschaft gegeben ist. A durfte die Frage demnach nicht stellen, die Lüge der B auf die Frage bleibt für sie daher ohne Konsequenz. Ein Anfechtungsrecht des A nach § 123 Abs. 1 Alt. 1 BGB besteht also nicht.

C. Anfechtung wegen Eigenschaftsirrtum, § 119 Abs. 2 BGB

Es handelt sich bei der Schwangerschaft nicht um einen dauerhaften Faktor, eine verkehrswesentliche Eigenschaft ist darin also nicht zu sehen. Auch ein Anfechtungsrecht nach § 119 Abs. 2 BGB besteht daher nicht.

Ergebnis

A kann sich nicht durch Anfechtung vom Arbeitsvertrag mit B lösen.

5. Abwandlung zu Übungsfall Nr. 2

„Die vorbestrafte Schmuckverkäuferin" 126

A und B befinden sich – wie auch im Fall 2 – in einem Vorstellungsgespräch, nur fragt der A die B diesmal, ob sie vorbestraft sei. B beantwortet diese Frage mit „Nein, selbstverständlich nicht". Dabei ist ihr durchaus bewusst, dass sie vor 27 Jahren wegen Ladendiebstahls und letztes Jahr wegen einer Trunkenheitsfahrt verurteilt wurde.

Nachdem der Arbeitsvertrag geschlossen ist und B einige Zeit im Schmuckgeschäft gearbeitet hat, erfährt der A von den Vorstrafen der B. Daraufhin teilt er ihr mit, dass er den Vertrag anfechte, denn bei Kenntnis der Tatsache hätte er sie keinesfalls eingestellt.

Hat A den Vertrag wirksam angefochten?

Lösung 127

A. Anfechtung gemäß § 123 Abs. 1 Alt. 1 BGB

I. Arglistige Täuschung

Auch in diesem Fall kommt zunächst eine Anfechtung des Vertrages aufgrund arglistiger Täuschung der B in Betracht. B hat den A durch die falsche Beantwortung der Frage nach den Vorstrafen arglistig getäuscht.

Bezüglich der Verurteilung wegen Diebstahls ist jedoch zu beachten, dass diese schon 27 Jahre zurückliegt und B sich diesbezüglich als nicht vorbestraft bezeichnen darf (vgl. § 51 BZRG). Zumindest in dieser Hinsicht durfte die B die Verurteilung verschweigen.

II. Widerrechtlichkeit

Fraglich ist, ob die Täuschung bezüglich der Vorbestrafung wegen der Trunkenheitsfahrt rechtswidrig war. Es ist zu prüfen, ob die Frage zulässig war. Bei der Beurteilung der Zulässigkeit einer Frage ist stets das Interesse des Arbeitgebers daran, sich ein persönliches und fachliches Bild vom Bewerber zu machen, gegen das Interesse des Bewerbers am Schutz seiner Persönlichkeitsrechte abzuwägen. „Intimfragen" sind grundsätzlich als unzulässig zu erachten. Zulässig können nur solche Fragen sein, an deren Beantwortung der Arbeitgeber ein berechtigtes, billigenswertes und schutzwürdiges Interesse hat. Darunter fallen nur Fragen, die in einer konkreten Beziehung zum Arbeitsverhältnis stehen.

Die Frage nach der Vorbestrafung ist für den Arbeitgeber grundsätzlich von Bedeutung, insbesondere, wenn sie im Zusammenhang mit der zu verrichtenden Arbeitstätigkeit steht. So wäre die Frage nach Vermögensdelikten sicherlich zulässig, wenn der Bewerber sich um einen Arbeitsplatz in seinem Schmuckladen bewirbt, bei dem er auch Zugriff auf die Kasse hat. Demgegenüber ist aber nicht ersichtlich, dass die Verurteilung wegen einer Trunkenheitsfahrt für den A von erheblichem schutzwürdigen Interesse ist. B benötigt nicht notwendigerweise einen Führerschein, um der Tätigkeit als Verkäuferin nachzukommen. Diesbezüglich steht die Frage nach den Vorstrafen nicht in konkretem Zusammenhang mit der Tätigkeit. Die Verurteilung wegen einer Trunkenheitsfahrt sagt nichts aus über die Fähigkeiten oder die Zuverlässigkeit der B als Verkäuferin. Die wahrheitswidrige Beantwortung der Frage begründet demnach kein Anfechtungsrecht des A nach § 123 Abs. 1 Alt. 1 BGB.

B. Anfechtung nach § 119 Abs. 2 BGB

Ein Anfechtungsrecht des A könnte sich aus § 119 Abs. 2 ergeben. Dazu müsste sich A bei Vertragsschluss mit der B in einem Irrtum über eine verkehrswesentliche Eigenschaft der B befunden haben.

Auch die Beziehung der Person zu ihrer Umwelt kann eine Eigenschaft i.S.d. § 119 Abs. 2 sein. Allerdings kann die Verkehrswesentlichkeit nur dann bejaht werden, wenn die Eigenschaft in einem konkreten Zusammenhang mit der geschuldeten Tätigkeit steht. Diesbezüglich gilt das soeben Gesagte. Eine Anfechtungsmöglichkeit des A besteht demnach nicht.

Ergebnis

Das Arbeitsverhältnis ist nicht wirksam angefochten worden.

6. Die AGB-Kontrolle

In der Praxis werden Arbeitsverträge oftmals vom Arbeitgeber vorformuliert. Seit der Reform des Rechts über allgemeine Geschäftsbedingungen, bei der die Regelungen des AGBG in das BGB übernommen wurden, werden diese Vorschriften auch im Arbeitsrecht angewandt. Zuvor hatte das AGBG durch eine Bereichsausnahme das Arbeitsrecht außen vor gelassen. 128

Derart vorformulierte Arbeitsverträge bzw. ihre Klauseln sind nur dann wirksam, wenn sie einer AGB-Kontrolle nach den §§ 305 ff. BGB standhalten. 129

Inhaltskontrolle von Arbeitsverträgen

PRÜFUNGSSCHEMA

I. Handelt es sich bei der Vertragsklausel um eine AGB i.S.v. § 305 Abs. 1 S. 1 BGB?
Einmalige Verwendung genügt Rn. 132

II. Wirksamer Einbezug
Besonderheit des § 310 Abs. 4 S. 2 BGB Rn. 134

III. Überraschende Klausel?

IV. Verdrängung durch vorrangige Individualabrede § 305b BGB?

V. Unklarheitenregelung, § 305c Abs. 2 BGB

VI. Inhaltskontrolle
1. AGB-Prüfung eröffnet? § 307 Abs. 3 BGB
2. Prüfung der inhaltlichen Wirksamkeit der Klausel
   a) Klauselverbot ohne Wertungsmöglichkeit (§ 309 BGB) unter Berücksichtigung der „arbeitsrechtlichen Besonderheiten" (§ 310 Abs. 4 S. 2 BGB)
   b) Klauselverbot mit Wertungsmöglichkeit (§ 308 BGB) unter Berücksichtigung der „arbeitsrechtlichen Besonderheiten" (§ 310 Abs. 4 S. 2 BGB)
   c) Generalklausel § 307 BGB

VII. Ergebnis: Klausel unwirksam?

a) Anwendung der AGB-Kontrolle auf Arbeitsverträge

Die grundsätzliche Anwendbarkeit der §§ 305 ff. BGB auf Arbeitsverträge ergibt sich aus § 310 Abs. 4 BGB. Der Anwendungsbereich erstreckt sich auf Einzelarbeitsverträge. Keine Anwendung finden die §§ 305 ff. BGB auf Tarifverträge, Betriebs- und Dienstvereinbarungen (§ 310 Abs. 4 S. 1 BGB). 130

Hinweis

Zu differenzieren ist bei einer Bezugnahme auf einen Tarifvertrag. Handelt es sich um einen Gesamtverweis oder einen Verweis auf einen kompletten Regelungskomplex einer einschlägigen Branche, findet eine Inhaltskontrolle statt. Denn der Tarifvertrag ist das Verhandlungsergebnis zweier gleichstarker Partner, von einer Richtigkeitsgewähr aufgrund dieser Parität ist auszugehen. Bei einem Verweis nur auf einzelne Regelungen eines branchenfremden Tarifvertrags kann hingegen eine Angemessenheit der Regelung im Gesamtkomplex des Arbeitsvertrags nicht vermutet werden. Eine Inhaltskontrolle findet hier statt.

b) Allgemeine Geschäftsbedingung

131 Die Anwendbarkeit der §§ 305 ff. BGB setzt voraus, dass es sich bei den zu überprüfenden Klauseln um allgemeine Geschäftsbedingungen handelt. Gemäß § 305 Abs. 1 BGB sind allgemeine Geschäftsbedingungen alle für eine Vielzahl von Verträgen vorformulierten Vertragsbedingungen, die der Verwender der anderen Partei bei Vertragsschluss stellt.

132 Aus dem allgemeinen Zivilrecht wissen Sie, dass vorformulierte Vertragsbedingungen dann als AGB gelten sollen, wenn ihre dreimalige Verwendung beabsichtigt ist. Im Arbeitsrecht besteht hier die Besonderheit, dass die einmalige Verwendung genügt gem. § 310 Abs. 3 Nr. 2, da der Arbeitnehmer als Verbraucher zu werten ist.[46]

133 Bei denjenigen Bedingungen, die zwischen den Vertragsparteien „ausgehandelt" wurden, handelt es sich hingegen nicht um AGB, § 305 Abs. 1 S. 3 BGB. Von einem Aushandeln kann aber nur dann gesprochen werden, wenn dem Arbeitnehmer tatsächlich Gestaltungsfreiheit zur Wahrung eigener Interessen eingeräumt wurde und er die reale Möglichkeit hatte, die Vertragsbedingungen zu beeinflussen.[47]

c) Wirksamer Einbezug der AGB in den Vertrag

134 Weitere Voraussetzung ist der wirksame Einbezug der AGB in den Vertrag. Nach § 310 Abs. 4 S. 2 BGB ist § 305 Abs. 2 BGB nicht anwendbar. Ob die Klausel Vertragsbestandteil geworden ist, ist daher **allein** nach den allgemeinen Grundsätzen zu beurteilen, also nach §§ 145 ff. BGB. Eine Einigung dahin gehend kann auch konkludent erfolgen.

d) Verdrängung durch vorrangige Individualabrede?

135 Weiter ist zu prüfen, ob vorrangige Individualabreden bestehen, die den AGB widersprechen.

Gem. § 305b BGB hat die individuelle Vereinbarung Vorrang, sodass die AGB-Klausel als abbedungen angesehen wird.

e) Keine überraschende Klausel im Sinne von § 305c Abs. 1 BGB

136 Klauseln, die nach den Umständen, insbesondere nach dem äußeren Erscheinungsbild des Vertrages, so ungewöhnlich sind, dass der Vertragspartner des Verwenders mit ihnen nicht zu rechnen braucht, werden gem. § 305c Abs. 1 BGB nicht Vertragsbestandteil. Infolgedessen wird deren Inhalt im Rahmen der AGB-Kontrolle nicht weiter überprüft.

> Eine **überraschende Klausel** liegt vor, wenn sie an versteckter Stelle steht, sodass der Durchschnittsarbeitnehmer nicht mit ihrer Einordnung in den tatsächlichen Regelungskreis rechnen muss.

Beispiel In den Regelungen zur Krankmeldung findet sich mitten im Fließtext und ohne besondere Hervorhebung eine Klausel zur Vertragsstrafe bei rechtswidriger Kündigung durch den Arbeitnehmer. ■

46 *BAGE* 115, 19-33.

47 ErfK-*Preis* §§ 305-310 Rn. 24.

f) Auslegung

Auf die **Unklarheitenregelung** des § 305c Abs. 2 BGB wird dann zurückgegriffen, wenn die Klausel mindestens zwei Auslegungsmöglichkeiten eröffnet, die beide rechtlich vertretbar sind. Diese Zweifel bei der Auslegung der Klausel gehen zulasten des Verwenders, also des Arbeitgebers. Die für den Arbeitnehmer günstigere Auslegung findet Anwendung. 137

g) Die Inhaltskontrolle am Maßstab der §§ 307 Abs. 1 und 2, 308 und 309 BGB

Zur Inhaltskontrolle gem. §§ 307 Abs. 1 und 2, 308 und 309 BGB kommt es nur für diejenigen allgemeinen Geschäftsbedingungen, durch die von Rechtsvorschriften abweichende oder diese ergänzende Regelungen vereinbart werden, § 307 Abs. 3 BGB. Klauseln, die nur das Gesetz zitieren oder in anderen Worten wiedergeben, unterfallen daher nicht der Inhaltskontrolle. 138

Zu beachten ist, dass Abreden über den unmittelbaren Gegenstand der Hauptleistung aus Gründen der Vertragsfreiheit regelmäßig keiner Inhaltskontrolle unterliegen.[48] 139

Beispiel Die Höhe des Entgelts wird nicht nach den Maßstäben der §§ 305 ff. BGB überprüft. ■

Zunächst werden die **Klauselverbote ohne Wertungsmöglichkeit** gem. § 309 BGB geprüft.[49] 140

» Vergegenwärtigen Sie sich hier den Katalog der §§ 308, 309 BGB. «

Beispiel Vertragsstrafenabreden (§ 309 Ziff. 6 BGB)

Regelungen zu Zurückbehaltungsrechten (§ 309 Ziff. 2 BGB) ■

Sodann erfolgt die Prüfung der **Klauselverbote mit Wertungsmöglichkeit** gem. § 308 BGB.[50] 141

Beispiel Versetzungsklauseln oder Widerrufsvorbehalte (§ 308 Ziff. 4 BGB). ■

Falls hiernach die Klausel als wirksam zu erachten ist, muss ergänzend die **Generalklausel** des § 307 BGB herangezogen werden. 142

Nach § 307 Abs. 1 BGB sind Bestimmungen in allgemeinen Geschäftsbedingungen unwirksam, wenn sie den Vertragspartner des Verwenders entgegen den Geboten von Treu und Glauben unangemessen benachteiligen. Eine **unangemessene Benachteiligung** kann sich daraus ergeben, dass die Bestimmung nicht klar und verständlich ist, etwa aufgrund schwieriger grammatikalischer Satzkonstruktionen oder der Verwendung von Fremdwörtern oder Fachbegriffen. Auch inhaltliche Unbestimmtheiten sind hierunter zu subsumieren. 143

Nach § 307 Abs. 2 BGB ist eine unangemessene Benachteiligung im Zweifel dann anzunehmen, wenn eine Bestimmung mit den wesentlichen Grundgedanken der gesetzlichen Regelung, von der abgewichen wird, nicht zu vereinbaren ist, oder wesentliche Rechte oder Pflichten, die sich aus der Natur des Vertrages ergeben, so einschränkt, dass die Erreichung des Vertragszwecks gefährdet ist.

48 *BAGReport* 2004, 325-328.
49 Vgl. hierzu umfassend ErfK-*Preis* §§ 305-310 Rn. 51 ff.
50 Umfassend ErfK-*Preis* §§ 305-310 Rn. 51 ff.

Beispiel Der Arbeitgeber behält sich vor, die Gegenleistung einzuschränken, z.B. bei jederzeitiger Widerruflichkeit der Leistungszulage.[51] ■

144 Bei allen Prüfungsschritten ist die Kontrollüberlegung anzustellen, ob eine Abweichung von den allgemeinen Grundsätzen aufgrund der im Arbeitsrecht geltenden Besonderheiten gerechtfertigt ist, § 310 Abs. 4 S. 2 BGB.

145 Hier ist nicht erforderlich, dass die „im Arbeitsrecht geltenden Besonderheiten" ausschließlich auf dem Gebiet des Arbeitsrechts anzutreffen sind, es reicht aus, dass ihnen dort im Vergleich zu anderen Rechtsgebieten besondere Bedeutung zukommt.[52] Unter diesen Besonderheiten versteht man beispielsweise

- den Fixschuldcharakter der Arbeitsleistung,
- die Höchstpersönlichkeit der Arbeitsleistung,
- die fehlende Vollstreckbarkeit (§ 888 Abs. 3 ZPO) des Anspruchs auf Arbeitsleistung,[52]
- das besondere Bestreben nach einer schnellen Klärung und Bereinigung offener Streitpunkte.[53]

h) Rechtsfolgen

» Lesen Sie zur AGB-Kontrolle die lehrreiche Entscheidung des BAG bezüglich der arbeitsvertraglichen Vertragsstrafenabrede in BAGE 110, 8–27. «

146 Liegt ein Verstoß gegen eines der Verbote der §§ 307 bis 309 BGB vor, ist die Vertragsklausel unwirksam. Der Vertrag als solcher bleibt im Übrigen wirksam, § 306 Abs. 1, Abs. 3 BGB. Eine **geltungserhaltende Reduktion** der Klausel auf das gerade noch zulässige Maß ist abzulehnen. Dem würde der Zweck der Inhaltskontrolle, nämlich den Rechtsverkehr vor überzogenen Klauseln freizuhalten, widersprechen. Unwirksame Klauseln könnten weitgehend ohne Risiko verwendet werden, was zu Nachteilen für den Arbeitnehmer führen und gleichzeitig den Arbeitgeber unbillig bevorzugen würde.

147 Etwaige Lücken im Vertrag werden durch dispositives Recht (§ 306 Abs. 2 BGB) oder ergänzende Vertragsauslegung (§§ 133, 157 BGB) gefüllt.

7. Betriebliche Übung

148 Der Arbeitsvertrag kann praktisch ergänzt werden durch die Grundsätze der so genannten **betrieblichen Übung**.

> **Betriebliche Übung** nennt man die regelmäßige Wiederholung bestimmter Verhaltensweisen des Arbeitgebers, aus denen der Arbeitnehmer schließen kann, ihm solle eine Vergünstigung oder Leistung auf Dauer eingeräumt werden.[54]

Grundsätzlich kann dabei jeder arbeitsrechtliche Gegenstand durch betriebliche Übung geregelt werden.

149 Von der ganz überwiegenden Meinung wird in dem Verhalten des Arbeitgebers ein konkludentes Angebot gesehen, das durch den Arbeitnehmer stillschweigend angenommen werden kann,

51 *BAG* NZA 2007, 853-855.
52 *BAGE* 110, 8-27.
53 *BAG* NZA 2006, 1111 ff.
54 *BAGE* 118, 360-372.

§ 151 BGB.[55] Nicht entscheidend ist, ob der Arbeitgeber einen diesbezüglichen **Verpflichtungswillen** hatte. Es reicht aus, wenn der verständige Empfänger auf einen entsprechenden Verpflichtungswillen schließen kann, §§ 133, 157 BGB. Nur bei eindeutig klar unmissverständlichem Freiwilligkeitsvorbehalt kann ein verständiger Empfänger mit Rücksicht auf Treu und Glauben und die Verkehrssitte nicht von einem verbindlichen Vertragsangebot ausgehen.[55]

Ab welcher Anzahl von Leistungen der Arbeitnehmer erwarten darf, dass er auch künftig die **150**
Leistung erhält, bemisst sich nach Art und Inhalt der Leistung, Dauer und Intensität der Leistung. Handelt es sich um für den Arbeitnehmer bedeutsame Leistungen, sind an die Zahl der Wiederholungen niedrigere Anforderungen zu stellen als bei weniger bedeutsameren Leistungsinhalten.[56]

Beispiel Zahlt der Arbeitgeber drei Jahre hintereinander vorbehaltslos eine Weihnachtsgratifikation, so hat der Arbeitnehmer in Zukunft einen Anspruch darauf.[57] ■

Durch die betriebliche Übung wird ein Anspruch des Arbeitnehmers für die Zukunft begrün- **151**
det. Der Arbeitgeber kann sich, dem allgemeinen Vertragsrecht entsprechend, nicht mehr einseitig von seiner Verpflichtung lossagen. Lösungsmöglichkeiten sind daher nur die Änderungskündigung oder ein Änderungsvertrag.

Hinweis

Zu der Frage, unter welchen Voraussetzungen nach neuer Rechtsprechung des BAG auch eine gegenläufige betriebliche Übung eine bisherige betriebliche Übung abändern kann, wird auf das aktuelle Urteil des BAG vom 18.3.2009[58] verwiesen, das sie unbedingt lesen sollten.

Die Rechtsprechung beschäftigt sich überhaupt in den letzten Jahren rege vor allem mit den sich bei (vermeintlicher) Kollision von betrieblicher Übung mit AGB ergebenden Problemen. Im Rahmen dieses Skripts kann nicht eingehend darauf eingegangen werden. Sie sollten das Thema daher im Auge behalten und regelmäßig die Aufsatzliteratur nach Zusammenfassungen zum Problempunkt durchsuchen bzw. nach neuen Urteilen Ausschau halten.

8. Gesamtzusage

Unter einer **Gesamtzusage** wird die einseitige Zusage des Arbeitgebers an alle oder eine **152**
bestimmte Gruppe von Arbeitnehmern z.B. durch Aushang, Rundschreiben oder mündliche Bekanntgabe verstanden.[55]

Wie bei der betrieblichen Übung wird hierin ein Angebot auf Ergänzung des Vertrages gesehen, welches regelmäßig durch den Arbeitnehmer stillschweigend angenommen wird, § 151 BGB.[55]

Räumt sich der Arbeitgeber bezüglich der Gesamtzusage einen wirksamen Widerrufsvorbehalt ein, kann die Gesamtzusage dann so widerrufen werden, wie sie erteilt worden ist.[59]

55 *BAGE* 118, 360-372.
56 *BAG* NZA 2009, 310-312.
57 *BAG* NZA 1997, 1007-1009.
58 *BAG* NZA 2009, 601-604.
59 *BAG* DB 2006, 1621-1623.

C. Rechte und Pflichten der Vertragsparteien

153

I. Hauptleistungspflichten

1. Arbeitnehmer

154 Die Hauptleistungspflicht des Arbeitnehmers ist die Erbringung der vertraglich geschuldeten Dienste, § 611 BGB i.V.m. dem Arbeitsvertrag.

Hinweis

Der Inhalt der Arbeitspflicht ergibt sich demnach aus dem Arbeitsvertrag. Dieser ist unter Umständen gem. §§ 133, 157 BGB auszulegen.

155 Dem entsprechend hat der Arbeitgeber grundsätzlich einen Anspruch gegen den Arbeitnehmer auf Erbringung der Arbeitsleistung nach § 611 Abs. 1 BGB. Soweit nichts anderes vereinbart ist, ist der Arbeitnehmer sogar **vorleistungspflichtig**, § 614 BGB.

156 Verweigert der Arbeitnehmer unberechtigterweise die Arbeitsleistung, stellt sich das Problem der „Durchsetzbarkeit" des Anspruchs. Eine Klage auf Erfüllung ist in der Praxis wenig bedeutsam, nicht zuletzt mangels Vollstreckbarkeit der Arbeitsleistung. Im Zweifel ist nämlich die Arbeit keine vertretbare Handlung, § 613 BGB, sodass eine Ersatzvornahme i.S.d. § 887 ZPO auf Kosten des Arbeitnehmers nicht in Betracht kommt. Vielmehr ist die Arbeitsleistung nach § 888 Abs. 3 ZPO nicht vollstreckbar.

157 Dem Arbeitgeber bleibt in diesem Falle nur die Verweigerung des Lohnes (§ 326 Abs. 1 S. 1), ein Schadensersatzanspruch nach § 280 Abs. 1, Abs. 3, § 283 BGB gerichtet auf den Nichterfüllungsschaden, oder auch die Kündigung[60].

60 Vgl. hierzu vertiefend die Ausführungen zur verhaltensbedingten Kündigung, Rn. 319 ff.

2. Arbeitgeber

Der Arbeitgeber schuldet hauptsächlich die Zahlung des vertragsgemäßen Lohns. Der Arbeitnehmer hat daher einen Anspruch auf Zahlung der Vergütung nach § 611 Abs. 1 BGB i.V.m. dem Arbeitsvertrag. **158**

Regelmäßig hängt die Höhe des Lohns von der vertraglichen Vereinbarung ab. Ist im Arbeitsvertrag oder in einem Tarifvertrag der Lohn nicht geregelt, so gilt die Zahlung eines Arbeitsentgelts nach § 612 Abs. 1 BGB als vereinbart. Denn die Erbringung von Arbeitsleistung ist in der Regel nur gegen ein entsprechendes Entgelt zu erwarten. Der Höhe nach ist dann die übliche Vergütung für die jeweilige Tätigkeit geschuldet, § 612 Abs. 2 S. 2 BGB. **159**

II. Nebenpflichten

Nach § 241 Abs. 2 BGB kann das Schuldverhältnis nach seinem Inhalt jeden Teil zur Rücksicht auf die Rechte, Rechtsgüter und Interessen des anderen Teils verpflichten. Daraus ergeben sich auch und gerade für das Arbeitsverhältnis, das geprägt ist durch intensive und zeitlich umfangreiche Zusammenarbeit, zahlreiche Rücksichtnahme- und Interessenwahrungspflichten der Vertragspartner. Deren schuldhafte Verletzung kann Schadensersatzansprüche auslösen, §§ 280 ff. BGB, Unterlassungsansprüche begründen und eine Kündigung rechtfertigen. **160**

1. Arbeitnehmer

Der Arbeitnehmer muss seine Verpflichtung aus dem Arbeitsverhältnis so erfüllen und die Interessen des Arbeitgebers so wahren, wie es ihm unter Berücksichtigung seiner Position im Betrieb, seinen eigenen Interessen und den Interessen seiner Arbeitskollegen nach Treu und Glauben billigerweise zugemutet werden kann (§ 242 BGB). **161**

Konkret obliegt ihm im Einzelnen in den Grenzen eigener schutzwürdiger Rechtspositionen zum Beispiel

- die Sachen des Arbeitgebers zu schützen,
- ihn vor Schäden zu warnen und bewahren,
- keine Geschäftsgeheimnisse preiszugeben (Verschwiegenheit),
- sein außerdienstliches Verhalten so einzurichten, dass der Vertragszweck nicht gefährdet wird, er insbesondere seine Pflichten aus dem Arbeitsverhältnis erfüllen kann,
- während des Arbeitsverhältnisses keine unmittelbare Konkurrenztätigkeit auszuüben (Konkurrenzverbot),

> **Hinweis**
>
> Davon zu unterscheiden sind nachvertragliche Wettbewerbsverbote nach § 110 GewO i.V.m. §§ 74 ff. HGB!

- den Betriebsfrieden nicht zu stören.

Die einzelnen Pflichten sind immer mit Blick auf die Betriebsposition des jeweiligen Arbeitnehmers zu bestimmen. Je größer die Vertrauensposition, desto höher die Anforderungen an den Arbeitnehmer. **162**

2. Arbeitgeber

163 Nebenpflichten des Arbeitgebers sind beispielsweise:

- Schutz von Leben und Gesundheit des Arbeitnehmers (ArbZG, ArbPlSchG, ASiG, MuSchG, JArbSchG usw.),
- Schutz der Rechts- und Sachgüter des Arbeitnehmers (Schutz vor Verlust oder Beschädigung der eingebrachten Sachen des Arbeitnehmers),
- Wahrnehmung vermögensrechtlicher Interessen des Arbeitnehmers, insbesondere Abführen von Sozialversicherungsbeiträgen und Lohnsteuer,
- Gewährung von Freizeit zur Arbeitssuche nach Kündigung des Arbeitsverhältnisses (§ 629 BGB),
- Erteilung eines qualifizierten Zeugnisses (§ 109 GewO),
- Gleichbehandlung (vgl. § 7 Abs. 3 AGG),
- Beschäftigung des Arbeitnehmers.

III. Leistungsstörungen im Arbeitsverhältnis

164 Während eines Arbeitsverhältnisses können Leistungsstörungen durch den Arbeitgeber, den Arbeitnehmer, einen Dritten oder auch durch bloßen Zufall verursacht werden, die die ordnungsgemäße Vollziehung des Arbeitsvertrages ganz oder teilweise verzögern, verhindern oder unmöglich machen können. Beispiele hierfür sind etwa Schuldner- oder Gläubigerverzug, höhere Gewalt oder Pflichtverletzungen durch andere Vertragspartner.

Beispiel Der Materiallieferant liefert keinen Nachschub, weil er seinerseits seinen Lieferanten nicht zahlen konnte und deswegen die bestellten Teile nicht produzieren konnte.

Ein Orkan verhindert, dass der LKW des Lieferanten rechtzeitig ankommt.

Der Arbeitnehmer hat aus Versehen einen Teil der Arbeitsmaschine zerstört, während der Reparaturzeit von zwei Tagen kann an dieser Maschine nicht gearbeitet werden. ■

165 Auch hier kommen zwar weitgehend die allgemeinen Regelungen zur Anwendung, einige Besonderheiten hinsichtlich der Erfüllungsansprüche und der Schadensersatzansprüche gilt es aber zu beachten.

»» Lesen Sie hier die §§ 615, 616 BGB. ««

Hinweis

An dieser Stelle empfiehlt sich die Wiederholung des Begriffes **„Synallagma"**:

Als Synallagma bezeichnet man das Gegenseitigkeitsverhältnis, in dem die vertraglichen Leistungen stehen.

So sind etwa die Übereignung der Kaufsache und die Entrichtung des Kaufpreises synallagmatische Hauptleistungspflichten.

Die Unterscheidung zwischen im Synallagma stehenden Hauptpflichten und den nicht synallagmatischen Nebenleistungspflichten ist wichtig für die Beurteilung der Rechtsfolgen.

166 Der Arbeitsvertrag ist ein solcher synallagmatischer Vertrag, die § 320 ff. BGB finden daher grundsätzlich Anwendung.

1. „Ohne Arbeit kein Lohn"

a) Verzug des Arbeitnehmers

Beispiel Ein Arbeitnehmer wird von der Polizei mit zahlreichen anderen Verkehrsteilnehmern an einer Straßensperre angehalten und einer Kontrolle unterzogen. Er kommt daher erst mit mehrstündiger Verspätung an seinem Arbeitsplatz an. 167

Wie wirkt sich diese Leistungsstörung nun auf das Arbeitsverhältnis und den Lohnanspruch aus? ■

Der Arbeitnehmer könnte sich hier in Verzug befinden, da er seine Arbeit nicht rechtzeitig aufgenommen hat. Die vereinbarte Leistung wird nicht zum vereinbarten Zeitpunkt erbracht. Verzug setzt jedoch die Nachholbarkeit der Leistung voraus. Das ist dann nicht der Fall, wenn die Leistung unmöglich ist; Verzug und Unmöglichkeit schließen sich gegenseitig aus. Der Ausfall der Arbeitsleistung ist als Fall der Unmöglichkeit gem. § 275 Abs. 1 BGB zu bewerten. Der Grund dafür liegt im absoluten Fixschuldcharakter der Arbeitsleistung. Die Arbeit ist nicht – etwa an einem anderen Tag, an dem der Arbeitnehmer ohnehin arbeitet – nachholbar. Bei Untätigkeit wird sie mit Ablauf der für die Tätigkeit vorgesehenen Zeit unmöglich.

Der Arbeitgeber kann deswegen vorliegend keinen Anspruch gegen den Arbeitnehmer auf die Nachholung der ausgefallenen Arbeitsleistung geltend machen. Dies hat nach § 326 Abs. 1 S. 1 BGB grundsätzlich zur Folge, dass der Lohnanspruch des Arbeitnehmers entfällt. 168

Beispiel Im obigen Beispielsfall, in dem weder der Arbeitgeber noch der Arbeitnehmer den Ausfall der Arbeitsleistung zu vertreten haben, gilt dieses Ergebnis. Der Arbeitnehmer hat das Wegerisiko zu tragen.[61] ■

Aus § 326 Abs. 1 S. 1 Hs. 1 BGB leitet sich der oft gebrauchte Merksatz **„kein Lohn ohne Arbeit"** ab. 169

b) Unbezahlte Freistellung von der Arbeitspflicht

Es kommt in der Praxis häufig vor, dass der Arbeitnehmer eine „Auszeit" von der Arbeitsverpflichtung braucht, gerne auch „unbezahlter Urlaub" genannt. Hauptsächlich geschieht dies aus persönlichen Gründen, beispielsweise wenn der Arbeitnehmer kranke Familienangehörige pflegen oder beaufsichtigen muss oder weil er sich „selbst verwirklichen" will. Strikt nach dem Grundsatz „pacta sunt servanda" hat er grundsätzlich keinen Anspruch auf Freistellung von der Arbeitsleistung gegen den Arbeitgeber. Natürlich können die Arbeitsvertragsparteien aufgrund ihrer Vertragsfreiheit alles vereinbaren, worauf sie sich einigen können. Falls der Arbeitgeber auf die Wünsche des Arbeitnehmers aber nicht eingehen will, kann der Arbeitnehmer je nach Einzelfall auch unbezahlte Freistellung beanspruchen. Neben den später aufgeführten Fällen des Anspruchs auf bezahlte Freistellung („Lohn ohne Arbeit") gibt es also auch Regelungen, die einen Anspruch auf unbezahlte Freistellung begründen können. Die folgende nicht abschließende Aufstellung bezieht sich nur auf die gesetzlichen Regelungen. Es können aber gegebenenfalls auch Ansprüche aus Einzelvertrag, Betriebsvereinbarung und Tarifvertrag in Betracht kommen. 170

61 *BAGE* 40, 139-145.

aa) Elternzeit

171 Der bekannteste Fall der unbezahlten Freistellung dürfte die Elternzeit sein. § 15 des Gesetzes zum Elterngeld und zur Elternzeit (BEEG) bestimmt, unter welchen Bedingungen ein Anspruch auf Freistellung für Eltern besteht. Zunächst muss es sich bei dem zu betreuenden und zu erziehenden Kind (§ 15 Abs. 1 Nr. 2 BEEG) um ein leibliches oder adoptiertes Kind oder ein Pflegekind oder ein anderes Kind i.S.d. § 1 Abs. 3 oder 4 BEEG handeln (§ 15 Abs. 1 Nr. 1 BEEG). Anspruch auf Elternzeit können auch Großeltern haben, wenn kein Elternteil Ansprüche auf Elternzeit erhebt, das Enkelkind im Haushalt des Großelternteils lebt und dort von ihm betreut und erzogen wird und ein Elternteil minderjährig ist oder sich in Ausbildung gem. § 15 Abs. 1a Nr. 2 BEEG befindet (§ 15 Abs. 1a BEEG).

172 Die zeitlichen Horizonte der Elternzeit sind dezidiert in Abs. 2 der Vorschrift behandelt, den sie kurz überfliegen sollten.

173 § 16 BEEG regelt die formelle Vorgehensweise, die die Eltern beachten sollen, wenn sie eine Freistellung nach dem BEEG erreichen wollen. Auch diese Norm sollten sie rasch querlesen.

bb) Erkranktes Kind

174 § 45 Abs. 3, 5 SGB V sehen vor, dass Arbeitnehmer Anspruch auf Freistellung haben, wenn sie ein erkranktes Kind zu pflegen, zu beaufsichtigen oder zu betreuen haben, soweit nicht aus dem gleichen Grund ein Anspruch auf bezahlte Freistellung besteht.

Hinweis

Ein solcher anderer Anspruch kann sich beispielsweise aus § 616 BGB ergeben. Beachten Sie jedoch unbedingt, dass die Vorschrift abdingbar ist! Nicht abdingbar ist hingegen der Freistellungsanspruch aus § 45 Abs. 3 SGB V, § 45 Abs. 3 S. 3 SGB V.

175 Die Freistellung kann nach § 45 Abs. 3 i.V.m. Abs. 1 S. 1 SGB V in Anspruch genommen werden, wenn die Beaufsichtigung, Betreuung oder Pflege des kranken, versicherten Kindes nach ärztlichem Attest erforderlich ist und keine andere Person aus dem Haushalt des Versicherten einspringen kann. Zudem darf das Kind nicht das 12. Lebensjahr vollendet haben. Bei älteren Kindern kommt ein Anspruch in Betracht, wenn sie behindert und auf Hilfe angewiesen sind. Insgesamt können Eltern für jedes Kind bis zu 10 Arbeitstage, maximal jedoch 25 Arbeitstage pro Jahr in Anspruch nehmen, § 45 Abs. 2 SGB V. Bei Alleinerziehenden verdoppelt sich der Anspruch. § 45 Abs. 4 SGB V (i.V.m. § 45 Abs. 3 SGB V) gewährt darüber hinaus einen erweiterten Anspruch auf Freistellung bei sterbenskranken Kindern, wobei hier nur ein Elternteil den Anspruch hat. Dieser ist allerdings nicht auf die in Abs. 2 genannten Arbeitstage begrenzt.

Hinweis

Der aus den Gründen des § 45 SGB V freigestellte Arbeitnehmer steht nicht völlig ohne Einkommen da. Er hat Anspruch auf Krankengeld gegen seine Krankenversicherung.

cc) Kurzzeitige Arbeitsverhinderung nach dem PflegeZG

§ 2 des Gesetzes über die Pflegezeit (PflegeZG) beinhaltet Regelungen über die Freistellung bei „kurzzeitiger Arbeitsverhinderung". Darunter versteht das Gesetz das Recht, der Arbeit bis zu zehn Arbeitstagen fernzubleiben, um für eine akute (!) Pflegesituation eine Lösung zu finden, § 2 Abs. 1 PflegeZG. Gemäß Abs. 3 der Vorschrift ist der Arbeitgeber nur zur Vergütungsfortzahlung verpflichtet, wenn sich dies aus anderen gesetzlichen oder vertraglichen Regelungen ergibt. 176

dd) Pflegezeit nach dem PflegeZG

§ 3 des PflegeZG verpflichtet Arbeitgeber zur Freistellung von Arbeitnehmern, die einen pflegebedürftigen nahen Angehörigen in häuslicher Umgebung pflegen. Voraussetzung für den Anspruch ist außerdem, dass der Arbeitgeber mehr als 15 Arbeitnehmer beschäftigt, § 3 Abs. 1 S. 2 PflegeZG. Die Pflegezeit beträgt maximal sechs Monate, § 4 Abs. 1 PflegeZG. 177

Hinweis

Die Pflegezeit darf nicht mit der Familienpflegezeit nach dem Familienpflegezeitgesetz (FPfZG) verwechselt werden. Dieses zum 1.1.2012 in Kraft getretene Gesetz regelt die Arbeitszeitverringerung bei der Pflege von nahen Angehörigen. Die Familienpflegezeit muss mit dem Arbeitgeber vereinbart werden, das Gesetz sieht keinen Anspruch des Arbeitnehmers vor.

ee) Freistellung aus Gründen der Fürsorgepflicht

In sehr seltenen Fällen könnte auch an einen Freistellungsanspruch gegen den Arbeitgeber aus der Fürsorgepflicht gem. § 241 Abs. 2 BGB, gegebenenfalls i.V.m. § 242 BGB zu denken sein, wenn dem Arbeitnehmer das Erscheinen am Arbeitsplatz unzumutbar ist, es aber gleichzeitig unbillig wäre, dem Arbeitgeber die Weiterzahlung des Lohns zuzumuten. 178

Hinweis

Wie gesagt, diese Lösung wäre nur im Extremfall bedenkenswert und erst, nachdem alle anderen möglichen Alternativen abgearbeitet sind.

2. „Lohn ohne Arbeit"

In den folgenden Fällen besteht der Anspruch auf Arbeitsentgelt trotz Nichtleistung der Arbeit. 179

a) Mutterschaftsentgelt

Während eines Beschäftigungsverbots wegen Schwangerschaft kann die werdende Mutter unter Umständen vom Arbeitgeber die Fortzahlung des Arbeitsentgelts verlangen, § 11 Abs. 1 S. 1, 2 MuSchG. 180

b) Erholungsurlaub und gesetzliche Feiertage

181 Während des Erholungsurlaubs oder an gesetzlichen Feiertagen ist der Arbeitnehmer nicht zur Arbeit verpflichtet, behält jedoch seinen Anspruch auf Lohnzahlung, § 11 BUrlG, § 2 EFZG.

182 Das Bundesurlaubsgesetz regelt nur den Anspruch auf den gesetzlichen Mindesturlaub. In der Praxis werden die gesetzlichen Regelungen sehr häufig durch Arbeits- und Tarifverträge sowie Betriebsvereinbarungen ergänzt.

183 Anspruch auf bezahlte Urlaubstage haben nicht nur die klassischen Arbeitnehmer, sondern auch Auszubildende und arbeitnehmerähnliche Personen, außerdem Heimarbeiter (§§ 2, 12 BUrlG).

184 Der gesetzliche Mindesturlaub beträgt 24 Werktage, § 3 Abs. 1 BUrlG. Um Missverständnisse zu vermeiden, stellt § 3 Abs. 2 BUrlG klar, dass lediglich Sonn- und Feiertage nicht als Werktag gelten.

185 Nach dem BUrlG berechtigte Personen haben also vier volle Wochen im Kalenderjahr Urlaub. Wer Samstags nicht arbeitet, hat damit umgerechnet „nur" 20 Urlaubstage pro Kalenderjahr.

186 Sonderregelungen gibt es hinsichtlich der Höhe des Urlaubsanspruchs für Jugendliche (§ 19 JArbschG) und schwerbehinderte Menschen (§ 125 SGB IX). Diesen Personengruppen steht ein höherer gesetzlicher Mindesturlaub zu.

187 Der volle Urlaubsanspruch steht dem Arbeitnehmer erst nach einem halben Jahr zu, § 4 BUrlG.

Hinweis

In der Praxis ist der sog. Teilurlaubsanspruch nach § 5 BUrlG enorm wichtig. In der theoretischen Ausbildung dürfte es genügen, wenn Sie die Existenz des Begriffs „Teilurlaub" kennen und die entsprechende Norm gelesen haben

188 Die Lage des Urlaubs legt der Arbeitgeber fest. Das BUrlG sieht in § 7 Abs. 1 S. 1 hierzu lediglich vor, dass der Arbeitgeber die Wünsche des Arbeitnehmers „berücksichtigen" muss. Die Interessen des Arbeitgebers oder anderer Arbeitnehmer können jedoch vorrangig sein, § 7 Abs. 1 S. 2 BUrlG.

189 Der Urlaubsanspruch ist zwar gesetzlich garantiert und der Arbeitnehmer nach Maßgabe des § 13 BUrlG vor schlechteren Regelungen geschützt. Dennoch kann der Anspruch auch verfallen. Hierzu regelt § 7 Abs. 3 BUrlG, dass im laufenden Kalenderjahr nicht genommener und gewährter Urlaub nur aus dringenden betrieblichen oder persönlichen Gründen (aus Arbeitnehmersicht) auf das nächste Kalenderjahr übertragen werden darf. Zeitliche Grenze ist der 31.3. des Folgejahres. Danach kann der Arbeitnehmer die Gewährung der nicht verbrauchten Urlaubstage nicht mehr verlangen.

190 Der Arbeitgeber darf diese Regelung natürlich nicht dazu missbrauchen, dem Arbeitnehmer den Urlaubsanspruch zu vereiteln und sich dann auf den Verfall des Anspruchs berufen. In solchen Fällen steht dem Arbeitnehmer ein Schadensersatzanspruch in Form der Naturalrestitution nach § 253 BGB zu. Der Arbeitgeber muss also den Urlaub über rechtliche Umwege doch noch gewähren[62].

62 *BAG* AP Nr 60 zu § 7 BUrlG.

§ 7 Abs. 4 BUrlG sieht vor, dass der Arbeitgeber den Urlaub abzugelten (umgangssprachlich: auszubezahlen) hat, soweit er wegen der Beendigung des Arbeitsverhältnisses nicht mehr genommen werden konnte. Der Urlaubsanspruch wandelt sich hier in einen Zahlungsanspruch um. 191

Hinweis

In den vergangenen Jahren war die Regelung des § 7 Abs. 4 BUrlG extrem oft Gegenstand von Rechtsstreitigkeiten. Besondere Probleme tauchten in der Praxis auf, wenn der Arbeitnehmer wegen einer langen Erkrankung den Urlaub nicht in Anspruch nehmen konnte. Der EuGH hat im Jahr 2009 klargestellt, dass in solchen Fällen der Urlaub nicht nach § 7 Abs. 4 BUrlG verfällt.[63] Weitere wichtige Fragen in dem Zusammenhang wurden seitdem von den deutschen Arbeitsgerichten in vielen Urteilen beantwortet. Teilweise plagt sich die Praxis aber auch noch mit ungelösten Problemen. Lesen Sie zu diesem Thema beispielsweise die folgenden Urteile des Bundesarbeitsgerichts: NZA 2012, 1087-1090; NZA 2013, 326-327; NZA 2013, 399.

c) Entgeltfortzahlung bei Arbeitsunfähigkeit im Krankheitsfall

§ 3 Abs. 1 S. 1 EFZG verpflichtet den Arbeitgeber, das Arbeitsentgelt während krankheitsbedingter Arbeitsunfähigkeit des Arbeitnehmers fortzuzahlen. Dem Arbeitnehmer sollen keine finanziellen Einbußen daraus entstehen, dass er unverschuldet daran gehindert ist, seine Arbeitsleistung zu erbringen. Er behält seinen Lohnanspruch unter den folgenden Voraussetzungen des § 3 EFZG: 192

Erste Voraussetzung ist, dass das Arbeitsverhältnis im Krankheitsfall mindestens seit vier Wochen besteht, § 3 Abs. 3 EFZG (**„Karenzfrist"**). 193

Krankheit im medizinischen Sinne ist jeder regelwidrige körperliche oder geistige Zustand, egal auf welcher Ursache er beruht.[64]

Hinweis

Keine Krankheit in diesem Sinne ist die Schwangerschaft einer Arbeitnehmerin. Diese gilt nicht als „regelwidriger Körperzustand", sondern ist ein Zustand, der prinzipiell nicht die Erwerbstätigkeit hindert. Etwas anderes gilt nur bei einem regelwidrigen Verlauf der Schwangerschaft. Die Gehalts- und Lohnfortzahlungsansprüche richten sich hier nach den Vorschriften des MuSchG, insbesondere nach den §§ 11, 13 MuSchG.

Nicht jede Krankheit führt aber zugleich zur Arbeitsunfähigkeit. 194

Krankheitsbedingte Arbeitsunfähigkeit ist nur dann gegeben, wenn der Arbeitnehmer aufgrund einer Erkrankung außerstande ist, die ihm nach dem Arbeitsverhältnis obliegende Arbeit zu verrichten oder sie nur auf die Gefahr hin ausüben kann, dass sich sein Gesundheitszustand verschlechtert.[65]

---

63 *EuGH* NZA 2009, 135 ff./„Schultz-Hoff".
64 *BAG* NZA 2004, 257-262.
65 *BAGE* 48, 1-7.

195 Ob das zutrifft, ist immer mit Blick auf die konkret zu verrichtende Tätigkeit, das Berufsbild, zu beurteilen.

Beispiel Die Schreibkraft mit einer gebrochenen Hand kann nicht mehr tippen, ist daher arbeitsunfähig.

Der Sprachendozent mit der gleichen Verletzung kann aber weiterhin lehren, sodass eine Arbeitsunfähigkeit allein wegen der eingegipsten Hand grundsätzlich zu verneinen ist. ■

196 Die Arbeitsunfähigkeit muss ferner **ursächlich** für den Arbeitsausfall sein. Wenn die Arbeitsunfähigkeit während des Urlaubs eintritt, geht § 3 EFZG dem § 9 BUrlG vor. Das bedeutet, dass die Tage der Arbeitsunfähigkeit behandelt werden, als hätte der Arbeitnehmer keinen Urlaub gehabt. Eine Anrechnung dieser Tage auf den Urlaubsanspruch scheidet also aus.

197 Tritt die Arbeitsunfähigkeit aufgrund eines **Verschuldens** des Arbeitnehmers ein, entsteht kein Anspruch aus § 3 EFZG auf Lohnfortzahlung. Unter Verschulden fällt grundsätzlich nach § 276 Abs. 1 BGB Vorsatz und Fahrlässigkeit. Im Rahmen des EFZG ist jedoch eine Besonderheit zu beachten: Es besteht Einigkeit darüber, dass der Verschuldensmaßstab des § 276 Abs. 2 BGB nicht gilt.

Ein **Verschulden** im Sinne des § 3 EFZG wird vielmehr nur dann angenommen, wenn der Arbeitnehmer „in erheblichem Maße gegen die von einem verständigen Menschen in eigenem Interesse zu erwartenden Verhaltensweisen verstößt", sodass das Abwälzen der Folgen auf den Arbeitgeber unbillig wäre.[66]

198 Es wäre mit Blick auf den Grundsatz des Sozialstaats unerträglich, wenn der Arbeitnehmer aufgrund einfacher Fahrlässigkeit sein Recht auf Entgeltfortzahlung verlieren würde. Grundsätzlich darf der Arbeitnehmer seine Freizeit beliebig gestalten. Nur bei unverständlichem, leichtfertigem Verhalten ist es unbillig, den Arbeitgeber mit den wirtschaftlichen Folgen des Arbeitsausfalls zu belasten.

199 Gesprochen wird hier von einem groben „Verschulden gegen sich selbst".[66]

Beispiele Der Arbeitnehmer hat die Sicherheitsgurte nicht angelegt und wird bei einem Verkehrsunfall schwer verletzt. Wenn das Nichtanschnallen sich auf die Unfallfolge ausgewirkt hat, entfällt der Entgeltfortzahlungsanspruch.[67]

Kein Verschulden wird angenommen in diesen Fällen:

Der Unfall ist beim einfachen Freizeitsport passiert; der Arbeitnehmer hat einen Selbstmordversuch unternommen; Alkoholabhängigkeit. ■

200 Ein besonderer Fall der „selbstverschuldeten" Arbeitsunfähigkeit hat durch eine Gesetzesänderung im August 2012 seinen Niederschlag im EFZG gefunden. Dieses wurde um den § 3a ergänzt. Darin wird klargestellt, dass ein Arbeitnehmer auch dann einen Anspruch gegen den Arbeitgeber auf Entgeltfortzahlung hat, wenn er ein Organ gespendet hat und infolgedessen arbeitsunfähig ist (§ 3a Abs. 1 EFZG). Der Arbeitgeber kann wiederum seine Ausgaben bei der Versicherung des Organempfängers geltend machen, § 3a Abs. 2 EFZG.

66 *BAG* NJW 1988, 402.
67 *BAGE* 36, 376-385.

Liegen die anspruchsbegründenden Voraussetzungen vor, so behält der Arbeitnehmer seinen Anspruch auf Lohnfortzahlung bis zur Dauer von sechs Wochen, § 3 Abs. 1 S. 1 letzter Hs. EFZG. **201**

Wird der Arbeitnehmer in Folge wieder arbeitsunfähig krank, so ist zwischen Fortsetzungserkrankung, d.h. wiederkehrende gleiche Erkrankung in kurzen zeitlichen Abständen, und Wiederholungserkrankung – bei verschiedenen Erkrankungen – zu unterscheiden, § 3 Abs. 1 S. 2 EFZG. **202**

Bei der Fortsetzungserkrankung hat der Arbeitgeber in der Regel nur einmal die sechs Wochen Fortzahlung zu leisten, es sei denn, es sind zwischen den Erkrankungen zwölf Monate verstrichen, § 3 Abs. 1 S. 2 Nr. 2 EFZG. **203**

War der Arbeitnehmer vor der erneuten Arbeitsunfähigkeit mindestens sechs Monate nicht in Folge derselben Krankheit arbeitsunfähig, so verliert er wegen einer erneuten Arbeitsunfähigkeit den Anspruch für einen weiteren Zeitraum von höchstens sechs Wochen nicht, § 3 Abs. 1 S. 2 Nr. 1 EFZG. **204**

§ 7 Abs. 1 EFZG regelt ein Leistungsverweigerungsrecht des Arbeitgebers an der Entgeltfortzahlung. Solange der Arbeitnehmer seinen dort genannten Verpflichtungen aus § 5 EFZG (Vorlage einer Arbeitsunfähigkeitsbescheinigung, Mitteilungen nach § 5 Abs. 2 EFZG) nicht nachkommt, kann er vom Arbeitgeber keine Bezahlung erwarten. Gesetzlich vorgesehen ist, dass eine länger als drei Kalendertage währende Arbeitsunfähigkeit nachweispflichtig ist. Der Arbeitgeber kann jedoch die Vorlage der Arbeitsunfähigkeitsbescheinigung schon früher verlangen, § 5 Abs.1 S. 3 EFZG. **205**

Hinweis

Hierzu hat das BAG vor kurzer Zeit eine wichtige Entscheidung getroffen, die lange nicht geklärte Fragen beantwortet hat[68]. Das Verlangen nach einer ärztlichen Bescheinigung für eine kurze Arbeitsunfähigkeitsdauer steht demnach im nicht gebundenen Ermessen des Arbeitgebers. Die Beklagte hatte von ihrer Arbeitnehmerin verlangt, schon vom ersten Tag der Erkrankung an eine Arbeitsunfähigkeitsbescheinigung vorzulegen. Die Klägerin wandte sich ans Arbeitsgericht, um die Rechtmäßigkeit dieser Anweisung überprüfen zu lassen. Die Anweisung war ergangen, nachdem die Klägerin einen Dienstreiseantrag gestellt hatte, der abgelehnt wurde, und sie sich sodann für den Tag der geplanten Reise krank meldete. Die Bundesarbeitsrichter urteilten, dass das Verlangen nach § 5 Abs. 1 S. 2 EFZG weder einer Begründung noch eines sachlichen Grundes oder eines besonderen Verdachtsmomentes auf Vortäuschung einer Erkrankung in der Vergangenheit bedürfe. Die Grenze des arbeitgeberlichen Ermessens entspreche den allgemeinen Schranken jeder Rechtsausübung, insbesondere dürfe das Verlangen also nicht schikanös oder willkürlich sein und nicht gegen den allgemeinen Gleichbehandlungsgrundsatz oder Diskriminierungsverbote verstoßen.

Die Höhe des fortzuzahlenden Entgelts ergibt sich aus § 4 EFZG. **206**

Gem. § 4 Abs. 1 EFZG ist dem Arbeitnehmer das ihm bei der für ihn maßgebenden regelmäßigen Arbeitszeit zustehende Arbeitsentgelt fortzuzahlen. Mit anderen Worten muss der Arbeitgeber für die Zeit der Arbeitsunfähigkeit genau das Entgelt zahlen, das der Arbeitnehmer erhalten hätte, wäre er arbeitsfähig zur Arbeit erschienen.

68 *BAG* NZA 2013, 322-324.

Beispiel Arbeitnehmer A fehlt krankheitsbedingt eine Woche. Normalerweise arbeitet er 8 Stunden am Tag. Er erhält also Arbeitsentgelt für 40 Stunden. ■

Nicht hinzugerechnet werden Entgelte für Überstunden oder z.B. Fahrtkostenerstattungen, §4 Abs. 2 EFZG.

Hinweis

Zu beachten ist, dass etwaig bestehende Ansprüche des Arbeitnehmers gegen Dritte im Wege der Legalzession des §6 EFZG auf den Arbeitgeber übergehen.

d) Unmöglichkeitsentgelt

207 Der Lohnanspruch des Arbeitnehmers entfällt in systematischer Ausnahme zu §326 Abs. 1 S. 1 BGB nach §326 Abs. 2 S. 1 BGB auch dann nicht, wenn der Arbeitgeber für den Umstand, aufgrund dessen der Arbeitnehmer nach §275 BGB nicht zu leisten braucht, allein oder weit überwiegend verantwortlich ist, oder der vom Arbeitnehmer nicht zu vertretene Umstand zu einer Zeit eintritt, zu welchem der Arbeitgeber im Verzug der Annahme ist.

Beispiel Der Arbeitgeber A hat keine Lust, in die Firma zu gehen und das Büro aufzuschließen. Da sonst kein Arbeitnehmer einen Schlüssel hat, können die Arbeitnehmer nicht das Gebäude betreten und ihre Arbeit verrichten. ■

e) Vorübergehende Verhinderung nach §616 BGB

208 War der Arbeitnehmer durch einen in seiner der Person liegenden, von ihm aber unverschuldeten Grund an der Arbeitsleistung verhindert, so bleibt nach §616 BGB die Verpflichtung zur Lohnfortzahlung davon unberührt. Allerdings gilt dies nur für eine „verhältnismäßig nicht erhebliche Zeit" (§616 S. 1 BGB). Bezugspunkt dabei ist die gesamte Dauer des Arbeitsverhältnisses. Grundsätzlich werden aber nur Arbeitsverhinderungen von wenigen Tagen von dieser Vorschrift erfasst.

Verhindert in diesem Sinne ist der Arbeitnehmer, wenn ihm die Leistung z.B. aufgrund familiärer Ereignisse nicht zumutbar ist.

Beispiel Die Mutter des Arbeitnehmers ist schwer erkrankt, muss rund um die Uhr betreut werden. Bis der Arbeitnehmer die nötigsten Vorkehrungen getroffen hat (Pflegekraft suchen etc.), darf er der Arbeit fern bleiben. Dies gilt natürlich nicht unbeschränkt. Drei Tage bis eine Woche sollten in der Regel jedoch möglich sein, zumindest wenn das Arbeitsverhältnis schon mehrere Jahre lang besteht. ■

Hinweis

§3 EFZG, §9 BUrlG und §11 Abs. 1 S. 1 MuSchG gehen §616 BGB als Sonderregelungen vor. §616 BGB ist außerdem abdingbar.[69]

---

69 ErfK-*Dörner/Preis* §616 Rn. 13.

f) Annahmeverzug des Arbeitgebers

Gemäß § 615 S. 1 Hs. 1 BGB, der gegenüber § 326 Abs. 2 BGB als speziellere Norm den Vorrang hat, ist der Arbeitgeber verpflichtet, das Arbeitsentgelt während seines Annahmeverzugs fortzuzahlen. 209

Der Arbeitnehmer wird von der Verpflichtung zur Leistung befreit, § 615 S. 1 BGB. Er muss sich jedoch nach § 615 S. 2 BGB Ersparnisse sowie dasjenige anrechnen lassen, was er durch anderweitige Verwendung seiner Dienste zu erwerben böswillig unterlässt. Die Beweislast dafür liegt nach den allgemeinen Regeln beim Arbeitgeber, weil er sich auf einen für ihn günstigen Umstand beruft. 210

Annahmeverzug setzt zunächst grundsätzlich das tatsächliche Leistungsangebot des Schuldners voraus, § 293 BGB. Das heißt, der Schuldner muss die Leistung zur rechten Zeit, am rechten Ort in der richtigen Art und Weise anbieten. Nach Maßgabe des § 294 BGB reicht auch ein wörtliches Angebot aus. 211

Beispiel Arbeitnehmer AN kann aufgrund eines Stromausfalls nicht arbeiten. Es genügt, wenn er dem Arbeitgeber AG am Telefon zusichert, dass er zur Arbeit bereitsteht. Er muss nicht in der Firma warten, bis der Strom wieder fließt. ■

» Wiederholen Sie hierzu nochmals die Voraussetzung des Annahmeverzugs, §§ 293, 294 ff. BGB im Skript „Schuldrecht AT II". «

Zu beachten ist, dass nach Rechtsprechung des BAG das Angebot im gekündigten Arbeitsverhältnis regelmäßig **entbehrlich** ist, § 296 BGB.[70] Die Arbeitsleistung ist nämlich nach dem Kalender bestimmt. Es obliegt dem Arbeitgeber, den Arbeitsplatz zur Verfügung zu stellen. Eine Verweigerung dieser Pflicht ist anzunehmen, wenn der Arbeitgeber deutlich zum Ausdruck bringt, der Arbeitnehmer brauche nicht zu arbeiten. 212

Beispiel Arbeitgeber A hat dem Arbeitnehmer B gekündigt unter dem Hinweis, er solle ihm nie wieder unter die Augen treten. B darf ohne Einkommenseinbuße bis zum Ablauf der Kündigungsfrist zu Hause bleiben, muss nicht zusätzlich ausdrücklich seine Arbeitsbereitschaft zur Verfügung stellen. ■

g) Freistellung bis zum Ende der Kündigungsfrist

In der Praxis kommt es oft vor, dass der Arbeitnehmer nach einer Kündigung nicht mehr in den Räumen des Arbeitgebers erwünscht ist. Gesetzlich ist die Lage recht einfach: Bis zum Ablauf der Kündigungsfrist hat der Arbeitnehmer einen Anspruch auf Beschäftigung gegen den Arbeitgeber[71]. Hat dieser sich jedoch im Arbeitsvertrag die Möglichkeit vorbehalten, den Arbeitnehmer durch einseitige Willenserklärung freizustellen, kann er davon auch Gebrauch machen (ggf. muss hier die Klausel einer AGB-Prüfung stand halten). Oft wird auch die Freistellung bis zum Ende der Kündigungsfrist einvernehmlich geregelt. In beiden Fällen verbleibt es in der Regel beim Vergütungsanspruch des Arbeitgebers, selten sind jedoch auch unbezahlte Freistellungen denkbar. 213

Die Freistellung kann widerruflich oder unwiderruflich ausgestaltet sein. Widerruflich bedeutet in diesem Zusammenhang, dass der Arbeitgeber die Dienste des Freigestellten bei Bedarf wieder anfordern kann, die Freistellung also nicht endgültig ist. 214

70 *BAG* ZTR 2010, 139-140.
71 *BAG* EzA § 611 BGB Beschäftigungspflicht Nr 44.

Hinweis

In älterer oder nicht aktualisierter Literatur ist häufig noch zu lesen, dass es sozialversicherungsrechtlich einen Unterschied macht, ob eine unwiderrufliche oder widerrufliche Freistellung erfolgt. Diese Auffassung ist überkommen, wie die Lektüre eines Urteils des Bundessozialgerichts vom 24.9.2008[72] Ihnen zeigen wird.

h) Betriebsrisiko, § 615 S. 3 BGB

215 Kann der Arbeitgeber die Leistung aufgrund von Störungen im Betriebsbereich, z.B. Stromausfall im Betrieb, unverschuldet nicht annehmen, so trägt dieses Risiko der Arbeitgeber.

Grundsätzliche Folge wäre nach dem oben Gesagten eigentlich, dass der Arbeitnehmer nach der Regelung des § 326 Abs. 1 S. 1 BGB seinen Lohnanspruch verliert. Vor dem Hintergrund, dass der Arbeitgeber den Betrieb leitet und ihm der Gewinn zusteht, ist es aber gerechtfertigt, ihm auch das Risiko der Betriebsstörung anzulasten. Diese **„Lehre vom Betriebsrisiko“** ist in § 615 S. 3 BGB verankert.

Beispiel Aufgrund eines plötzlichen Kälteeinbruchs versagt im Unternehmen des Arbeitgebers A das Heizungssystem. Das Unternehmen muss deswegen einen ganzen Tag geschlossen bleiben. Der Arbeitgeber muss den Lohn fortzahlen, weil er das Betriebsrisiko trägt. ■

216 Eine Ausnahme ist aber dann zu machen, wenn die Betriebsstörung auf einer **Arbeitskampfmaßnahme** beruht.

Beispiel Arbeitgeber A wird von der Hälfte seiner Mitarbeiter bestreikt. Arbeitnehmer B kann nicht arbeiten, weil die von ihm zu verarbeitenden Teile normalerweise von einem streikenden Kollegen hergestellt werden.

Da dieser streikt, bekommt B keinen Nachschub, kann nicht weiterarbeiten. ■

217 Dem Arbeitnehmer wird dasjenige Risiko zugewiesen, dass durch Ereignisse und Handlungen verursacht wird, die auf Arbeitskampfmaßnahmen zurückzuführen sind (**„Arbeitskampfrisiko“**).

218 Dies ist nur für die nicht streikenden Arbeitnehmer bedeutsam. Wie den unten stehenden Ausführungen zum Streikrecht entnommen werden kann, sind während des rechtmäßigen Streiks bei den Streikenden die arbeitsvertraglichen Pflichten suspendiert, das heißt, es wird weder Lohn noch Arbeit geschuldet.

Nach der früher vertretenen **Sphärentheorie** sollte der Arbeitnehmer jegliches Arbeitskampfrisiko tragen. Er sollte demnach für alle Störungen einstehen, die aus der Sphäre der Arbeitnehmerschaft rühren. Nach der heute herrschenden **„Lehre vom Arbeitskampfrisiko“** trägt der Arbeitnehmer das Arbeitskampfrisiko nur eingeschränkt:

219 Ist dem Arbeitgeber eine Beschäftigung der nicht streikenden Arbeitnehmer durch Arbeitskampfmaßnahmen unmöglich oder unzumutbar, sind diese also wegen des Arbeitskampfes beschäftigungslos, erhalten sie keinen Lohn, wenn der Betrieb direkt oder ein Zu- bzw. Anlieferbetrieb der gleichen Branche des umkämpften Tarifraums bestreikt wird.[73]

---

72 *BSG* NZA-RR 2009, 272-274.
73 *BAGE* 75, 186-196.

Branchenübergreifend gilt das ist der Regel also nicht, sondern nur dann, wenn Fernwirkungen des Arbeitskampfs das Kräfteverhältnis der kampfführenden Parteien beeinflussen können.[74] 220

Beispiel Der Betrieb des A steht still, weil sein Teilezulieferer T bestreikt wird, T gehört derselben Branche und demselben Arbeitgeberverband wie A an. ■

74 *BAGE* 105, 5-18.

i) Übungsfall Nr. 3

221 „Unfreiwillige Freizeit"

B ist seit dem 2.2.2003 als Näherin in dem Textilunternehmen der C beschäftigt. Der Arbeitsvertrag sieht eine 35-Stunden-Woche und einen Bruttomonatslohn von 1000 € vor. C weist den Maschinenschlosser A an, in der nächsten Woche alle Nähmaschinen zu kontrollieren. Bei der Wartung der Maschine durch den A zu Beginn der Woche beschädigt dieser fahrlässig ein wesentliches Teil an der für B vorgesehenen Arbeitsmaschine. Zur Reparatur dieses Defekts müssen Ersatzteile bestellt werden, die leider erst am Freitag der Woche geliefert werden können. Aufgrund dessen kann B von Dienstag bis einschließlich Freitag nicht mehr an der Maschine arbeiten, an der sie für gewöhnlich arbeitet. Der Chef schickt sie nach Hause. Eine weitere Maschine stand dem Unternehmen nicht zur Verfügung.

Wie ist die Rechtslage? Kann B für diese 4 Tage von C ihren Lohn verlangen?

222 Lösung

Anspruch aus § 611 Abs. 1 BGB i.V.m. dem Arbeitsvertrag

B könnte gegen C einen Anspruch auf Lohnzahlung aus § 611 BGB i.V.m. dem Arbeitsvertrag haben.

I. Wirksamer Arbeitsvertrag

> **JURIQ-Klausurtipp**
>
> An dieser Stelle kann der Klausursachverhalt die Erörterung sämtlicher Probleme aus dem Bereich „Begründung eines Arbeitsverhältnisses" verlangen. Oft wird hier die Abgrenzung zu anderen Verträgen oder die Arbeitnehmereigenschaft zu diskutieren sein.

Ein wirksamer Arbeitsvertrag zwischen den Parteien, aus dem sich ein Anspruch der B auf den vereinbarten Lohn ergibt, liegt hier unproblematisch vor.

II. Anspruch erloschen aufgrund Unmöglichkeit der Arbeitsleistung?

Fraglich ist allerdings, wie es sich auf die Lohnzahlungspflicht der C auswirkt, dass B für 4 Tage beschäftigungslos war. Der Anspruch der B auf Lohnzahlung könnte insoweit gemäß § 326 Abs. 1 S. 1 Hs. 1 BGB erloschen sein, wenn der B die Erfüllung ihrer Arbeitspflicht in diesem Zeitraum nach § 275 BGB unmöglich gewesen ist.

Es handelt sich bei dem Arbeitsvertrag um einen gegenseitigen Vertrag, sodass die §§ 320 ff. BGB Anwendung finden.

Die Arbeitsleistungspflicht ist eine absolute Fixschuld. Die Arbeit ist nicht – etwa an einem anderen Tag, an dem der Arbeitnehmer ohnehin arbeitet – nachholbar. Bei Nichtleistung wird sie mit Ablauf der für die Tätigkeit vorgesehenen Zeit unmöglich.

Demnach liegt Unmöglichkeit der Arbeitsleistung der B vor i.S.d. § 275 Abs. 1 BGB, mit der Folge, dass der Anspruch auf Gegenleistung nach § 326 Abs. 1 S. 1 Hs. 1 BGB erloschen wäre. Ein Lohnanspruch der B gegen die C bestünde demnach nicht.

III. Lohn ohne Arbeit nach § 326 Abs. 2 BGB

Etwas anderes könnte jedoch gemäß § 326 Abs. 2 BGB gelten, der in systematischer Ausnahme zu § 326 Abs. 1 S. 1 Hs. 1 BGB die Gefahr, trotz Nichterhalten der Leistung die

Gegenleistung erbringen zu müssen, dem Gläubiger auferlegt, für den Fall, dass dieser für den Umstand, aufgrund dessen der Schuldner nach § 275 BGB nicht zu leisten braucht, allein oder weit überwiegend verantwortlich ist. Das wäre dann zu bejahen, wenn C den Defekt an der Nähmaschine, der zur Beschäftigungslosigkeit der B führte, fahrlässig oder vorsätzlich (§ 276 BGB) herbeigeführt hätte.

C selbst hat das funktionswesentliche Teil der Nähmaschine nicht beschädigt. Gemäß § 278 BGB müsste sie sich aber das fahrlässige Handeln des A zurechnen lassen, wenn A ihr Erfüllungsgehilfe gewesen ist. Erfüllungsgehilfe der C wäre A dann, wenn er von C in deren Pflichtenkreis eingesetzt worden wäre. Der C obliegt es, funktionstaugliche Arbeitsgeräte bereitzustellen. Um dies zu gewährleisten, hat sie A angewiesen, die Maschinen zu warten. A wurde damit im Bereich des von C geschuldeten Gesamtverhaltens tätig und handelte mithin als ihr Erfüllungsgehilfe. Die fahrlässige Beschädigung der Maschine muss sie sich folglich zurechnen lassen und ist somit für den Umstand, aufgrund dessen B ihre Arbeit nicht verrichten konnte, allein verantwortlich. Der Anspruch der B ist nicht deshalb erloschen, weil diese für 4 Tage ihre Arbeitsleistung nicht erbringen konnte.

Ergebnis

B hat gegen C einen Anspruch auf Zahlung der Vergütung für die 4 Tage, an denen sie nicht an ihrem Arbeitsplatz arbeiten und somit ihre Leistungspflicht auch nicht erfüllen konnte, aus §§ 611 i.V.m. ihrem Arbeitsvertrag.

j) Besonderheiten in der Haftung

223 Im Arbeitsrecht sind eine Reihe von Besonderheiten bezüglich der Haftung der Parteien zu beachten, auf die im Folgenden näher eingegangen wird.

» Vorab sollten an dieser Stelle die allgemeinen Haftungsregelungen (insbesondere §§ 280 ff. BGB und § 823 ff. BGB) wiederholt werden, z.B. anhand der Erläuterungen in den Skripten „Schuldrecht AT II" und „BT IV". «

aa) Haftung des Arbeitnehmers gegenüber dem Arbeitgeber

224 Im Wesentlichen können sich Rechte des Arbeitgebers infolge mangelhafter Qualität der Arbeitsleistung oder ihrem Ausfall (§§ 280 ff. BGB) an sich ergeben, wegen Verletzung einer nicht leistungsbezogenen Nebenpflicht nach §§ 280 Abs. 1, 241 Abs. 2 BGB und einer Handlung nach §§ 823 ff. BGB. Spezielle Gewährleistungsvorschriften wie etwa das Gewährleistungsrecht im Kauf- oder Werkvertragsrecht sieht das Dienstvertragsrecht nicht vor.

225 Eine schlechte Ausführung der Arbeit seitens des Arbeitnehmers führt nicht unmittelbar zur Lohnminderung. Denn der Arbeitnehmer schuldet keinen Erfolg, sondern ein erfolgsorientiertes Tätigsein. Wäre der Arbeitgeber dazu berechtigt, bei mangelhafter Arbeitsleistung eine verschuldensunabhängige Minderung des Lohns vorzunehmen, würde dem Arbeitnehmer damit ein Risiko aufgebürdet werden, das er aufgrund fehlender Gewährleistungsvorschriften nicht tragen sollte. Auch ein Rücktrittsrecht scheidet aufgrund des Charakters des Arbeitsverhältnisses als Dauerschuldverhältnis aus. Zu denken ist bei konstanter Schlechtleistung des Arbeitnehmers aber an eine Abmahnung oder ggf. ein Kündigungsrecht des Arbeitgebers („Low Performance").[75]

226 Unter den Voraussetzungen der §§ 280 Abs. 1 i.V.m. § 281 bzw. 283 BGB kann dem Arbeitgeber ein Schadensersatz gegen den Arbeitnehmer zustehen, den er mit dem Lohnanspruch in den Grenzen des § 394 BGB aufrechnen kann.

Beispiel Der Arbeitnehmer kommt unentschuldigt und ohne wichtigen Grund nicht zur Arbeit, dadurch steht die Produktion still und der Arbeitgeber kann seine verbindlich bestellten Waren nicht ausliefern. ■

227 Dem Grunde nach kommt auch eine Haftung des Arbeitnehmers bei schuldhafter Verursachung eines Schadens gegenüber dem Arbeitgeber nach den allgemeinen Grundsätzen der §§ 280 Abs. 1, 241 Abs. 2 BGB und §§ 823 ff. BGB in Betracht.

Beispiel Der angestellte Lkw-Fahrer verursacht einen Unfall mit großem Sachschaden, weil er während der Arbeitszeit betrunken fuhr. ■

Tritt das dem Arbeitnehmer grundsätzlich zum Ersatz verpflichtende Ereignis aber bei Ausübung seiner betrieblichen Tätigkeit ein, so ist Folgendes zu beachten:

(1) Beweislastverteilung nach § 619a BGB

228 Bei der Haftung des Arbeitnehmers gegenüber dem Arbeitgeber aufgrund einer Pflichtverletzung ist unbedingt an die Regelung des § 619a BGB zu denken. Abweichend von § 280 Abs. 1 BGB hat der Arbeitnehmer danach dem Arbeitgeber Ersatz für den aus der Verletzung einer Pflicht aus dem Arbeitsverhältnis entstehenden Schaden nur zu leisten, wenn er die Pflichtverletzung zu vertreten hat. Im Rahmen des Anspruchs aus § 280 Abs. 1 S. 1 BGB wird ein Verschulden des Schädigers demnach grundsätzlich vermutet. Normalerweise müsste der Schädiger daher beweisen, dass er den Schaden nicht zu vertreten hat (§ 280 Abs. 1 S. 2 BGB).

75 *BAGE* 125, 257-266.

§ 619a enthält hingegen eine Beweislastumkehr zugunsten des Arbeitnehmers. Der Arbeitgeber muss also auch ein Verschulden des Arbeitnehmers nachweisen.

(2) Die Grundsätze des innerbetrieblichen Schadensausgleichs

Eine weitere bedeutsame Besonderheit ist mit Blick auf den Rechtsgedanken des § 254 BGB zu beachten. Daran angeknüpft findet vielfach eine Kürzung des Anspruchs des Arbeitgebers nach den Grundsätzen über den so genannten **innerbetrieblichen Schadensausgleich** statt. **229**

JURIQ-Klausurtipp

In der Klausur stoßen Sie auf dieses Problem erst, nachdem Sie die übrigen Voraussetzungen für den Schadensersatz geprüft und bejaht haben. Im Rahmen der Prüfung des Mitverschuldens des Geschädigten gem. § 254 BGB erläutern Sie die Grundzüge des innerbetrieblichen Schadensausgleichs und subsumieren den Sachverhalt unter die dargestellten Grundsätze.

Dahinter steht der Gedanke, dass dem Arbeitnehmer oftmals Arbeitsmaterial von enormem Wert an die Hand gegeben wird und er in vielen Fällen aufgrund kleinster Fehler derart hohen Schadensersatzansprüchen ausgesetzt wäre, dass er sie aus seinem üblichen Arbeitsentgelt nicht begleichen könnte. Dies scheint schon vor dem Hintergrund, dass der Arbeitslohn für den Arbeitnehmer regelmäßig die Existenzgrundlage bildet, unerträglich. Zu berücksichtigen ist hierbei, dass der Arbeitgeber das Betriebsrisiko trägt. Denn ihm stehen auch die wirtschaftlichen Vorteile aus dem Betrieb und dem Einsatz seiner Arbeitnehmer zu. Dabei hat nur er die Möglichkeit, über organisatorische und technische Vorkehrungen zu entscheiden, die einen Schaden vermeiden könnten. Darüber hinaus ist es auch nicht ausgeschlossen, dass selbst dem gewissenhaften Arbeitnehmer gerade im Hinblick auf die langjährige Dauer des Arbeitsverhältnisses Fehler passieren. **230**

Die Risikoverteilung, die sich nach den allgemeinen Haftungstatbeständen ergibt, bedarf daher einer Korrektur. Die ständige Rechtsprechung des BAG löst dieses Problem über eine entsprechende Anwendung des § 254 BGB. Danach ist eine Haftungsbeschränkung zugunsten des Arbeitnehmers nach den folgenden Grundsätzen anzunehmen. **231**

Bei der **Haftungsverteilung** ist eine Abwägung der Gesamtumstände des Einzelfalles vorzunehmen. Maßgebliches Abwägungskriterium ist dabei der Grad des Verschuldens des Arbeitnehmers. **232**

Als Richtschnur gilt ein abgestuftes Haftungssystem:[76]

Bei **Vorsatz und grober Fahrlässigkeit** haftet der Arbeitnehmer uneingeschränkt. Es ist aber auch hier im Einzelfall eine Haftungsbegrenzung möglich, wenn Verdienst und Schaden in einem deutlichen Missverhältnis stehen. Bei **mittlerer Fahrlässigkeit** erfolgt eine quotale Verteilung des Schadens unter Berücksichtigung der Umstände des Einzelfalls. Für **leichte Fahrlässigkeit** haftet der Arbeitnehmer nicht.

Beispiel Der betrunkene Lkw-Fahrer im o.g. Beispiel wird wegen grober Fahrlässigkeit uneingeschränkt haften. Beträgt der Schaden jedoch ein Vielfaches seines Monatslohnes, kann die Haftung trotzdem aus Billigkeitsgründen beschränkt werden.

76 *BAGE* 57, 55-77.

Hätte er den Unfall nüchtern verursacht, zum Beispiel wegen einer kurzen Unaufmerksamkeit, stellte dies eine leichte Fahrlässigkeit dar, der Arbeitgeber könnte nach Obenstehendem keinen Schadensersatz von ihm fordern. ■

JURIQ-Klausurtipp

Es ist in der Klausur wichtig, die Handlung des Arbeitnehmers in diese Stufen des Haftungssystems einzusortieren, um zu zeigen, dass man das „Grobskelett" verstanden hat. Innerhalb der vorgefundenen Stufe darf man aber nicht ausschließlich schematisch denken. Ein aktuelles Urteil des BAG[77] zur Haftung bei grober Fahrlässigkeit zeigt, dass es bei der Abwägung der Einzelfallumstände hinderlich ist, von allzu starren Haftungsstrukturen auszugehen: Eine Arbeitgeberin verlangte von ihrem Arbeitnehmer, einem LKW-Fahrer, Schadensersatz wegen Beschädigung eines Firmenfahrzeugs. Der Beklagte war darauf hingewiesen worden, dass am Arbeitsplatz absolutes Alkoholverbot bestand. Eines Nachts baute er einen Unfall, bei dem ein Schaden in Höhe von über 17 000 Euro entstand. Die Polizei stellte eine Blutalkoholkonzentration von 0,94 Promille fest. Das Landesarbeitsgericht verurteilte den Beklagten zur Zahlung von Schadensersatz in Höhe von drei Bruttomonatsgehältern, weil hier die Grenze zu ziehen sei wegen des Missverhältnisses zwischen Einkommen und Schadenshöhe. Dies wurde vom BAG für rechtsfehlerhaft gehalten. Es gebe keine starre Haftungsobergrenze. Es können zwar auch bei grober Fahrlässigkeit im Einzelfalle Haftungserleichterungen in Betracht kommen. Ob eine Entlastung des Arbeitnehmers in Betracht zu ziehen sei und wie weit diese zu gehen habe, sei aufgrund einer Abwägung zu entscheiden. Mit weiteren Vorgaben hinsichtlich des Inhalts der vorzunehmenden Abwägung wurde die Sache an das LAG zur neuerlichen Entscheidung zurückverwiesen.

233 Daneben sind im Einzelfall mit je nach den Umständen auch unterschiedlicher Gewichtung folgende, nicht abschließend aufgezählte Billigkeits- und Zumutbarkeitskriterien in die Abwägung miteinzubeziehen:[78]

- Schadensanlass und Schadensfolgen,
- Gefahrträchtigkeit der Arbeit,
- Höhe der Schäden,
- vom Arbeitgeber einkalkuliertes oder versicherbares Risiko,
- Stellung des Arbeitnehmers im Betrieb und Höhe des Arbeitsentgelts,
- Risikoprämien,
- persönliche Verhältnisse des Arbeitnehmers wie Alter, Dauer der Betriebszugehörigkeit, Familienverhältnisse und bisheriges Verhalten.

234 Nach der früheren Rechtsprechung sollten diese Grundsätze nur bei so genannter **gefahrengeneigter** Tätigkeit des Arbeitnehmers Anwendung finden. Davon hat sich das BAG aber inzwischen verabschiedet. Mittlerweile kommt es nur noch darauf an, dass es sich um **„betrieblich veranlasste Tätigkeiten"** handelt, bei denen der Schaden entsteht.[79]

Betrieblich veranlasst ist die Tätigkeit dann, wenn sie dem Arbeitnehmer durch Arbeitsvertrag übertragen oder er sie im Interesse des Arbeitgebers für den Betrieb ausübt.

77 *BAG* DB 2013, 705-706.
78 *BAGE* 109, 279-285.
79 *BAGE* 78, 56ff.

Danach wird eine betrieblich veranlasste Tätigkeit mangels Zusammenhangs zwischen der 235 betrieblichen Tätigkeit und dem Schadensereignis dann zu verneinen sein, wenn der Arbeitnehmer eigene Interessen wahrnimmt. Im Vordergrund steht dann also nicht mehr die Verfolgung betrieblicher Zwecke, sondern die durch seine eigenen Interessen bedingte Art und Weise ihrer Verfolgung als entscheidende Schadensursache.

Beispiel Arbeitnehmer A schreit seine Frau am Telefon so laut an, dass der neben ihm sitzende Kollege K einen Hörschaden erleidet. Hier handelt es sich nicht um eine betrieblich veranlasste Tätigkeit. Anders kann die Lage sein, wenn der Chef den A angewiesen hat, seine Frau anzurufen, z.B. um Überstunden anzukündigen. Zwar müsste A in dem Fall nicht auf den Chef hören, weil die Weisung nicht auf das Arbeitsverhältnis bezogen ist und damit ohne Rechtsgrundlage erfolgt. Kommt A der Aufforderung trotzdem nach, besteht ein betrieblicher Bezug aufgrund der Weisung. ■

Die Grundsätze des innerbetrieblichen Schadensausgleichs gelten sowohl für vertragliche als 236 auch deliktische Ansprüche.

Nach der Rechtsprechung des BAG sind sie **einseitig zwingendes Arbeitnehmerschutzrecht**. 237 Von ihnen kann demnach weder einzel- noch kollektivvertraglich zulasten des Arbeitnehmers abgewichen werden.[80]

(3) Schädigung von Arbeitskollegen

Schädigt ein Arbeitnehmer das **Vermögen** eines Arbeitskollegen bei der betrieblich veran- 238 lassten Tätigkeit, so haftet er im Außenverhältnis, also gegenüber seinem Kollegen, nach den allgemeinen Haftungsnormen und – vorbehaltlich eines etwaigen Mitverschuldens des Arbeitskollegen – auch in voller Höhe.

Beispiel Arbeitnehmer A lässt die vergoldete Kaffeetasse seines Kollegen B fallen, sie zerspringt. ■

Jedoch steht in diesen Fällen dem Arbeitnehmer unter Umständen ein Freistellungsanspruch gegen den Arbeitgeber zu. Hat der Arbeitnehmer den Schaden schon beglichen, so wandelt sich dieser Freistellungsanspruch in einen Zahlungsanspruch um. Der Arbeitnehmer kann sich danach insoweit bei seinem Arbeitgeber regressieren, als er in seiner Haftung nach den Grundsätzen des innerbetrieblichen Schadensausgleichs seinem Arbeitgeber gegenüber von der Haftung befreit wäre.

Dieses Ergebnis ist überwiegend anerkannt, umstritten ist aber die dogmatische Grundlage. 239 Während teilweise mit der Fürsorgepflicht des Arbeitgebers argumentiert wird, teilweise § 242 BGB als Grundlage herangezogen wird, geht die wohl überwiegende Ansicht den Weg über § 670 analog, ggf. i.V.m. § 257 S. 1 BGB.

Für **Personenschäden** ist in dieser Konstellation die sozialrechtliche Haftungsprivilegierung 240 des § 105 SGB VII einschlägig:

Personen, die durch eine betriebliche Tätigkeit einen Versicherungsfall von Versicherten desselben Betriebs verursachen, sind diesen sowie deren Angehörigen und Hinterbliebenen nach anderen gesetzlichen Vorschriften zum Ersatz des Personenschadens nur verpflichtet, wenn sie den Versicherungsfall vorsätzlich oder auf einem nach § 8 Abs. 2 Nr. 1 bis 4 versicherten Weg herbeigeführt haben. Satz 1

80 *BAGE* 109, 279-285.

gilt entsprechend bei der Schädigung von Personen, die für denselben Betrieb tätig und nach § 4 Abs. 1 Nr. 1 versicherungsfrei sind. § 104 Abs. 1 S. 2, Abs. 2 und 3 gilt entsprechend.

241 Eine Haftung des Arbeitnehmers nach den allgemeinen Haftungstatbeständen wegen schuldhafter Verursachung von Personenschäden scheidet danach unter den folgenden Voraussetzungen aus:

PRÜFUNGSSCHEMA

Haftungsbefreiung des Arbeitnehmers gem. § 105 SGB VII

I. Der Arbeitnehmer hat durch eine betriebliche Tätigkeit einen Versicherungsfall verursacht (zum Begriff des Versicherungsfalles siehe § 7 und § 8 Abs. 1 SGB VII),

II. betroffen ist ein Versicherter i. S. d. § 2 SGB VII,

III. der demselben Betrieb angehört,

IV. der schädigende Arbeitnehmer handelte weder vorsätzlich noch hat sich der Versicherungsfall auf einem Wegeunfall nach § 8 Abs. 2, Nr. 1–4 SGB VII ereignet.

Beispiel B und C sind beide in dem gleichen Handwerksbetrieb beschäftigt. Beide befinden sich in dem Rohbau der S und führen dort Zimmermannsarbeiten durch. Während der Ausführung dieser Tätigkeit fällt dem B fahrlässigerweise ein Brett herunter und trifft den C. Dieser erleidet Verletzungen. ■

242 Ist die Haftung des Arbeitnehmers danach ausgeschlossen, kommt es auf einen innerbetrieblichen Schadensausgleich nicht an. Für Schäden des Verletzten kommt die gesetzliche Unfallversicherung auf.

(4) Haftung des Arbeitnehmers gegenüber betriebsfremden Dritten

243 Schädigt der Arbeitnehmer **betriebsfremde Dritte** in Ausübung der betrieblichen Tätigkeit, so findet § 105 SGB VII keine Anwendung. Auch hier steht dem Arbeitnehmer gegebenenfalls ein Freistellungsanspruch gegen den Arbeitgeber zu. Dieser Freistellungsanspruch wandelt sich in einen Zahlungsanspruch um, wenn der Arbeitnehmer den Schaden schon beglichen hat.

Beispiel Der Staplerfahrer Bodo fährt über den teuren Kugelschreiber des Vertreters V, der diesem gerade aus Versehen auf den Boden fiel. ■

(5) Sonderproblem: Mankohaftung

244 In vielen Berufen lässt sich nicht umgehen, dass der Arbeitgeber dem Arbeitnehmer Waren oder Geld anvertrauen muss. Zeigt sich dann nach einem Abschluss im Waren- oder Kassenbestand ein Fehlbetrag, spricht man von einem Manko.

Beispiel Als klassisches Beispiel dafür dient die Kassiererin des Supermarkts, wenn diese bei der Abrechnung der Kasse einen Fehlbetrag von 50 € feststellt. ■

245 Die Grundsätze der Arbeitnehmerhaftung gelten grundsätzlich auch hier. Der Arbeitgeber muss beweisen, dass der Arbeitnehmer schuldhaft gehandelt hat, §§ 280, 619a BGB.

In vielen Arbeits- und Tarifverträgen sind jedoch so genannte **„Mankoabreden"** enthalten, nach denen der Arbeitgeber von dem Arbeitnehmer einen Ausgleich des Schadens verlangen kann. Dies ist aber nur dann zulässig, wenn der Arbeitnehmer im Gegenzug einen Ausgleich in Form eines Zuschlags auf sein Gehalt erhält („Mankogeld") und die Haftung die Summe des Mankogeldes nicht übersteigt.[81] **246**

Andernfalls würden die Grundsätze über die privilegierte Arbeitnehmerhaftung zulasten des Arbeitnehmers verschoben werden. Eine Abweichung von dem „einseitig zwingenden Schutzrecht" ist aber, wie dargestellt, nicht möglich.

bb) Haftung des Arbeitgebers

Der Arbeitgeber haftet dem Arbeitnehmer gegenüber grundsätzlich nach den allgemeinen Regeln. So hat er bei einer Verletzung der Lohnzahlungspflicht dem Arbeitnehmer Schäden, die diesem dadurch entstanden sind, unter den Voraussetzungen der §§ 280 Abs. 1 und 2, 286 BGB zu ersetzen. **247**

Beispiel Der Arbeitgeber hat den Lohn nicht rechtzeitig gezahlt. Der Arbeitnehmer war aufgrund dessen darauf angewiesen, einen Kredit aufzunehmen, für den er Zinsen und Gebühren zahlen musste. Beides kann er jetzt vom Arbeitgeber ersetzt verlangen. ■

Der Arbeitgeber haftet auch für **Sachschäden**, die er durch schuldhafte Verletzung seiner Vertragspflichten (§§ 280 Abs. 1, 241 Abs. 2 BGB) oder deliktisch (§§ 823 ff. BGB) verursacht hat. Zu beachten ist, dass § 619a BGB in dieser Konstellation keine Anwendung findet. Ein Verschulden der Erfüllungsgehilfen muss sich der Arbeitgeber nach § 278 BGB zurechnen lassen. **248**

Beispiel Aufgrund einer mangelhaften Wartung des Hallendaches fällt dem Arbeitnehmer ein Ziegelstein auf das im Hof stehende Fahrrad. Der Arbeitgeber haftet auch, wenn er einen Angestellten mit der Wartung beauftragt hatte, dieser der Weisung aber nicht nachgekommen ist. ■

Hinsichtlich der Haftung für **Personenschäden** ist hier § 104 SGB VII zu beachten. Von der Ersatzfähigkeit von Personenschäden, worunter auch Schmerzensgeld und Beerdigungskosten fallen, enthält § 104 SGB VII eine wichtige Ausnahme. **249**

Voraussetzungen des § 104 SGB VII

PRÜFUNGSSCHEMA

I. Der Arbeitgeber hat einen Versicherungsfall verursacht
(zum Begriff des Versicherungsfalles siehe § 7 und § 8 Abs. 1 SGB VII),

II. betroffen ist ein Versicherter, der im Rahmen einer versicherungspflichtigen Tätigkeit für den Arbeitgeber gehandelt hat (§ 2 SGB VII),

III. der Arbeitgeber handelte weder vorsätzlich, noch hat sich der Versicherungsfall auf einem Wegeunfall ereignet.

81 *BAG* NZA 2000, 715-717.

250 Der Arbeitnehmer kann unter bestimmten Voraussetzungen gegen den Arbeitgeber auch einen Anspruch auf Ersatz der vom Arbeitgeber nicht verschuldeten Sachschäden gemäß § 670 BGB analog haben.[82] Vorausgesetzt ist, dass das Schadensrisiko dem betrieblichen Tätigkeitsbereich zuzurechnen ist, d.h. die Schäden im Zusammenhang mit der Entfaltung der vom Arbeitgeber gebilligten Tätigkeit für und im Interesse des Arbeitgebers entstanden sind.

Beispiel Die Kläger – ein Arzt - verlangte von seiner Arbeitgeberin – einer Klinik – Erstattung eines Schadens an seinem privaten Kfz. Er war während eines Rufbereitschaftsdienstes zu einem Notfall gerufen worden und hatte auf der Fahrt ins Krankenhaus einen Unfall aufgrund der Straßenglätte. Die Bundesarbeitsrichter urteilten, dass hier ein Fall vorliege, in dem sich der Arbeitnehmer auf einen Anspruch aus § 670 BGB analog berufen könne: *„Sachschäden des Arbeitnehmers, mit denen nach Art und Natur des Betriebs oder der Arbeit zu rechnen ist, insbesondere Schäden, die notwendig oder regelmäßig entstehen, sind arbeitsadäquat und im Arbeitsverhältnis keine Aufwendungen im Sinne des § 670 BGB. Handelt es sich dagegen um außergewöhnliche Sachschäden, mit denen der Arbeitnehmer nach der Art des Betriebs oder der Arbeit nicht ohne weiteres zu rechnen hat, so liegt eine Aufwendung nach § 670 BGB vor."* In entsprechender Anwendung des § 670 BGB müsse dem Arbeitnehmer ein Unfallschaden ersetzt werden, wenn das Fahrzeug mit Billigung des Arbeitgebers in dessen Betätigungsbereich eingesetzt werde. Dies sei u.a. der Fall, wenn ohne den Einsatz des arbeitnehmerischen Kfz der Arbeitgeber ein eigenes Fahrzeug einsetzen und damit dessen Unfallgefahr tragen müsste oder wenn der Arbeitnehmer gar aufgefordert werde, sein eigenes Kfz zu benutzen. Hier sei der Einsatz des Privatwagens aufgrund der angeordneten Rufbereitschaft im Interesse der Arbeitgeberin gewesen, so dass diese den Schaden ersetzen müsse.[83] ■

JURIQ-Klausurtipp

Die Prüfung des Klausurfalls wäre an dieser Stelle noch nicht zu Ende! Es steht lediglich fest, dass ein Anspruch „dem Grunde nach" aus § 670 BGB analog gegeben ist. In welcher Höhe die Arbeitgeberin haften muss, ergibt sich aus einer Betrachtung des Schadensfalles nach den Grundsätzen des innerbetrieblichen Schadensausgleichs. Mit anderen Worten: Es muss nunmehr der Unfall in die o.g. Stufen des Haftungsausgleichs eingeordnet und das Verhalten des Arbeitnehmers bewertet werden. Je nach seiner Verantwortlichkeit für den Schaden kann er also je nach Einzelfall den ganzen Schaden, einen Teil oder auch gar nichts ersetzt verlangen.

251 Jedoch ist nicht jeder Schaden ersatzfähig. Vielmehr ist eine Differenzierung geboten. Für „Schäden", die durch eine übliche Abnutzung z.B. der Kleidung entstehen, kann der Arbeitnehmer keinen Ersatz verlangen. Der übliche Verschleiß ist mit der Entlohnung abgegolten. Auch diejenigen Schäden, die der Arbeitnehmer regelmäßig nicht tragen muss, für deren Hinnahme er aber – ausdrücklich oder erkennbar – bezahlt wird (Schmutzzulage oder Kilometergeld),[84] sind nur dann ersatzfähig, wenn sie ausnahmsweise entgegen der Erwartungen dem Anlass und der Höhe nach ungewöhnlich sind.

82 *BAG* NZA 2007, 870-871.
83 *BAG* NZA 2012, 91-94.
84 *BAGE* 12, 15 ff.

Andere Schäden, die in einem inneren Zusammenhang mit der betrieblichen Tätigkeit stehen, sind zu ersetzen. Auch an dieser Stelle ist wieder abzugrenzen, ob die Schäden dem Lebensbereich des Arbeitnehmers oder dem Betriebsbereich zuzuordnen sind. **252**

Beispiel A ist als Arbeitnehmer im Malerbetrieb des Arbeitgebers X angestellt. Auf der Rückfahrt von einer Baustelle mit seinem Privatfahrzeug erlitt er einen Unfall. Die Nutzung des privaten Fahrzeugs erfolgte auf Weisung des X. Unfallursache war ein schon seit längerer Zeit unerkannt poröser Reifen, der während der Fahrt platzte.

Das LAG Düsseldorf verneinte hier einen Sachschadensersatzanspruch des A gegen den X nach § 670 analog, da die Verantwortung für den porösen Reifen und den folgenden Unfall grundsätzlich nicht dem betrieblichen Betätigungsbereich, sondern dem persönlichen Lebensbereich des A zuzuordnen sei, der in dem Fall alleine über die Anschaffung und Instandhaltung seines Kfz bestimme.[85] ■

Auch im Rahmen dieses Anspruchs findet § 254 BGB analog i.V.m. den Grundsätzen der Arbeitnehmerhaftung Anwendung. **253**

85 Nach *LAG Düsseldorf* DB 2006, 509-510.

k) Übungsfall Nr. 4

254 „Der Rollerunfall"

Die Arbeitnehmerin D ist seit Januar 2003 in dem Restaurant des G zu einem Bruttomonatslohn von 1000 € beschäftigt. Unter anderem ist sie mit dem Heimservice betraut. Um die bestellten Speisen zu den Kunden zu bringen, benutzt sie einen von G gestellten Roller.

Bezüglich dieses Rollers findet sich in dem zwischen G und D individuell ausgehandelten Vertrag eine Vereinbarung, wonach der D jede fahrlässige Beschädigung in Rechnung gestellt wird. Als die D am Abend des 20.5.2013 von einer Pizzalieferung zurück zum Restaurant des G fahren will, stößt sie, bedingt durch einen leicht fahrlässigen Fahrfehler ihrerseits, gegen einen Laternenpfosten. Dabei entsteht ein Schaden am Roller des G in Höhe von 1000 €, den dieser nun von der D ersetzt verlangt.

Zu Recht?

255 **Lösung**

I. Anspruch auf Schadensersatz gemäß §§ 280 Abs. 1, 241 Abs. 2 BGB

Der G könnte einen Anspruch gegen die D auf Schadensersatz i. H. v. 1000 € aus § 280 Abs. 1, § 241 Abs. 2 BGB haben.

1. Schuldverhältnis

Vorliegend besteht zwischen G und D ein Arbeitsvertrag, also ein Schuldverhältnis im Sinne des § 280 Abs. 1 S. 1 BGB.

2. Pflichtverletzung

Aus diesem Schuldverhältnis müsste die D eine Pflicht verletzt haben. Aus § 241 Abs. 2 BGB ergibt sich, dass die Parteien zur gegenseitigen Rücksichtnahme auf Rechtsgüter des anderen Teils verpflichtet sind. Daraus leitet sich auch die grundsätzliche Pflicht des Arbeitnehmers ab, mit den im Eigentum des Arbeitgebers stehenden Sachen so sorgfältig umzugehen, dass dem Arbeitgeber kein Schaden entsteht. Der D, die den Roller bei dem Zusammenstoß mit dem Pfosten beschädigt hat, ist es objektiv nicht gelungen, das Integritätsinteresse des G zu wahren, eine Pflichtverletzung liegt demnach vor.

3. Kausaler Schaden

Dabei ist dem G ein Schaden in Höhe von 1000 € entstanden.

4. Vertretenmüssen

Nach § 280 Abs. 1 S. 2 BGB wird ein Verschulden der D vermutet. Ein Schadensersatzanspruch würde nach dieser Regelung dann scheitern, wenn der D der Beweis gelingen würde, dass sie den Unfall nicht zu vertreten hat. § 619a BGB weicht jedoch zugunsten des Arbeitnehmers von der Beweislastverteilung nach § 280 Abs. 1 S. 2 ab. Danach muss der Arbeitgeber der D nachweisen, dass sie die Pflichtverletzung zu vertreten hat.

Was der Schuldner zu vertreten hat, bestimmt § 276 Abs. 1 BGB. Demnach hätte S Vorsatz und Fahrlässigkeit zu vertreten. Laut Sachverhalt ist der Zusammenstoß mit dem Pfosten auf einen leicht fahrlässigen Fehler der D zurückzuführen. Demnach ist ein Verschulden ihrerseits zu bejahen. Der Anspruch des G auf Ersatz des Schadens in Höhe von 1000 € besteht.

5. Innerbetrieblicher Schadensausgleich, Rechtsgedanke des § 254 BGB

Bei der Haftung des Arbeitnehmers muss aber berücksichtigt werden, dass dieser die Arbeitsleistung dauerhaft schuldet und kein Mensch stets vollkommen ist. Selbst bei einem sehr sorgfältigen Arbeitnehmer kann nicht ausgeschlossen werden, dass seine Aufmerksamkeit für kurze Zeit nachlässt und infolge dessen

Schäden entstehen können, die in keinem Verhältnis zum erzielten Lohn stehen. Die Existenzgrundlage des Arbeitnehmers wäre in vielen Fällen gefährdet. Der Arbeitnehmer leistet zudem eine fremdbestimmte Arbeit, sodass sein Tun selten auf einer freien Wahl beruht. Demgegenüber kommt dem Arbeitgeber der wirtschaftliche Erfolg der Arbeitsleistung zugute. Der Arbeitgeber kann auch das Schadensrisiko besser überschauen und es durch Abschluss von Versicherungen sowie Preiskalkulationen für sich beherrschbar machen. Vor diesem Hintergrund scheint eine vollumfängliche Haftung des Arbeitnehmers unsachgerecht.

Um die Haftung des Arbeitnehmers einzuschränken, wurden – anknüpfend an § 254 BGB – die Grundsätze eines innerbetrieblichen Schadensausgleichs entwickelt, wonach der Arbeitnehmer je nach Verschulden quotal für den Schaden aufzukommen hat. Erforderlich ist hier, dass der Schaden bei einer betrieblich veranlassten Tätigkeit entstanden ist.

Betrieblich veranlasst ist eine Tätigkeit dann, wenn sie dem Arbeitnehmer kraft Arbeitsvertrag übertragen worden ist und im Interesse des Arbeitgebers erfolgt.

Vorliegend passierte der Unfall, als D gerade von einer Fahrt zu einem Kunden zurückkehrte. Die Ausfahrt der Speisen war Gegenstand ihres Arbeitsvertrages, somit war die Tätigkeit betrieblich veranlasst.

Demnach ist die Haftung der D einzuschränken.

Dabei ist der Haftungsumfang des Arbeitnehmers mitunter abhängig vom Grad des Verschuldens, das ihn trifft. Bei leichter Fahrlässigkeit – wie hier – ist die Haftung des Arbeitnehmers grundsätzlich ausgeschlossen. Ein Anspruch des G gegen die A würde demnach ausscheiden.

6. Abdingbarkeit der Grundsätze des innerbetrieblichen Schadensausgleichs?

Etwas anderes könnte sich vorliegend jedoch aus der Vereinbarung im Arbeitsvertrag, wonach D für jede Fahrlässigkeit haften soll, ergeben. Nach der vorliegenden Vereinbarung soll D für jede Fahrlässigkeit haften, hingegen ist nach den Grundsätzen über die Haftung des Arbeitnehmers entsprechend § 254 BGB eine Haftung für leichteste Fahrlässigkeit regelmäßig ausgeschlossen. Dieser Widerspruch ist zugunsten der D nach den Grundsätzen der innerbetrieblichen Schadensausgleichung aufzulösen. Eine Abbedingung dieser ist nicht möglich; die Haftung im Arbeitsverhältnis ist nämlich einseitig zwingendes Arbeitnehmerschutzrecht. Die Regelung im Arbeitsvertrag ist mithin unwirksam.

II. Anspruch aus § 823 Abs. 1 BGB

Ein Anspruch aus § 823 Abs. 1 BGB scheidet aus o.g. Gründen ebenfalls aus. Es liegt zwar hier eine schuldhafte Eigentumsverletzung seitens der D vor, jedoch ist die Haftung auch hier nach den Grundsätzen des innerbetrieblichen Schadensausgleichs ausgeschlossen.

Ergebnis

G hat gegen D keinen Anspruch auf Schadensersatz.

Online-Wissens-Check

Welche Grundsätze hat die Rechtsprechung zur Arbeitnehmerhaftung entwickelt?

Überprüfen Sie jetzt online Ihr Wissen zu den in diesem Abschnitt erarbeiteten Themen. Unter **www.juracademy.de/skripte/login** steht Ihnen ein Online-Wissens-Check speziell zu diesem Skript zur Verfügung, den Sie kostenlos nutzen können. Den Zugangscode hierzu finden Sie auf der Codeseite.

IV. Beendigung des Arbeitsverhältnisses

1. Allgemeines

256 Regelmäßig endet das Arbeitsverhältnis durch eine ordentliche oder außerordentliche Kündigung. Weitere Möglichkeiten, die zu einer Beendigung des Arbeitsverhältnisses führen, sind z.B.:

- das Ende einer Befristung,
- der Eintritt einer auflösenden Bedingung,
- der Abschluss eines Aufhebungsvertrags,
- Anfechtung,
- Änderungskündigung,
- Auflösungsurteil,
- Tod des Arbeitnehmers.

257 Bezüglich der Beendigung des Arbeitsverhältnisses durch die Anfechtung wird an dieser Stelle auf das oben Gesagte verwiesen, Rn. 107 ff.

2. Befristung

258 Ein Arbeitsvertrag kann auch für eine bestimmte Zeit geschlossen, also **befristet**, werden.

259 Das TzBfG unterscheidet zwischen **kalendermäßig** befristeten Arbeitsverträgen und **zweckbefristeten** Arbeitsverträgen.

> Nach § 3 Abs. 1 S. 2 TzBfG liegt eine **kalendermäßige** Befristung vor, wenn die Dauer des Arbeitsvertrages kalendermäßig bestimmt ist.
>
> Bei einem **zweckbefristeten** Arbeitsvertrag ergibt sich die Dauer aus der Art, Zweck oder der Beschaffenheit der Arbeitsleistung, § 3 Abs. 1 S. 2 TzBfG.

» An dieser Stelle empfiehlt sich ein Blick in das TzBfG, insbesondere sollten Sie sich die Vorschriften des § 3 und der §§ 14 ff. TzBfG einmal durchlesen. «

260 Abzugrenzen ist insbesondere ein zweckbefristetes Arbeitsverhältnis von einem unter einer auflösenden **Bedingung** (§ 21 TzBfG) geschlossenen Arbeitsverhältnis. Während bei einer Bedingung an einen ungewissen Eintritt eines Ereignisses angeknüpft wird, kann bei einer Zweckbefristung nur der Zeitpunkt des Eintritts ungewiss sein.

261 Ist eine Befristung zulässigerweise vereinbart, so endet das Arbeitsverhältnis grundsätzlich mit Ablauf der bestimmten Zeit, § 620 Abs. 1, Abs. 3 BGB, § 15 TzBfG. Die Zulässigkeit der Befristung regelt § 14 TzBfG. Demnach sind Sachgrundbefristungen (Abs. 1) und sachgrundlose Befristungen (Abs. 2) möglich.

Wird ein befristeter Arbeitsvertrag ohne Schriftform, ohne Vorliegen eines Grundes oder – bei sachgrundloser Befristung – unter Nichtbeachtung von Vorbeschäftigungszeiten (§ 14 Abs. 2 S. 2 TzBfG) geschlossen, entsteht ein unbefristetes Arbeitsverhältnis, § 16 TzBfG.[86]

86 Vgl. Rn. 270.

a) Sachgrundbefristung

§ 14 Abs. 1 S. 1 TzBfG setzt zunächst voraus, dass die Befristung durch einen sachlichen Grund gerechtfertigt ist und zählt anschließend in S. 2 Sachgründe auf. Diese Aufzählung ist jedoch **nicht abschließend**. 262

Ob ein die Befristung rechtfertigender Sachgrund vorliegt, ist nach einer Prognose aus der Perspektive eines verständigen Arbeitgebers über den zu erwartenden Beschäftigungsbedarf zu beurteilen. Maßgeblich ist dabei der Zeitpunkt des Vertragsschlusses. Unerheblich ist daher grundsätzlich, wenn der Sachgrund später entfällt. 263

Erforderlich ist, dass der Arbeitgeber im Zeitpunkt des Arbeitsvertragsschlusses aufgrund greifbarer Tatsachen mit hinreichender Wahrscheinlichkeit annehmen darf, dass der Arbeitskräftebedarf nur vorübergehend besteht.[87] 264

Hinweis

Das BAG hatte sich aktuell oft mit dem Problem der sog. „Kettenbefristungen" auseinanderzusetzen, also mit Fällen, in denen mehrere sachgrundbefristete Arbeitsverträge hintereinander geschlossen wurden. Im Urteil vom 13.2.2013[88] ging es um folgenden Sachverhalt: Die Klägerin war seit September 2004 beim beklagten Land als Lehrerin beschäftigt. Die Befristung wurde mehrfach verlängert. Als Befristungsgrund war im nunmehr angegriffenen befristeten Vertrag der Vertretungsbedarf aufgrund der Elternzeit einer näher benannten Lehrerin genannt. Die Klägerin argumentierte, dass der Sachgrund nicht gegeben sein könne, da sie mehr Fächer als die bezeichnete Lehrerin unterrichte. Das beklagte Land stützte sich u.a. auf eine Befristung aus Haushaltsgründen. Das BAG verwies die Sache zurück an die Vorinstanz, weil es aufgrund noch nicht festgestellter Tatsachen nicht beurteilen konnte, ob die Klage begründet oder unbegründet war. Es gab dem Landesarbeitsamt aber noch wichtige Hinweise für die Neubefassung mit der Angelegenheit. Demnach bedürfe der Befristungsgrund weder einer Vereinbarung, noch unterliege er der Schriftform des § 14 Abs. 4 TzBfG. Es genüge, wenn der Grund objektiv vorliege. Der Arbeitgeber könne sich auch dann auf einen Sachgrund stützen, wenn im Arbeitsvertrag kein, ein anderer Sachgrund i.S.d. § 14 Abs. 1 TzBfG oder sogar eine sachgrundlose Befristung i.S.d. § 14 Abs. 2 TzBfG genannt sei. Zweifel wurden aber dahingehend geäußert, ob die Voraussetzungen für eine Befristung zur Vertretung von anderen Arbeitnehmern vorlagen. Denn dieser Sachgrund setze u.a. voraus, dass es einen Kausalzusammenhang zwischen dem zeitweiligen Ausfall des Vertretenen und der Einstellung des Vertreters gebe. Es komme aber auch eine sog. mittelbare Vertretung in Betracht, wobei den Arbeitgeber hier vermehrte Darlegungslast treffe. In Fällen wie dem vorliegenden sei jedenfalls zu prüfen, ob ein Missbrauch der Möglichkeiten des § 14 Abs. 1 TzBfG gegeben sei, was einen Verstoß gegen § 242 BGB darstellen würde. Insbesondere sei darauf zu achten, welche Gesamtdauer die befristeten Verträge erreichten und wie oft sie verlängert worden seien und ob der Arbeitnehmer stets auf demselben Arbeitsplatz mit denselben Aufgaben beschäftigt worden sei. Ein ständiger Vertretungsbedarf könne zwar auch einen Sachgrund darstellen, sei aber ein Umstand, der bei einer Missbrauchskontrolle zu würdigen sei. Sie sollten das Urteil vollständig lesen. Die Bundesarbeitsrichter führten einerseits noch mehrere Punkte aus, auf die bei Missbrauchskontrolle zu achten sei und verwiesen dabei auch auf die eigene aktuelle Rechtsprechung. Andererseits finden sich in dem Urteil auch interessante Bezüge zur Verknüpfung zwischen Europarecht und dem Befristungsgrund der Haushaltsmittel i.S.d. § 14 Abs. 1 S. 2 Nr. 7 TzBfG. Gerade für mündliche Prüfungen und für den Schwerpunktbereich sollte man dieses Hintergrundwissen parat haben.

---

87 *BAG* NZA 2010, 633-636.

88 *BAG* NJW-Spezial 2013, 435.

b) Sachgrundlose Befristung

265 Ohne Vorliegen eines sachlichen Grundes ist eine kalendermäßige Befristung bis zu zwei bzw. fünf Jahren nach Maßgabe der § 14 Abs. 2, Abs. 3 TzBfG zulässig, wenn der Arbeitnehmer nicht schon Vorbeschäftigungszeiten bei dem Arbeitgeber aufweist.

Hinweis

Zum letztgenannten Punkt – der Vorbeschäftigung – gab es 2011 höchst interessante Entwicklungen in der Rechtsprechung. Das Gesetz sieht wörtlich vor, dass eine Befristung ohne Sachgrund nicht zulässig ist, wenn „mit demselben Arbeitgeber bereits zuvor ein befristetes oder unbefristetes Arbeitsverhältnis bestanden hat." (§ 14 Abs. 2 S. 2 TzBfG). Dies klingt absolut, also auf jegliche Vorbeschäftigung, egal wann, bezogen. Diesem wörtlichen Verständnis des Gesetzestexts hat das BAG den Boden entzogen. Mit Urteil vom 6.4.2011[89] wurde klargestellt, dass es einer sachgrundlosen Befristung nicht im Wege steht, wenn das vorangegangene Arbeitsverhältnis mehr als drei Jahre zurückliegt. Die Klägerin machte geltend, ihr nach § 14 Abs. 2 TzBfG befristeter Arbeitsvertrag sei unwirksam befristet, da sie vor sechs Jahren bereits drei Monate als studentische Hilfskraft beim beklagten Freistaat beschäftigt gewesen sei. Die Bundesarbeitsrichter befanden, dass dies kein tragfähiges Argument sei. Die Auslegung der Vorschrift des § 14 Abs. 2 S. 2 TzBfG ergebe, dass entgegen der weit überwiegenden Meinung der Literatur und der Arbeitsgerichte eine Vorbeschäftigung im Sinne der Norm nicht gegeben sei, wenn seit dem früheren Arbeitsverhältnis mehr als drei Jahre vergangen seien. Dazu führten die Richter aus: *„Unter Berücksichtigung aller Auslegungskriterien ist ein Verständnis der Vorschrift in dem Sinne geboten, dass das Zuvorbeschäftigungsverbot zeitlich eingeschränkt ist. Der Wortlaut und die Gesetzessystematik zwingen zu keiner bestimmten Auslegung. Die Gesetzesgeschichte deutet eher auf ein zeitlich unbeschränktes Verbot der Zuvorbeschäftigung. Dagegen sprechen der Normzweck, Gründe der Praktikabilität und Rechtssicherheit sowie insbesondere verfassungsrechtliche Erwägungen für eine zeitliche Beschränkung des Verbots."*

c) Formvorschrift

266 Gemäß § 14 Abs. 4 TzBfG bedarf die Befristung eines Arbeitsvertrages zu ihrer Wirksamkeit der Schriftform (§ 126 Abs. 1 S. 1 BGB). Sinn und Zweck der Regelung ist vor allem, dem Arbeitnehmer vor Augen zu führen, dass das Arbeitsverhältnis keine dauerhafte Existenzgrundlage bildet, es vielmehr zu einem bestimmten Zeitpunkt automatisch endet.

Hinweis

Zu beachten ist, dass nicht der ganze Arbeitsvertrag, sondern lediglich die Befristungsabrede der Schriftform bedarf! Das Schriftformerfordernis erstreckt sich auch nicht auf die Sachgründe.

d) Ende des Arbeitsverhältnisses

267 Ist die Befristungsabrede wirksam, so endet ein kalendermäßig befristetes Arbeitsverhältnis mit Ablauf der vereinbarten Zeit, § 15 Abs. 1 TzBfG. Ein zweckbefristetes Arbeitsverhältnis endet mit Zweckerreichung, jedoch frühestens zwei Wochen nach Zugang der schriftlichen

89 *BAG* NZA 2011, 905-911.

Unterrichtung des Arbeitnehmers durch den Arbeitgeber über den Zeitpunkt der Zweckerreichung (§ 15 Abs. 2 TzBfG).

Wird das Arbeitsverhältnis nach Ablauf der Zeit oder Zweckerreichung mit Wissen des Arbeitgebers fortgesetzt, so gilt es als auf unbestimmte Zeit verlängert, wenn der Arbeitgeber nicht unverzüglich widerspricht oder dem Arbeitnehmer die Zweckerreichung nicht unverzüglich mitteilt, § 15 Abs. 5 TzBfG. **268**

Während des befristeten Arbeitsverhältnisses ist die **ordentliche Kündigung** grundsätzlich ausgeschlossen (vgl. § 15 Abs. 3 TzBfG), wenn sie nicht gesondert im Arbeitsvertrag erlaubt wurde. In diesem Zusammenhang ist § 15 Abs. 4 TzBfG zu beachten, wonach ein Arbeitsverhältnis, dass für die Lebenszeit einer Person oder für längere Zeit als fünf Jahre eingegangen ist, nach Ablauf von fünf Jahren mit einer sechsmonatigen Kündigungsfrist gekündigt werden kann. **269**

Ist die Befristung **unwirksam**, so gilt nach § 16 TzBfG der Arbeitsvertrag als auf unbestimmte Zeit geschlossen und kann – vorbehaltlich des § 15 Abs. 3 TzBfG – frühestens zum vereinbarten Ende gekündigt werden. Ergibt sich die Unwirksamkeit lediglich aus einem Mangel der Schriftform, so kann der Arbeitsvertrag auch vor dem vereinbarten Ende gekündigt werden. **270**

Die Unwirksamkeit der Befristung kann der Arbeitnehmer gerichtlich mit der einer **Befristungskontrollklage** oder auch **Entfristungsklage** geltend machen. Dabei ist § 17 TzBfG zu beachten. Die Geltendmachung der Unwirksamkeit kommt danach nicht mehr in Betracht, wenn der Arbeitnehmer nicht innerhalb von drei Wochen nach dem vereinbarten Ende Klage erhebt. Dann nämlich wird die Wirksamkeit der Befristung gemäß § 17 TzBfG i.V.m. § 7 KSchG von Anfang an fingiert. **271**

Hinweis

§ 14 TzBfG ist nicht anwendbar auf die Befristung lediglich **einzelner Arbeitsbedingungen**. § 3 TzBfG definiert den Begriff des befristeten Arbeitsvertrages als Vertrag, dessen Laufzeit insgesamt begrenzt ist. Das zugrundeliegende unbefristete Arbeitsverhältnis bildet die maßgebliche Grundlage für die dauerhafte Beschäftigung, ein Schutzbedürfnis § 14 Abs. 4 TzBfG analog anzuwenden besteht mit Blick auf den oben genannten Sinn und Zweck dieser Vorschrift daher nicht. Auch ein Sachgrund ist für die Befristung einzelner Arbeitsbedingungen nicht erforderlich. Nach § 1 TzBfG regelt das Gesetz ausdrücklich die Befristung von „Arbeitsverträgen".

Daraus folgt aber keine uneingeschränkte Befristungsmöglichkeit von Vertragsbedingungen. Nach der Rechtsprechung des BAG[90] unterliegt z.B. die befristete Aufstockung des Beschäftigungsumfangs wenn die sonstigen Voraussetzungen der §§ 305 ff. BGB vorliegen der Inhaltskontrolle nach § 307 BGB. Im Rahmen dieser Prüfung können sich die Gründe des § 14 Abs. 1 TzBfG bei der Interessenabwägung niederschlagen. Liegt demnach der befristeten Erhöhung der Arbeitszeit ein Sachverhalt zu Grunde, der die Befristung eines Gesamtarbeitsvertrags nach § 14 Abs. 1 S. 2 TzBfG rechtfertigen könnte, dann soll das Interesse des Arbeitgebers an der befristeten Erhöhung das Interesse des Arbeitnehmers an einer unbefristeten Erhöhung überwiegen.

90 *BAG* NZA 2012, 674-680.

3. Auflösende Bedingung

272 Ein Arbeitsverhältnis kann auch durch den Eintritt einer einzel- oder tarifvertraglich vereinbarten auflösenden Bedingung enden. § 21 TzBfG erklärt hierzu einige wichtige Vorschriften des TzBfG für anwendbar, nämlich die §§ 4 Abs. 2, 5, 14 Abs. 1 und 4, 15 Abs. 2, 3 und 5 sowie 16 bis 20 entsprechend.

273 In der Praxis wird die Aufnahme einer Klausel, die eine auflösende Bedingung bei sozialversicherungsrechtlichen Ansprüchen vorsieht, immer beliebter. Die Arbeitsvertragsparteien vereinbaren dann beispielsweise, dass das Arbeitsverhältnis enden soll, wenn der Arbeitnehmer einen endgültigen Anspruch auf eine vollständige Erwerbsunfähigkeitsrente oder Altersrente o.ä. hat.

Hinweis

Steht der Arbeitnehmer unter dem Schutz des SGB IX, bedarf auch die Beendigung des Arbeitsverhältnisses aufgrund des Eintritts einer auflösenden Bedingung der Zustimmung durch das Integrationsamt, § 92 SGB IX!

274 Will der Arbeitnehmer geltend machen, dass sein Arbeitsverhältnis nicht aufgrund des Eintritts einer Bedingung geendet habe, muss er gem. §§ 21 i.V.m. 17 TzBfG eine sog. „Bedingungskontrollklage" erheben. Diese muss, wie die Entfristungsklage, binnen drei Wochen nach Zugang der Erklärung nach §§ 21 i.V.m. 15 Abs. 2 TzBfG eingereicht werden.

275 Denkbar ist beispielsweise, dass der Bescheid, der die auflösende Bedingung darstellen soll, nichtig ist.

Beispiel Auf das Arbeitsverhältnis des Klägers war folgende tarifliche Klausel anwendbar: *„Das Arbeitsverhältnis endet ferner mit Ablauf des Monats, in dem der Bescheid eines Rentenversicherungsträgers (Rentenbescheid) zugestellt wird, wonach die/der Beschäftigte voll oder teilweise erwerbsgemindert ist. Die/Der Beschäftigte hat die/den Dienststellenleiter/in von der Zustellung des Rentenbescheids unverzüglich zu unterrichten. Beginnt die Rente erst nach Zustellung des Rentenbescheids, endet das Arbeitsverhältnis mit Ablauf des dem Rentenbeginn vorangehenden Tages. […]".* Dem Kläger wurde eine Rente wegen voller Erwerbsminderung bis zur Erreichung der Altersgrenze bewilligt. Daraufhin ging der Arbeitgeber davon aus, dass das Arbeitsverhältnis beendet sei. Vorm Arbeitsgericht machte der Arbeitnehmer geltend, dass der unbefristete Rentenbescheid nichtig gewesen sei, was sich seiner Meinung nach auch auf sein vermeintlich beendetes Arbeitsverhältnis auswirke. Damit stieß er beim LAG und beim BAG auf offene Ohren. Die Nichtigkeit eines Verwaltungsakts habe Tatbestandswirkung auch für den Arbeitgeber, so die Bundesarbeitsrichter. Einem nichtigen Verwaltungsakt fehle die Bindungswirkung, was sich jedenfalls hier auch auf den Arbeitgeber auswirke: *„Es läge ein unauflösbarer Widerspruch vor, wenn ein Arbeitgeber sich auf die Drittwirkung eines Rentenbescheids berufen könnte, die Drittwirkung eines Nichtigkeitsbescheids aber nicht gegen sich gelten lassen müsste."*[91] ■

91 *BAG* NZA 2013, 344.

4. Aufhebungsvertrag

Das Arbeitsverhältnis kann auch durch beiderseitiges Einverständnis der Parteien aufgehoben werden, § 311 Abs. 1 BGB. 276

a) Zustandekommen des Aufhebungsvertrages

Der Aufhebungsvertrag ist ein Rechtsgeschäft bestehend aus zwei Willenserklärungen, gerichtet auf die Beendigung des Arbeitsverhältnisses. Die allgemeinen Vorschriften über Rechtsgeschäfte finden Anwendung, §§ 104 ff. BGB. 277

Beispiel An dieser Stelle kann in einer Klausur das Problem einer Drohung eingebaut werden. Beispielsweise kann der Arbeitgeber damit drohen, eine außerordentliche Kündigung auszusprechen, sodass die versprochene Abfindung wegfällt, falls der Arbeitnehmer den Aufhebungsvertrag nicht unterzeichnet. Der Arbeitnehmer kann dann gem. § 123 BGB zur Anfechtung berechtigt sein, wenn eine außerordentliche Kündigung von dem Arbeitgeber nicht in Betracht gezogen werden konnte.[92] Es kommt hier nicht darauf an, ob die Kündigung in einem gedachten Kündigungsschutzprozess Bestand haben könnte.[92] ■

b) Form

Der Aufhebungsvertrag bedarf nach § 623 BGB der Schriftform, die elektronische Form ist ausgeschlossen. Wirksamkeitsvoraussetzung ist also, dass die Parteien auf einer Urkunde unterschreiben (Urkundeneinheit), § 126 Abs. 1 S. 1, Abs. 2 S. 1 BGB bzw. sich gegenseitig ein unterschriebenes Exemplar zur Verfügung stellen, § 126 Abs. 2 S. 2 BGB. E-Mail, Telefax oder Kopie genügen dem Schriftformerfordernis daher nicht. Wird die Schriftform nicht eingehalten, so ist der Vertrag nach § 125 BGB nichtig. 278

c) Widerruf

In einer Klausur kann sich auch die Frage nach der Möglichkeit eines Widerrufs entsprechend der Vorschriften des Verbraucherschutzrechts (vgl. § 312 BGB) stellen. 279

Beispiel Der Arbeitnehmer D wird während eines Arbeitstages ohne Vorankündigung in das Büro des Personalchefs gebeten. Der Personalchef unterbreitet ihm sodann den Wunsch, das Arbeitsverhältnis auflösen zu wollen. Schlussendlich unterschreibt D den Vertrag. ■

Ein Verbraucher ist an seine auf Abschluss des Vertrags gerichtete Willenserklärung nicht mehr gebunden, wenn ihm durch Gesetz ein Widerrufsrecht eingeräumt worden ist und er seine Willenserklärung fristgerecht widerrufen hat, § 355 Abs. 1 S. 1 BGB. 280

Nach § 312 Abs. 1 Nr. 1 BGB steht dem Verbraucher ein Widerrufsrecht nach § 355 BGB zu, wenn er zu dem Abschluss eines Vertrages mit einem Unternehmer, der eine entgeltliche Leistung zum Gegenstand hat, durch mündliche Verhandlung an seinem Arbeitsplatz bestimmt worden ist **(Haustürgeschäft)**. Ausgehend davon, dass der Arbeitnehmer bei Abschuss des Aufhebungsvertrages Verbraucher (§ 13 BGB) und der Arbeitnehmer Unternehmer im Sinne des § 14 BGB ist, liegt ein **Verbrauchervertrag** vor. 281

---

92 *BAGE* 109, 22-39.

282 Das BAG lehnt ein Widerrufsrecht des Arbeitnehmers nach Unterzeichen des Aufhebungsvertrages in solchen Situationen jedoch aus mehreren Gründen ab.

Dazu führt das BAG im Wesentlichen aus,[93] der Vertrag sei zwar „am Arbeitsplatz" im Sinne der Norm abgeschlossen worden, worunter das gesamte Betriebsgelände einschließlich der Personalabteilung zu verstehen sei. Einer Anwendung von § 312 BGB auf arbeitsrechtliche Aufhebungsverträge stünde aber die Gesetzessystematik, Entstehungsgeschichte sowie Sinn und Zweck der Vorschrift entgegen.

Das Haustürwiderrufsrecht als vertragstypenbezogenes Verbraucherschutzrecht fände nur auf „besondere Vertriebsformen", denen eine bestimmte Vertriebs- und Vermarktungsart gemeinsam sei, Anwendung. Der in den Normen genannte Verbraucher müsse also Empfänger einer entsprechenden Ware bzw. Dienstleistung sein. Anders als z.B. in § 310 Abs. 4 S. 2 BGB habe der Gesetzgeber im Untertitel 2 keine Anwendung der gesetzlichen Regelungen auf das Arbeitsrecht angeordnet. Letztlich würde ein unbefristetes Widerrufsrecht nach § 355 Abs. 3 S. 3 BGB – im Falle einer nicht ordnungsgemäßen Belehrung – sich auch nicht mit dem Beschleunigungsinteresse in arbeitsrechtlichen Beendigungsstreitigkeiten, wie es beispielsweise in §§ 4, 7 KSchG, § 17 TzBfG zum Ausdruck komme, vereinbaren lassen. Eine dem Haustürgeschäft vergleichbare Situation beim Abschluss eines Aufhebungsvertrags sei im Betrieb grundsätzlich nicht gegeben.

Die §§ 312 ff. BGB beabsichtigten, den Verbraucher bei der Anbahnung und beim Abschluss eines Geschäfts vor der Beeinträchtigung seiner rechtsgeschäftlichen Entscheidungsfreiheit und vor einer Überrumpelung beim Geschäftsabschluss in bestimmten Situationen, in denen der Verbraucher keine Möglichkeit hat, Qualität und Preis des Angebots mit anderen Angeboten zu vergleichen und ihm keine hinreichenden Informationen für eine rationale Entscheidung zur Verfügung stehen, zu schützen. Es handele sich um einen situationsbezogenen Verbraucherschutz. Für § 312 Abs. 1 S. 1 Nr. 1 BGB sei die im Gesetz genannte – örtliche – Situation, in der die Vertragsanbahnung stattfinde, entscheidend für den Überrumpelungs- und Überraschungseffekt.

Der „Arbeitsplatz" sei aber typischerweise der Ort, an dem die das Arbeitsverhältnis betreffenden Fragen besprochen und geregelt werden. Demnach fehle es grundsätzlich am situationstypischen Überraschungsmoment. Der Arbeitnehmer müsse an „seinem Arbeitsplatz" – gerade in den Räumen der Personalabteilung – mit dem Angebot eines Aufhebungsvertrages rechnen.

93 *BAG* BB 2004, 1858 f.

V. Die Kündigung

Erfolgsaussichten einer Kündigungsschutzklage

283

A. Zulässigkeit

I. Eröffnung des Rechtswegs zu den Arbeitsgerichten, § 2 Abs. 1 Nr. 3b ArbGG

sic-non-, aut-aut, et-et-Fälle, Rn. 565 ff.

II. Zuständigkeit

1. Sachlich: ArbG, § 8 ArbGG
2. Örtlich: § 46 Abs. 2 ArbGG i.V.m. §§ 12 ff. ZPO (i.d.R. § 29 Abs. 1 ZPO)

III. Partei-, Prozess-, Postulationsfähigkeit: § 46 Abs. 2 ArbGG i.V.m. §§ 50 ff. ZPO und § 11 ArbGG

IV. Statthafte Klageart: Feststellungsklage i.S.d. § 256 ZPO

V. Ordnungsgemäße Klageerhebung: Form, § 46 Abs. 2 ArbGG i.V.m. § 253 ZPO

B. Begründetheit

I. Ordnungsgemäße Kündigungserklärung

Schriftform Rn. 292

Stellvertretung Rn. 296

II. Kein Ausschluss der ordentlichen Kündigung

Befristete Verträge Rn. 297

III. Zustimmungsbedürftigkeit

Sonderkündigungsschutz Rn. 376 ff.

IV. Anhörung des Betriebsrats, § 102 BetrVG

ordnungsgemäße Betriebsratsanhörung Rn. 299 ff.

V. Anzeigepflichtigkeit

VI. Einhaltung der Klagefrist, §§ 4, 7 KSchG

VII. Voraussetzungen der ordentlichen Kündigung nach dem KSchG

1. Anwendbarkeit des KSchG

   Betriebsgröße Rn. 314 ff.

2. Soziale Rechtfertigung

   Vorliegen eines Kündigungsgrundes, § 1 Abs. 2 KSchG Rn. 318 ff.

   a) personenbedingt
   b) verhaltensbedingt
   c) betriebsbedingt

3. Kündigungsfrist, § 622 BGB

VIII. Voraussetzungen der außerordentlichen Kündigung

1. wichtiger Grund nach § 626 Abs. 1 BGB

   zweistufige Prüfung Rn. 357 ff.

2. zweiwöchige Kündigungserklärungsfrist

PRÜFUNGSSCHEMA

JURIQ-Klausurtipp

Unterscheiden Sie bei der Fallbearbeitung, ob sich der Arbeitnehmer gegen seine Kündigung wehren möchte oder ob nur gefragt wird, ob die Kündigung wirksam ist. Je nachdem sind unterschiedliche Prüfungspunkte abzuarbeiten. Will sich der Arbeitnehmer gegen die Kündigung wehren, muss er einen Kündigungsschutzprozess in die Wege leiten, sodass die prozessrechtlichen Voraussetzungen zu prüfen sind. Anderenfalls genügt die materiell-rechtliche Überprüfung der Kündigung.

1. Die Zulässigkeit einer Kündigungsschutzklage[94]

284 Der **Rechtsweg** zu den Arbeitsgerichten ist bei der Kündigungsschutzklage gem. § 2 Abs. 1 Nr. 3b ArbGG eröffnet.

285 Die **sachliche Zuständigkeit** bestimmt sich nach § 8 Abs. 1 ArbGG, die örtliche Zuständigkeit nach § 46 Abs. 2 ArbGG i.V.m. §§ 12 ff. ZPO.

286 Betreffend der **Partei-, Prozess-, Postulationsfähigkeit** finden §§ 46 Abs. 2 ArbGG i.V.m. §§ 50 ff. ZPO und § 11 ArbGG Anwendung.

287 **Statthafte Klageart** ist die Kündigungsschutzklage. Es handelt sich um eine besondere Feststellungsklage, § 4 KSchG i.V.m. § 256 ZPO.

288 Die **Klageerhebung** muss ordnungsgemäß erfolgen, die Voraussetzungen dafür finden sich in § 46 Abs. 2 ArbGG i.V.m. § 253 ZPO.

2. Die Begründetheit einer Kündigungsschutzklage

289 Die Kündigungsschutzklage ist begründet, wenn die ausgesprochene Kündigung unwirksam ist.

JURIQ-Klausurtipp

So lautet auch der Obersatz im Klausurgutachten!

a) Ordnungsgemäße Kündigungserklärung

290 Zunächst ist zu prüfen, ob eine ordnungsgemäße Kündigungserklärung vorliegt.

Eine **Kündigung** ist eine einseitige, empfangsbedürftige Willenserklärung, die den Willen der Partei zur Beendigung des Arbeitsverhältnisses zum Ausdruck bringt.[95]

291 Das Wort „Kündigung" muss nicht ausdrücklich genannt werden, ausreichend ist, dass für einen objektiven, verständigen Empfänger (§§ 133, 157 BGB) der Wille des Arbeitgebers erkennbar wird, den Arbeitsvertrag zu beenden. Der Kündigungsgrund muss grundsätzlich nicht genannt werden.

292 § 623 BGB schreibt für die Kündigung Schriftform vor. **Schriftform** bedeutet, dass das Originalschreiben, versehen mit einer eigenhändigen Unterschrift des Ausstellers unterhalb des Textes, dem Betroffenen zugehen muss, § 126 Abs. 1 S. 1 BGB.

94 Ausführlichere Darstellungen finden sich unten im 4. Teil des Buches (Rn. 562 ff.).

95 Vgl. ErfK-*Müller-Gloge* § 620 Rn. 16.

Die Erklärung wird mit ihrem Zugang wirksam. 293

» Hier gelten die allgemeinen Grundsätze. Insbesondere empfiehlt sich in diesem Zusammenhang, die Grundsätze der Zugangsvereitelung zu wiederholen, die oftmals in Klausuren eine Rolle spielen. Es sei an dieser Stelle auf die Ausführungen im Skript „BGB AT I" verwiesen. «

JURIQ-Klausurtipp

Ein Standardproblem in vielen Klausuren ist, dass der Arbeitnehmer bei Einwurf der Kündigung in seinen Briefkasten gerade im Urlaub – also abwesend - ist, was der Arbeitgeber in der Regel weiß. Nach der Rechtsprechung des BAG, an der dieses trotz einiger Kritik auch weiterhin festhält, obliegt es dem ortsabwesenden Arbeitnehmer, dafür zu sorgen, dass sich jemand um seinen Briefkasten kümmert[96]. Er muss also Vorkehrungen für eine tatsächliche, nicht nur theoretische Möglichkeit zur Kenntnisnahme seines Posteingangs treffen. Wenn er unverschuldet eben daran gehindert ist, soll nach der Rechtsprechung eine Wiedereinsetzung gem. § 5 KSchG in Betracht kommen. Jedenfalls besteht nach Ansicht der Richter keine Notwendigkeit, den Arbeitgeber hier anders zu behandeln als andere Briefabsender, die sich mit fristgebundener Post an den Arbeitnehmer wenden, etwa im Falle von gerichtlichen Mahnbescheiden o.ä.

Für den Zugang einer Willenserklärung gegenüber einem Abwesenden gilt § 130 Abs. 1 BGB. 294

Ein **Zugang** liegt vor, wenn die Erklärung derart in den Machtbereich des Adressaten gelangt ist, dass dieser unter üblichen Umständen die Möglichkeit hat, vom Inhalt der Willenserklärung Kenntnis zu nehmen.[97]

Unter gewöhnlichen Umständen ist der Arbeitnehmer an seiner Heimadresse erreichbar, sodass z.B. eine Kündigung, die im Laufe des Tages in den Hausbriefkasten eingeworfen wurde, dann zugeht, wenn mit der Leerung des Briefkastens zu rechnen ist, in der Regel also noch am selben Tag.

Bei der Aushändigung an einen Empfangsboten ist der Zeitpunkt des Zugangs entsprechend davon abhängig, wann nach den regelmäßigen Verhältnissen die Weiterleitung an den Empfänger zu erwarten ist. Unter Anwesenden gilt § 130 Abs. 1 BGB analog. Zugang erfordert hier die Aushändigung an den Empfänger.[98]

Hinweis

Es reicht aus, wenn der Kündigungsempfänger für einen Zeitraum, in dem er den Inhalt zuverlässig zur Kenntnis nehmen konnte, das Originalschreiben mit der Unterschrift in den Händen hielt.[98]

Wichtig ist erwähnen, dass Fristen erst mit dem Zugang der Kündigung zu laufen beginnen.

Als Gestaltungserklärung ist die Kündigung aus Gründen der Rechtsklarheit grundsätzlich 295
bedingungsfeindlich. Ausnahmsweise zulässig ist es jedoch, die Kündigung von einer Rechtsbedingung oder einer sog. Potestativbedingung abhängig zu machen.

96 *BAG* NZA 2012, 1320.
97 *BAG* NJW 1993, 1093-1095.
98 *BAG* NZA 2005, 513-514.

Bei einer **Rechtsbedingung** hängt der Eintritt der Bedingung von einer Rechtsfrage ab, bei einer **Potestativbedingung** ausschließlich vom Willen des Arbeitnehmers.

Beispiel Der Arbeitgeber kündigt „falls ein Arbeitsverhältnis zwischen uns bestehen sollte, kündige ich dies hiermit". Die Kündigung ist zulässig, da die Frage, ob überhaupt ein Arbeitsverhältnis besteht, eine Rechtsfrage ist. ■

296 Die Kündigung muss vom **Kündigungsberechtigten** erklärt werden. Der Arbeitgeber kann sich nach den allgemeinen Regeln vertreten lassen, §§ 164 ff. BGB. Zu beachten ist jedoch § 174 BGB. Danach ist die Kündigung, die ein Bevollmächtigter dem Arbeitnehmer gegenüber vornimmt, dann unwirksam, wenn der Bevollmächtigte eine Vollmachtsurkunde nicht vorlegt und der Arbeitnehmer die Kündigung aus diesem Grunde unverzüglich zurückweist. Die Zurückweisung ist ausgeschlossen, wenn der Vollmachtgeber den anderen von der Bevollmächtigung in Kenntnis gesetzt hatte, § 174 S. 2 BGB. Ein In-Kenntnis-Setzen in diesem Sinne kann auch dadurch geschehen, dass der Arbeitgeber bestimmte Arbeitnehmer in eine Stellung beruft, mit der das Recht, Kündigungen auszusprechen, regelmäßig einhergeht.

Beispiel Kenntnis des Arbeitnehmers von der Stellung des Kündigenden als Personalleiter.[99] ■

b) Kein Ausschluss der ordentlichen Kündigung

297 Die ordentliche Kündigung kann durch einen Tarifvertrag, eine Betriebsvereinbarung oder den Arbeitsvertrag ausgeschlossen sein. Auch bei einem befristeten Arbeitsverhältnis ist eine ordentliche Kündigung in der Regel nicht möglich, § 15 TzBfG. Die Parteien können jedoch Entsprechendes vereinbaren, § 15 Abs. 3 TzBfG.

Hinweis

Das Recht zur außerordentlichen Kündigung ist nicht abdingbar!

c) Zustimmungsbedürftigkeit

298 Vereinzelt ordnet das Gesetz das Erfordernis einer Zustimmung durch Dritte an. Diese müssen berücksichtigt werden, z.B. Zustimmung des Integrationsamtes, § 85 SGB IX. Nähere Erläuterungen dazu finden sich unten in Rn. 376 ff.

d) Die Anhörung des Betriebsrates

299 Weitere Wirksamkeitsvoraussetzung einer Kündigung eines Arbeitnehmers, für den das BetrVG gilt, ist die **ordnungsgemäße Anhörung** des Betriebsrats. Gemäß § 102 Abs. 1 S. 1 BetrVG ist der Betriebsrat vor **jeder** Kündigung anzuhören.

300 Dabei muss der Arbeitgeber die Kündigungsabsicht, die Art der Kündigung – ordentlich oder außerordentlich – mitteilen, sowie die Gründe für die Kündigung (§ 102 Abs. 1 S. 2 BetrVG). Er muss die Person des Arbeitnehmers und seine Sozialdaten nennen (bei der personenbe-

99 *BAG* NZA 1993, 307-308.

dingten Kündigung auch die Sozialdaten vergleichbarer Arbeitnehmer und die Gründe, warum er den betroffenen Arbeitnehmer ausgewählt hat), sowie Umstände, die einen besonderen Kündigungsschutz begründen können. Ist das KSchG anwendbar, so muss er auch mitteilen, ob die Kündigung auf personen-, verhaltens- oder betriebsbedingte Gründe gestützt werden soll.

Es gilt der Grundsatz der sog. **subjektiven Determinierung**. Das heißt, der Arbeitgeber muss den Betriebsrat über die Tatsachen informieren, die seiner Ansicht nach die Kündigung rechtfertigen. Er muss dem Betriebsrat bei der Anhörung die von ihm als ausschlaggebend angesehenen Kündigungsgründe derart beschreiben, dass der Betriebsrat ohne Weiteres deren Schlüssigkeit prüfen und sich eine Überzeugung bilden kann.[100] **301**

Hat der Betriebsrat gegen eine ordentliche Kündigung Bedenken, so hat er diese nach § 102 Abs. 2 S. 1 BetrVG unter der Angabe der Gründe dem Arbeitgeber innerhalb einer Woche mitzuteilen. Für die außerordentliche Kündigung gilt höchstens eine Frist von drei Tagen, vgl. § 102 Abs. 2 S. 3 BetrVG. Es handelt sich dabei um eine Äußerungsfrist. Die Regelung will sicherstellen, dass eine Einwirkungsmöglichkeit auf den Arbeitgeber tatsächlich gegeben ist. Es ist nicht ausreichend, dass das Anhörungsverfahren lediglich vor Zugang der Kündigung abgeschlossen ist, da ansonsten der Arbeitgeber die Möglichkeit der Einflussnahme des Betriebsrats abkürzen könnte. **302**

Etwas anderes kann nur dann gelten, wenn im Einzelfall zuverlässig eine Verhinderung des Zugangs der Kündigung noch möglich ist und daher gewährleistet wird, dass der Arbeitgeber sich mit der Stellungnahme des Betriebsrates noch auseinandersetzen kann. **303**

Beispiel Der Arbeitgeber lässt das Kündigungsschreiben fertigstellen, verpackt es in einen frankierten Umschlag und wartet mit dem Absenden ab, bis die Frist des § 102 Abs. 2 BetrVG abgelaufen ist.[101] ■

Der Arbeitgeber muss den vom Betriebsrat angemeldeten Bedenken gegen eine Kündigung nicht folgen, er ist in seiner Entscheidung frei. **304**

Unter den Voraussetzungen des § 102 Abs. 3 BetrVG kann der Betriebsrat einer ordentlichen Kündigung widersprechen. Der Widerspruch ist Voraussetzung für einen **Weiterbeschäftigungsanspruch** des Arbeitnehmers, § 102 Abs. 5 BetrVG. **305**

Der Betriebsrat kann der Kündigung auch zustimmen oder auf eine Stellungnahme verzichten. **306**

Hinweis

Unterlaufen im Anhörungsverfahren Fehler, die der Sphäre des Betriebsrats zuzuordnen sind, so bleibt dies ohne Auswirkung auf die Wirksamkeit der Kündigung, es sei denn, der Fehler hat dem Arbeitgeber sich offensichtlich aufgedrängt.

100 *BAG Report* 2004, 187-189.
101 *BAGE* 106, 14-21.

e) Anzeigebedürftigkeit

307 Massenentlassungen müssen gem. § 17 KSchG der Bundesagentur für Arbeit angezeigt werden. Die Anzeige muss vor Ausspruch der Kündigung erfolgen.

Hinweis

Der Arbeitgeber muss darauf achten, dass er das Verfahren nach § 17 KSchG ordnungsgemäß einhält. Eine fehlerhafte Anzeige von Massenentlassungen kann zur Rechtswidrigkeit der Kündigungen führen. Aktuell war beispielsweise die Kündigungsschutzklage eines Arbeitnehmers erfolgreich, weil der Arbeitgeber der schriftlichen Anzeige an die Bundesagentur für Arbeit keine Stellungnahme des Betriebsratsgremiums beigefügt hatte, § 17 Abs. 3 S. 2 KSchG[102]. Der Beklagte konnte auch nicht nachweisen (§ 17 Abs. 3 S. 3 KSchG), dass er den Betriebsrat mindestens zwei Wochen vor der Anzeigeerstattung unterrichtet hatte. Daher war die Massenentlassungsanzeige unwirksam, in deren Folge auch die Kündigung. Dies folge aus einer unionsrechtskonformen Auslegung des § 17 Abs. 3 KSchG, welcher eine Verbotsnorm i.S.d. § 138 ZPO darstelle, so die Richter. Damit beantwortete das BAG die lange umstrittene Frage, welche Konsequenzen eigentlich ein Verstoß gegen § 17 KSchG hat.

f) Einhaltung der Klagefrist, §§ 4, 7 KSchG

308 Will der Arbeitnehmer sich auf den Kündigungsschutz des KSchG berufen, muss er die angeblich fehlende soziale Rechtfertigung selbst im Rahmen einer Kündigungsschutzklage geltend machen. Dabei muss er eine besondere Frist beachten. Er muss innerhalb von drei Wochen nach Zugang der schriftlichen Kündigung beim Arbeitsgericht auf Feststellung klagen, dass das Arbeitsverhältnis durch die ausgesprochene Kündigung nicht aufgelöst ist, § 4 S. 1 KSchG. Versäumt er diese Frist, gilt die Kündigung als von Anfang an wirksam, § 7 KSchG.

Hinweis

Merken Sie sich also: Eine Kündigungsschutzklage muss unter Wahrung der 3-Wochen-Frist eingelegt werden! Entscheidend ist der Zeitpunkt des Zugangs der Kündigung.

Achtung: Genau das Gesetz lesen! Die Regelungen der §§ 4 bis 7 und § 13 KSchG gelten nicht nur für die Kündigungsschutzklage nach dem KSchG, sondern müssen auch eingehalten werden, wenn der Arbeitnehmer nicht den allgemeinen Schutz dieses Gesetzes genießt, vgl. § 23 Abs. 1 S. 3 KSchG!

309 Ausnahme:

Eine Ausnahme von der 3-Wochen-Frist beinhaltet § 5 Abs. 1 KSchG. Nach dieser Vorschrift ist auch eine verspätet eingereichte Klage nachträglich zuzulassen, wenn der Arbeitnehmer nach erfolgter Kündigung trotz Anwendung aller ihm nach Lage der Umstände zuzumutenden Sorgfalt verhindert war, die Klage innerhalb von drei Wochen nach Zugang der schriftlichen Kündigung zu erheben. Der entsprechende Antrag muss nach § 5 Abs. 3 KSchG innerhalb von 2 Wochen nach Behebung des Hindernisses gestellt werden. Ausgeschlossen ist eine nachträgliche Zulassung der Klage nach Ablauf von sechs Monaten, vom Ende der versäumten Frist an gerechnet.

---

102 *BAG* DB 2013, 939-941.

JURIQ-Klausurtipp

In dem Zusammenhang kommt in Klausuren oft die Frage auf, ob eine Kündigungsschutzklage noch möglich ist, wenn der Arbeitnehmer während des Eingangs des Kündigungsschreibens im Urlaub war und deswegen die 3-Wochen-Frist nicht einhalten konnte. In solchen Fällen ist der Zugang trotz der – dem Arbeitgeber bekannten – Abwesenheit des Arbeitnehmers zu bejahen. Dem Arbeitnehmer wird aber zugebilligt, einen Antrag gem. § 5 Abs. 3 KSchG zu stellen, sobald er aus dem Urlaub zurückgekehrt ist.[103]

g) Voraussetzungen nach dem Kündigungsschutzgesetz

aa) Anwendbarkeit des Kündigungsschutzgesetzes

Die Voraussetzungen für die Anwendbarkeit des KSchG regeln § 1 Abs. 1 und § 23 Abs. 1 KSchG: 310

- Erfüllung der Wartezeit von sechs Monaten, § 1 Abs. 1 KSchG und
- mindestens zehn im Betrieb beschäftigte Arbeitnehmer, § 23 Abs. 1 S. 3 KSchG.

(1) Erfüllung der Wartezeit

Ob ein Arbeitsverhältnis bereits länger als sechs Monate andauert, bestimmt sich nach dem 311 rechtlichen Bestand des Verhältnisses.[104] Maßgeblich ist daher, für welchen Zeitpunkt die Parteien den Beginn vereinbart haben. Ob der Arbeitnehmer tatsächlich gearbeitet hat oder etwa längere Zeit krank war, ist unerheblich.

Maßgeblicher Zeitpunkt für die Beurteilung der Erfüllung der Wartezeit ist der **Zugang** des 312 Kündigungsschreibens. Wird dieses vor Vollendung des sechsten Monats der Betriebszugehörigkeit abgesandt, kommt aber erst am ersten Tag des siebten Monats an, kann sich der Arbeitnehmer auf den Schutz des KSchG berufen.

Die gesetzliche Wartezeit von sechs Monaten kann durch Vereinbarung zwischen den Par- 313 teien verkürzt werden.[105] Ihre Verlängerung ist nicht zulässig, da es sich bei den Bestimmungen des KSchG um einseitig zwingendes Recht handelt.[106]

(2) Keine Beschäftigung im Kleinbetrieb

§ 23 Abs. 1 KSchG schreibt einen allgemeinen Kündigungsschutz nur für die Betriebe vor, die 314 nicht als Kleinbetrieb anzusehen sind (**„Kleinbetriebsklausel“**[107]).

Nicht mehr als klein ist ein Betrieb zu bezeichnen, der mehr als zehn Arbeitnehmer beschäftigt, § 23 Abs. 1 S. 3 KSchG. Bei der Prüfung dieser Voraussetzung ist zunächst die Anzahl der Beschäftigten festzustellen. Als Arbeitnehmer i.S.d. § 23 Abs. 1 S. 3 KSchG gelten:

- „normale“ Arbeitnehmer,
- Betriebsleiter, Geschäftsführer, ähnliche leitende Angestellte, § 14 Abs. 2 KSchG,

103 Vgl. hierzu auch die Ausführungen im Skript „BGB AT I“ Rn. 114.
104 *BAGE* 123, 185-190.
105 *BAG* RzK I 8l Nr 22.
106 *BAGE* 55, 298-304.
107 *BAGE* 64, 315-327.

- Arbeitnehmer, deren Arbeitsverhältnis ruht (z.B. wegen Wehrdienst, Elternzeit), da diese „in der Regel", vgl. § 23 Abs. 1 S. 2 KSchG, in dem Betrieb beschäftigt sind.
- Auszubildende und ähnliche Personen („ausschließlich der zu ihrer Berufsbildung Beschäftigten", vgl. § 23 Abs. 1 S. 3 KSchG) sind **nicht** mit zu zählen.

315 Die aus den aufgezählten Gruppen ermittelten Beschäftigten sind nicht generell pro Kopf zu zählen, sondern werden unter Umständen mit einer geringeren Messzahl als 1,0 berücksichtigt, § 23 Abs. 1 S. 4 KSchG. Teilzeitbeschäftigte zählen demnach je nach Stundenzahl als 0,5 Arbeitnehmer (bei weniger als 20 Stunden pro Woche) oder 0,75 (zwischen 20 und 30 Stunden pro Woche) Arbeitnehmer.

Beispiel Bei Arbeitgeber A, der seit 2006 im Geschäft ist, arbeiten 5 Vollzeitkräfte, 7 Arbeitnehmer mit einem 25-Stunden-Vertrag und 3 geringfügig Beschäftigte mit einer Arbeitszeit von 10 Stunden die Woche. Nach § 23 KSchG beschäftigt A demnach 11,75 Arbeitnehmer (5 × 1,0 + 7 × 0,75 + 3 × 0,5). ■

316 Beträgt die ermittelte Summe weniger als 10,25 („zehn oder weniger") Arbeitnehmer, bedarf die Kündigung des Arbeitsverhältnisses nicht der sozialen Rechtfertigung nach § 1 KSchG.

Hinweis

Die Vorschrift des § 23 Abs. 1 S. 3 KSchG gehört zu den wenigen Vorschriften des Arbeitsrechts, deren Inhalt kaum anhand des Wortlauts zu verstehen ist. Wer die Norm in der Klausur zum ersten Mal liest, wird nur schwer nachvollziehen können, welche Daten er bei seiner Berechnung zugrunde legen muss und welche nicht. Daher sollte man hier die nachfolgenden Erläuterungen nacharbeiten und im Ernstfall parat haben.

317 Bis zum Jahr 2004 galt der Kündigungsschutz auch für Arbeitnehmer in Betrieben mit mehr als fünf Arbeitnehmern. § 23 Abs. 1 S. 3 KSchG enthält für so genannte „Altarbeitnehmer" eine gesonderte Regelung. Arbeitnehmer, die bereits vor dem 1.1.2004 dem Betrieb angehörten, genießen trotz der Lockerung des Kündigungsschutzes noch ein Vertrauen in das alte Kündigungsschutzrecht. Daher kann es vorkommen, dass ein Betrieb zwar weniger als 10,25 Arbeitnehmer beschäftigt, einige der Arbeitnehmer sich aber trotzdem auf den allgemeinen Kündigungsschutz berufen dürfen. Dies ist konkret dann der Fall, wenn neben dem zu kündigenden Altarbeitnehmer rein rechnerisch noch so viele Altarbeitnehmer im Betrieb sind, dass sie zusammen eine Messzahl von 5,25 Arbeitnehmern gem. § 23 Abs. 1 S. 4 KSchG erreichen.

Beispiel Bei Arbeitgeber A arbeiten insgesamt 9 Personen in einem Vollzeitarbeitsverhältnis. 3 Arbeitnehmer wurden am 2.1.2004 eingestellt. Diese genießen keinen Kündigungsschutz, da der Betrieb nicht mehr als 10 Arbeitnehmer beschäftigt. Die 6 anderen Arbeitnehmer waren bereits vor dem o.g. Stichtag am 1.1.2004 bei A unter Vertrag. Diese können sich auf den Kündigungsschutz des § 23 Abs. 1 S. 3 KSchG berufen. ■

bb) Die soziale Rechtfertigung

318 Hat das Arbeitsverhältnis ununterbrochen sechs Monate vor der Kündigung bestanden, so ist die Kündigung nur wirksam, wenn sie **sozial gerechtfertigt** ist, § 1 Abs. 1 KSchG. Eine soziale Rechtfertigung kann sich aus einem verhaltens-, personen- oder betriebsbedingten Kündigungsgrund ergeben, § 1 Abs. 2 KSchG.

(1) Verhaltensbedingte Kündigung

PRÜFUNGSSCHEMA

Die verhaltensbedingte Kündigung

I. Schuldhafte Pflichtverletzung

II. Negative Zukunftsprognose

III. Verhältnismäßigkeitsprinzip
1. Kündigung nur als „Ultima-Ratio"
   Abmahnung Rn. 325
2. Interessenabwägung im Einzelfall

Eine verhaltensbedingte Kündigung setzt zunächst eine schuldhafte Verletzung vertraglicher Pflichten seitens des Arbeitnehmers voraus. Der Grund für die Verletzung muss in einem durch den Arbeitnehmer steuerbaren Verhalten liegen. Das heißt, der Arbeitnehmer muss das Verhalten beeinflussen und korrigieren können. 319

Bezüglich der Pflichtverletzung ist nicht die subjektive Einschätzung des Arbeitgebers entscheidend, sondern nur die objektiv nachvollziehbaren Vorfälle. Auch der bloße Verdacht, es werde in Zukunft zu Pflichtverletzungen kommen, reicht nicht, wenn in der Vergangenheit solche nicht vorlagen. 320

Beispielhaft für Pflichtverstöße, die eine verhaltensbedingte Kündigung rechtfertigen können, seien genannt: 321

Beispiel Hartnäckige Arbeitsverweigerung, Vorspiegelung einer Arbeitsunfähigkeit, Verrat von Geschäftsgeheimnissen, Straftaten gegen den Arbeitgeber. ■

Der Zweck der verhaltensbedingten Kündigung ist nicht, den Arbeitnehmer zu bestrafen. Vielmehr sollen in Zukunft weitere Pflichtverletzungen vermieden werden. Voraussetzung ist daher eine negative Zukunftsprognose.[108] Eine Vorausschau im Zeitpunkt des Zugangs der Kündigung muss ergeben, dass sich das Verhalten auch auf die Zukunft noch belastend auswirkt, eine Widerholungsgefahr droht oder ein vertrauensvolles Verhältnis als Basis der Zusammenarbeit in der Zukunft nicht wiederhergestellt werden kann.[109] 322

Insoweit spielt das Verhalten in der Vergangenheit eine große Rolle für diese Prognose. Auch der Grad des Verschuldens ist hier von Bedeutung. Vor diesem Hintergrund objektiviert eine Abmahnung eine negative Vorhersage. Setzt nämlich der Arbeitnehmer nach Abmahnung das beanstandete Verhalten fort, so liegt die Annahme einer Besserung fern.[110] 323

Eine verhaltensbedingte Kündigung muss weiter **verhältnismäßig** sein. In diesem Rahmen muss zunächst geprüft werden, ob es kein weniger einschneidendes Mittel gibt, welches den Arbeitnehmer zur Einsicht bringen könnte. Es gilt das **„Ultima-Ratio-Prinzip"**. 324

---

108 *BAGE* 91, 271-282.
109 *BAG* NZA 2009, 1198-1202.
110 *BAG* NZA 2009, 1198-1202..

325 Ein Ausdruck des Verhältnismäßigkeitsprinzips ist das grundsätzliche Erfordernis der **Abmahnung.** Die Abmahnung hat **Rüge-, Warn- und Ankündigungsfunktion**. Es muss mit ihr also hinreichend deutlich ein bestimmtes Fehlverhalten beanstandet werden und gleichzeitig der Hinweis erfolgen, dass im Wiederholungsfall der Bestand des Arbeitsverhältnisses gefährdet ist.

326 Kann aus der konkreten Vertragspflichtverletzung und den daraus resultierenden Störungen geschlossen werden, dass eine Verhaltenskorrektur des Arbeitnehmers nicht möglich ist oder nicht erwartet werden kann, so ist sie ausnahmsweise entbehrlich. Ebenso entbehrlich ist die Abmahnung, wenn es sich eine um derart schwere Pflichtverletzung handelt, bei der der Arbeitnehmer regelmäßig selbst erkennen kann, dass der Arbeitgeber dieses Verhalten nicht dulden wird.[111]

Beispiel Der Arbeitgeber hat den Urlaubsantrag des Arbeitnehmers abgelehnt mit der – der Wahrheit entsprechenden – Begründung, an dem fraglichen Tag hätten alle Kollegen des Arbeitnehmers frei, das Büro müsse jedoch mit mindestens einem Mitarbeiter besetzt sein. Der Arbeitnehmer weiß, dass das Büro geschlossen bleiben muss und dem Arbeitgeber dadurch ein großer Vermögens- und Rufschaden entsteht, wenn er nicht erscheint. Dennoch entschließt er sich, der Arbeit fernzubleiben. ■

327 Mit Blick auf das „Ultima-Ratio-Prinzip" ist als milderes Mittel vorrangig auch an eine Weiterbeschäftigungsmöglichkeit auf einem anderen Arbeitsplatz, z.B. durch Versetzung oder Änderungskündigung, zu denken. Das kommt sicherlich nur dann in Betracht, wenn der verhaltensbedingte Grund arbeitsplatzbezogen ist.

328 Letztlich ist eine Interessenabwägung im Einzelfall vorzunehmen. Hier ist zu fragen, ob dem Arbeitgeber eine Weiterbeschäftigung zumutbar ist. Beurteilungsmaßstab ist ein ruhiger, verständiger Arbeitgeber.[112] In die Abwägung einzustellen sind dabei z.B.

- das Gewicht der Vertragsverletzung,
- die Dauer der beanstandungsfreien Vertragsbeziehung,
- ob der Arbeitgeber den Kündigungsgrund bereits vorher kannte (dann verliert er bei der Interessenabwägung an Gewicht),
- der Umfang der Auswirkungen auf den Betrieb,
- die Häufigkeit der Verletzungen und erkennbare Wiederholungsgefahr.

329 Nur dann, wenn das Interesse des Arbeitgebers an der Beendigung der Zusammenarbeit das Interesse des Arbeitnehmers an der Fortführung des Arbeitsverhältnisses überwiegt, ist die Kündigung sozial gerechtfertigt.

Hinweis

Im Zusammenhang mit verhaltensbedingten Kündigungen sollten Sie unbedingt das Urteil des BAG vom 10.6.2010[113] gelesen haben. Das Urteil stellt den Höhepunkt einer in der Öffentlichkeit viel beachteten Reihe von Urteilen zum Thema „Bagatellkündigungen" dar. Der Filialleiter eines Supermarkts hatte der Kassiererin E, die schon seit Jahrzehnten in dem Markt beschäftigt war, zwei Flaschenpfandbons mit einem Gesamtwert von 1,30 Euro übergeben und sie gebeten, die Bons in das Kassenbüro zu legen. Dort sollten die Bons aufbewahrt wer-

111 *BAG* AuA 2009, 726.
112 *BAGE* 45, 146-155.
113 *BAGE* 134, 349–367.

den, bis der Kunde, der sie verloren hatte, sich meldet. Zehn Tage später löste sie die Bons selbst ein. Der Arbeitgeber erfuhr dies und kündigte ihr fristlos. Die E erhob Kündigungsschutzklage, die sie durch zwei Instanzen verlor. Das BAG kassierte die Kündigung, weil eine Interessenabwägung zwischen den Arbeitgeberinteressen und den Interessen der E zugunsten der E ausfiele. Schließlich habe die E jahrzehntelang beanstandungsfrei gearbeitet, sodass eine Abmahnung vor der Kündigung erforderlich gewesen wäre, zumal die Bons lediglich 1,30 Euro wert gewesen seien. Damit wandte sich das BAG von der ständigen Rechtsprechung der Arbeitsgerichte, dass im Falle einer Straftat gegen den Arbeitgeber der Wert völlig unerheblich sei, ab.

JURIQ-Klausurtipp

Ein weiteres extrem wichtiges Beispiel der aktuelleren Rechtsprechung, das man kennen sollte, findet sich in einem Urteil des EGMR vom 21.7.2011, Stichwort „Whistleblowing“[114]. Der EGMR hat eine Kündigung für angreifbar gehalten, die darauf gründete, dass die Arbeitnehmerin eine Strafanzeige gegen ihrer Arbeitgeberin gestellt hatte. Der Altenpflegerin waren Missstände in dem Altenpflegeheim, in dem sie arbeitete, aufgefallen. Sie hatte die Geschäftsleitung mehrfach darauf hingewiesen, dass das Personal überlastet sei und daher seinen Verpflichtungen nicht so nachkommen könne, wie es eigentlich gedacht sei. Sie schaltete sogar einen Anwalt ein, der die Geschäftsleitung schriftlich aufforderte, die Missstände zu beheben bzw. hierzu eine Verpflichtungserklärung abzugeben. Dies wurde jedoch verweigert. Daraufhin erstattete die Arbeitnehmerin Strafanzeige. Der Vorwurf lautete auf Betrug, da die Arbeitgeberin nicht die versprochenen Leistungen an die Bewohner erbringe, diese sogar angesichts der schlechten hygienischen Bedingungen gefährde. Die Probleme würden systematisch verschleiert. Die Staatsanwaltschaft stellte die Ermittlungen ohne Mitteilung an die im Visier stehende Arbeitgeberin ein. Diese erfuhr also erst später davon und kündigte in Folge dessen der Arbeitnehmerin fristlos. Diese akzeptierte weder die Kündigung noch die klageabweisenden Urteile, sondern wandte sich an den EGMR. Dort obsiegte sie. Die Richter in Straßburg wogen die Interessen der Beteiligten gegeneinander ab und befanden, dass das Recht der Arbeitnehmerin aus Artikel 10 EMRK dem Interesse der Arbeitgeberin überwog. Die offengelegten Informationen seien von öffentlichem Interesse gewesen, insbesondere in Anbetracht der Tatsache, dass die betroffenen Bewohner mutmaßlich nicht selbst in der Lage waren, auf die Missstände aufmerksam zu machen. Die Arbeitnehmerin habe vor ihrer Anzeige in ausreichendem Maße versucht, das Problem intern zu lösen. Es sei auch nicht erkennbar, dass sie wissentlich oder leichtfertig falsche Angaben gemacht hätte. Der (ergebnislose) Ausgang des Ermittlungsverfahrens war ebenfalls nicht ausschlaggebend.

114 *EGMR* NZA 2011, 1269-1274.

(2) Personenbedingte Kündigung

PRÜFUNGSSCHEMA

330 **Voraussetzungen einer personenbedingten Kündigung**

I. Negative Zukunftsprognose

II. Erhebliche Störung betrieblicher und wirtschaftlicher Interessen
Maßstab Rn. 336 ff.

III. Interessenabwägung/ Verhältnismäßigkeitsgrundsatz
1. „Ultima-Ratio"
2. Interessenabwägung im Einzelfall

Anders als die verhaltensbedingte Kündigung erfolgt die personenbedingte Kündigung nicht wegen eines steuerbaren Verhaltens, sondern aufgrund von Tatsachen, die nicht im Einflussbereich des Arbeitnehmers liegen.

Beispiele Entzug der Fahrerlaubnis (Berufskraftfahrer, Taxifahrer), Krankheit (auf Dauer, u. U. auf bei häufigen Kurzkrankheiten), Alkoholsucht, fehlende Arbeitserlaubnis, strafhaftbedingte Ortsabwesenheit. ■

Hinweis

Der relevanteste personenbedingte Kündigungsgrund dürfte die Krankheit des Arbeitnehmers sein.

331 Die soziale Rechtfertigung der personenbedingten Kündigung bestimmt sich anhand der vom BAG entwickelten **„Dreistufenprüfung"**.[115]

332 Auf erster Stufe ist eine **Prognose** anzustellen, die negativ ausfallen muss hinsichtlich einer Besserung des Grundes in der Zukunft. Da die Kündigung nur zukunftsbezogen ist und keine Sanktion für die Vergangenheit bedeuten soll, kann die Vergangenheit auch hier nur Indizwirkung haben. Maßgeblicher Zeitpunkt, in dem eine negative Prognose vorliegen muss, ist wieder der Zugang der Kündigung.[116] Nur wenn der Arbeitnehmer in diesem Zeitpunkt seine geschuldete Arbeit voraussichtlich auch künftig nicht vollständig erbringen kann, weil ihm dazu die Fähigkeit und Eignung fehlt, ist diese Voraussetzung gegeben.

333 Speziell für die **krankheitsbedingte Kündigung** ist dementsprechend erforderlich, dass zum Zeitpunkt des Zugangs der Kündigung objektive Tatsachen vorliegen, die eine ernste Besorgnis weiterer Erkrankungen im bisherigen Umfang für die Zukunft rechtfertigen.[117]

334 Die Prognosefähigkeit kann zweifelhaft sein, wenn die Fehlzeiten auf verschiedenen ausgeheilten Krankheiten beruhen. Hier kann aber eine besondere Krankheitsanfälligkeit Indiz für die Zukunft sein. Fehlzeiten, die auf einem einmaligen Ereignis beruhen, sind nicht prognosefähig. Eine negative Prognose kann auch darauf gestützt werden, dass der alkoholabhängige Arbeitnehmer nicht bereit ist, an Entgiftungs-, Entwöhnungsmaßnahmen oder einer Selbsthilfegruppe teilzunehmen.

115 *BAGE* 91, 271-282.
116 *BAG* NZA 1990, 434-437.
117 *BAG* NZA 2008, 593-595.

Auf der zweiten Stufe wird eine **erhebliche Beeinträchtigung betrieblicher Interessen** 335
gefordert.

Erhebliche Beeinträchtigungen betrieblicher Interessen können auf Störungen im Betriebsablauf oder erheblichen wirtschaftlichen Belastungen des Arbeitgebers beruhen.[118]

Für die Beurteilung, ob die finanziellen Belastungen für den Arbeitgeber noch zumutbar sind, 336
ist nicht auf die wirtschaftliche Lage des Unternehmens insgesamt abzustellen, sondern auf die Kosten des konkreten Arbeitsverhältnisses.[119]

Im Falle der Krankheit des Arbeitnehmers kann eine erhebliche wirtschaftliche Belastung auf 337
zukünftig zu erwartenden außergewöhnlichen Entgeltfortzahlungskosten des Arbeitgebers beruhen. Dabei ist jedoch zu beachten, dass in § 3 Abs. 1 EFZG zum Ausdruck kommt, dass gewisse Fehlzeiten hinzunehmen sind, sodass Entgeltfortzahlungen ab sechs Wochen pro Jahr akzeptiert werden müssen. Bei Langzeiterkrankungen (ab 24 Monate) ist das Verhältnis von Leistung und Gegenleistung i.d.R. auf Dauer erheblich gestört. Es ist aber auch hier an ein betriebliches Eingliederungsmanagement § 84 Abs. 2 SGB IX zu denken.[120]

Auf der dritten Stufe erfolgt eine **Gesamtabwägung**, die vom Verhältnismäßigkeitsgrundsatz 338
beherrscht ist. Es darf kein relativ milderes Mittel zur Verfügung stehen, „Ultima-Ratio-Prinzip". Auch hier muss, soweit eine Weiterbeschäftigung auf einem freien Arbeitsplatz ohne Beeinträchtigung betrieblicher Interessen möglich ist, dem Arbeitnehmer dies vorrangig angeboten werden.

Auch einer möglichen und zumutbaren Überbrückung durch andere Maßnahmen, wie zum 339
Beispiel das Einstellen einer Aushilfe, ist Vorrang einzuräumen. An dieser Stelle ist eine sorgfältige Interessenabwägung vorzunehmen. Zu fragen ist, ob der Arbeitgeber die Beeinträchtigung billigerweise nicht mehr hinnehmen muss.

Zugunsten des Arbeitnehmers sind zu berücksichtigen: 340
- sein soziales Umfeld (Familienstand),
- Dauer der Betriebszugehörigkeit,
- Ursache der Erkrankung,
- Häufigkeit und Dauer der Fehlzeiten,
- Lebensalter,
- Unterhaltsverpflichtungen,
- Schwerbehinderung,
- Rückfallgrund, bei Krankheit: Alkoholsucht.

Auf Seiten des Arbeitgebers sind zu berücksichtigen: 341
- wirtschaftliche Auswirkungen,
- Kosten für Überbrückungsmaßnahmen,
- Belastbarkeit des Betriebs.

118 *BAGE* 91, 271-282.
119 *BAG* NZA 2008, 593-595.
120 *BAG* NZA-RR 2008, 515-518.

342 Eine Abmahnung kommt hier hingegen nicht in Frage. Vor dem Hintergrund der Funktion der Abmahnung, ein Verhalten zu rügen und vor Konsequenzen zu warnen und anzudrohen, wird deutlich, dass diese kein geeignetes milderes Mittel im Verhältnis zur personenbedingten Kündigung sein kann. Denn der Arbeitnehmer kann keinen Einfluss auf das Vorliegen der Tatsachen nehmen, die zur Annahme eines Kündigungsgrundes führen.

(3) Betriebsbedingte Kündigung

PRÜFUNGSSCHEMA

343 **Voraussetzungen der betriebsbedingten Kündigung**

I. Freie unternehmerische Entscheidung,
die aufgrund einer Prognose im Zeitpunkt des Zugangs der Kündigungserklärung mit Ablauf der Kündigungsfrist zum Wegfall von Beschäftigungsbedarf führen wird

II. Fehlerfreie Sozialauswahl
Voraussetzungen des § 1 Abs. 3 KSchG Rn. 347 ff.

III. Dringende betriebliche Gründe

Die Kündigung ist nicht sozialwidrig, wenn sie durch betriebliche Erfordernisse, die einer Weiterbeschäftigung des Arbeitnehmers in diesem Betrieb entgegenstehen, bedingt ist, § 1 KSchG.

344 Erste Voraussetzung für eine betriebsbedingte Kündigung ist, dass der Arbeitgeber aufgrund innerbetrieblicher oder außerbetrieblicher Umstände eine **unternehmerische Entscheidung** für den Betrieb trifft.

Beispiel **Außerbetriebliche Umstände** sind z.B. Umsatzrückgang oder die Veränderung der Marktstruktur. Sie müssen sich unmittelbar auf den Betrieb des Arbeitgebers auswirken und dürfen nicht nur allgemein arbeitsmarkt-, beschäftigungs- oder sozialpolitischer Natur sein.

Als **innerbetriebliche Ursachen** werden Organisationsänderungen oder Rationalisierungsmaßnahmen angesehen.

345 Die unternehmerische Entscheidung unterliegt nur einer eingeschränkten gerichtlichen Kontrolle. Denn grundsätzlich besteht für den Arbeitgeber die Unternehmerfreiheit (Art. 12, 14 GG). Das Gericht überprüft die Entscheidung nur auf offenbare Unsachlichkeit, Willkür oder Unvernunft.

Beispiel Der Arbeitgeber muss, wenn die unternehmerische Entscheidung auf den Abbau einer Hierarchieebene oder die Streichung eines einzelnen Arbeitsplatzes hinausläuft und dies mit einer Umverteilung der dem betroffenen Arbeitnehmer bisher zugewiesenen Aufgaben verbunden ist, im Kündigungsschutzprozess genau darlegen, in welchem Umfang und aufgrund welcher Maßnahmen die bisher vom gekündigten Arbeitnehmer ausgeübten Tätigkeiten künftig für diesen entfallen. Nur dann kann nach Ansicht der Bundesarbeitsrichter das Vorhandensein betriebsbedingter Gründe geprüft werden. Außerdem muss der Arbeitgeber *„die Auswirkungen seiner unternehmerischen Vorgaben und Planungen auf das erwartete Arbeitsvolumen anhand einer schlüssigen Prognose im Einzelnen darstellen und angeben, wie die anfallenden Arbeiten vom verbliebenen Personal ohne überobligationsmäßige Leistungen, dh. im Rahmen ihrer vertraglich geschuldeten regelmäßigen wöchentlichen Arbeitszeit erledigt werden können."* Er kann sich also nicht darauf zurückziehen, dass das Gericht seine Entscheidung ohnehin nur beschränkt überprüfen darf. Vielmehr muss er genau darlegen und gegebenenfalls beweisen, dass er seine Entscheidung auf Überlegungen gestützt hat, die nicht auf Missbrauch seiner unternehmerischen Freiheit schließen lassen.[121] ■

Durch die unternehmerische Entscheidung muss der **Beschäftigungsbedarf** wegfallen. Maß- 346
geblich ist auch hier eine Prognose zum Zeitpunkt des Zugangs der Kündigung. Entscheidend ist, dass aufgrund einer Prognose zu diesem Datum feststand, dass der Arbeitsplatz mit Ablauf der Kündigungsfrist wegfallen wird.[122]

Es muss bzw. darf nicht demjenigen Arbeitnehmer gekündigt werden, der auf dem konkret 347
wegfallenden Arbeitsplatz eingesetzt ist. Gem. § 1 Abs. 3 S. 1 Hs. 1 KSchG muss die Auswahl des zu kündigenden Arbeitnehmers nach sozialen Gesichtspunkten erfolgen. Der Arbeitgeber muss eine fehlerfreie Sozialauswahl treffen. Die Sozialauswahl findet nur unter vergleichbaren Arbeitnehmern desselben Betriebs statt und kann nicht auf ein Betriebsteil beschränkt werden. Dabei sind die Arbeitnehmer vergleichbar, die austauschbar hinsichtlich der konkreten Tätigkeit sind. Ein Vergleich von Arbeitnehmern findet nur innerhalb derselben Ebene der Betriebshierarchie statt (**horizontale Vergleichbarkeit**[123]).

> **Austauschbarkeit** ist gegeben, wenn eine Versetzung des Arbeitnehmers kraft Direktionsrecht erfolgen kann, also ohne dass eine Änderung des Arbeitsvertrages vorgenommen werden müsste.

Dabei ist das jeweilige Anforderungsprofil des Arbeitsplatzes zu berücksichtigen und zu fragen, ob eine zeitnahe Ersetzbarkeit gegeben ist. Das wird dann zu verneinen sein, wenn der Betreffende eine nicht unerhebliche Einarbeitungszeit benötigen würde.

Nicht in die Sozialauswahl mit einzubeziehen sind nach § 1 Abs. 3 S. 2 KSchG ausnahmsweise 348
Arbeitnehmer, deren Weiterbeschäftigung, insbesondere wegen ihrer Kenntnisse, Fähigkeiten und Leistungen oder zur Sicherung einer ausgewogenen Personalstruktur des Betriebes, im berechtigten betrieblichen Interesse liegt. Unternehmen sind also nicht gezwungen, ihre Leistungsträger zu entlassen. Nicht mit einzubeziehen sind außerdem Arbeitnehmer, die unkündbar sind oder einem besonderen Kündigungsschutz unterfallen.

Ist die Gruppe der vergleichbaren Arbeitnehmer herausgearbeitet, so müssen die sie betref- 349
fenden Sozialkriterien korrekt gewichtet werden, § 1 Abs. 3 KSchG.

Die Sozialkriterien sind in § 1 Abs. 3 KSchG aufgezählt:

- Dauer der Betriebszugehörigkeit,
- Lebensalter,
- Unterhaltspflichten und
- Schwerbehinderung des Arbeitnehmers.

Der Arbeitgeber muss dabei alle Kriterien berücksichtigen.

In einem Tarifvertrag oder in einer Betriebsvereinbarung nach § 95 BetrVG oder in einer ent- 350
sprechenden Richtlinie nach den Personalvertretungsgesetzen kann festgelegt sein, wie die sozialen Gesichtspunkte im Verhältnis zueinander zu bewerten sind. In diesem Fall kann die Bewertung nur auf grobe Fehler überprüft werden, § 1 Abs. 4 KSchG. Ansonsten unterliegt die Sozialauswahl der vollen gerichtlichen Überprüfung.

121 *BAG* NZA 2012, 1223-1227.
122 *BAGE* 104, 138-152.
123 *BAG* NZA 1993, 795-798.

351 Die betriebliche Entscheidung muss **dringlich** sein, § 1 Abs. 2 S. 1 Alt. 3 KSchG. Die Kündigung muss daher unvermeidbare Folge betrieblicher Erfordernisse sein. Auch dieses Dringlichkeitserfordernis ist eine Ausprägung des „Ultima-Ratio-Prinzips". Das unternehmerische Vorhaben darf also nicht durch andere – für den Arbeitnehmer weniger einschneidende – Maßnahmen verwirklicht werden können. Ist eine andere Beschäftigung zu veränderten Arbeitsbedingungen möglich, so ist diese Option dem Arbeitnehmer vorrangig vorzuschlagen. Selbst wenn er das Angebot ablehnt, ist grundsätzlich eine entsprechende Änderungskündigung vorrangig. Etwas anderes gilt ausnahmsweise nur dann, wenn der Arbeitnehmer zuvor unmissverständlich, vorbehaltlos und endgültig die angebotene alternative Beschäftigung abgelehnt hat.

352 Unter mehreren anderweitigen Weiterbeschäftigungsmöglichkeiten muss dem Arbeitnehmer stets diejenige angeboten werden, die seinen bisherigen Arbeitsbedingungen am nächsten kommt (relativ milderes Mittel). Nur wenn die angebotenen Arbeitsbedingungen vom Arbeitnehmer billigerweise nicht hinzunehmen sind, darf von vornherein von einem Angebot abgesehen werden. Das wird z.B. in solchen Fällen angenommen, in denen die Berufsbilder stark auseinanderklaffen.

353 Im Falle der betriebsbedingten Kündigung kann der Arbeitnehmer unter den Voraussetzungen des § 1a Abs. 1 KSchG eine Abfindung verlangen:

Kündigt der Arbeitgeber wegen dringender betrieblicher Erfordernisse nach § 1 Abs. 2 Satz 1 und erhebt der Arbeitnehmer bis zum Ablauf der Frist des § 4 Satz 1 keine Klage auf Feststellung, dass das Arbeitsverhältnis durch die Kündigung nicht aufgelöst ist, hat der Arbeitnehmer mit dem Ablauf der Kündigungsfrist Anspruch auf eine Abfindung. Der Anspruch setzt den Hinweis des Arbeitgebers in der Kündigungserklärung voraus, dass die Kündigung auf dringende betriebliche Erfordernisse gestützt ist und der Arbeitnehmer bei Verstreichenlassen der Klagefrist die Abfindung beanspruchen kann.

cc) Kündigungsfrist

354 Gem. § 622 Abs. 1 BGB kann mit einer Frist von vier Wochen zum 15. Tag eines Kalendermonats oder zum Monatsende gekündigt werden. Diese Frist verlängert sich nach § 622 Abs. 2 BGB für eine vom Arbeitgeber ausgesprochene Kündigung je nach Beschäftigungsdauer des Arbeitnehmers nach seinem 25. Lebensjahr.

Beispiel Arbeitnehmer A ist gerade 29 Jahre alt geworden, arbeitet seit seinem 26. Geburtstag beim Arbeitgeber B. Sein Arbeitsverhältnis unterliegt einer einmonatigen Kündigungsfrist, § 622 Abs. 2 S. 1 Ziff. 1 BGB.

Seine Kollegin C ist genauso alt, arbeitet aber seit kurz vor ihrem 24. Geburtstag bei B. Auch sie hat nach dem Wortlaut des § 622 Abs. 2 S. 1 Ziff. 1 i.V.m. S. 2 BGB nur eine Kündigungsfrist von einem Monat. Denkt man Satz 2 der Norm weg, genießt C eine Kündigungsfrist von zwei Monaten. ■

Hinweis

Der EuGH hat mit Urteil vom 19.1.2010 klargestellt, dass § 622 Abs. 2 S. 2 BGB gegen das Verbot der Altersdiskriminierung verstößt.[124]

124 *EuGH* NZA 2010, 85-89.

§ 622 Abs. 3 BGB enthält eine Mindestkündigungsfrist von zwei Wochen während einer gesondert zu vereinbarenden Probezeit, die längstens von sechsmonatiger Dauer sein darf. 355

Unter den Voraussetzungen des § 622 Abs. 5 Nr. 1 BGB kann einzelvertraglich eine kürzere als die in Absatz 1 genannte Kündigungsfrist vereinbart werden. Im Übrigen haben es nur die Tarifparteien in der Hand, die Fristen zu verkürzen, § 622 Abs. 4 S. 1 BGB. 356

h) Die außerordentliche Kündigung, § 626 BGB

Eine **außerordentliche Kündigung** bedarf gem. § 626 Abs. 1 BGB eines wichtigen Grundes zur Wirksamkeit. Die Prüfung des „wichtigen Grundes" erfolgt auf zwei Stufen. 357

Zunächst ist zu klären, ob ein bestimmter Sachverhalt **an sich** geeignet ist, einen wichtigen Kündigungsgrund abzugeben. 358

Beispiel Dies ist grundsätzlich der Fall bei Straftaten gegen den Arbeitgeber, bei wiederholtem unentschuldigtem Fernbleiben, bei groben Beleidigungen gegenüber Kunden. ■

JURIQ-Klausurtipp

Immer häufiger werden Äußerungen in sog. „Social Media" zum Gegenstand arbeitsrechtlicher Streitigkeiten. Das LAG Hamm hat mit (rechtskräftigem) Urteil vom 10.10.2012[125] die Kündigung eines Ausbildungsverhältnisses aufgrund von Eintragungen des Azubis in Facebook gebilligt. Der Beklagte betreibt ein Unternehmen für Internetdienstleistungen, das u.a. im Kundenauftrag Profile für Facebook erstellt und bildete den Kläger als Mediengestalter Digital und Print aus. Es werden bei dem Beklagten regelmäßig weniger als zehn Mitarbeiter beschäftigt. In sein privates Facebook-Profil hatte der Kläger bei der Rubrik Arbeitgeber „menschenschinder & ausbeuter / Leibeigener Bochum / daemliche scheisse fuer mindestlohn – 20 % erledigen" eingetragen. Der Beklagte sprach deswegen die fristlose Kündigung aus. Der Kläger obsiegte vorm Arbeitsgericht, die Berufung des Beklagten hatte vorm LAG Hamm Erfolg. Die Landesarbeitsrichter sahen in der Äußerung des Klägers einen wichtigen Grund, der die außerordentliche Kündigung rechtfertigt i.S.d. § 22 Abs. 2 Nr. 1 BBiG. Der Kläger sei gem. § 241 Abs. 2 BGB i.V.m. § 10 Abs. 2 BBiG zur Rücksichtnahme auf die Rechte, Rechtsgüter und Interessen des anderen Vertragsteils verpflichtet gewesen, mithin zur Rücksichtnahme auf die geschäftlichen Interessen des Beklagten. Dagegen habe er verstoßen, als er die massiv ehrverletzenden Äußerungen eingetragen habe. Das Recht des Klägers, seine Meinung über seinen Arbeitgeber zu äußern, müsse hinter dem Recht des Beklagten, nicht in einem öffentlich zugänglichen Forum pauschal diffamiert zu werden, zurücktreten, so die Richter. Dem Kläger half auch das Argument nicht, dass nicht erkennbar gewesen sei, dass sich die Eintragungen auf den aktuellen Arbeitgeber bezögen. Freunde und Dritte hätten gewusst, wer gemeint ist. Auch die Geschäftspartner des Beklagten hätten die Möglichkeit gehabt, die Eintragungen zu erkennen, da *„diese regelmäßig über ihren geschäftlichen Kontakt nach aller Lebenserfahrung im Laufe der Zeit den Kläger zuordnen können, ohne dass es darauf ankommt, ob eine solche Zuordnung durch Angaben auf der Geschäftsseite des Beklagten ermöglicht wird."*

Kann diese Frage bejaht werden, so ist auf der zweiten Stufe zu überprüfen, ob die Fortführung des Arbeitsverhältnisses „unter Berücksichtigung der konkreten Umstände des Einzelfal- 359

125 *LAG Hamm* RDV 2013, 47-50.

les und unter Abwägung der Interessen beider Vertragsteile zumutbar ist oder nicht", § 626 BGB. Das Vorliegen eines wichtigen Grundes bestimmt sich nach objektiven Kriterien. Maßgeblicher Zeitpunkt ist der Zugang der Kündigungserklärung. Im Falle einer Vertragsverletzung ist hier ausschlaggebend, ob aufgrund der vergangenen oder gegenwärtigen Ereignisse künftige Auswirkungen auf das Arbeitsverhältnis bestehen (Prognoseprinzip), da die außerordentliche Kündigung ebenso wenig wie die Verhaltensbedingte vergangenes Missverhalten maßregeln will.

360 Die Kündigung muss **„ultima ratio"** sein. Der Zweck der Kündigung darf nicht durch ein weniger einschneidendes Mittel – etwa eine Abmahnung oder die ordentliche Kündigung – erreichbar sein.

361 Ist die Abmahnung wegen der Schwere der Pflichtverletzung entbehrlich, so wird in vielen Fällen auch ein wichtiger Grund zu bejahen sein.

362 Eine danach anzustellende **Interessenabwägung** muss zu dem Ergebnis kommen, dass eine Unzumutbarkeit der Fortsetzung des Arbeitsverhältnisses gegeben ist. Ob ein derart dringendes Beendigungsinteresse gegeben ist, hängt im Einzelfall auch von der vertraglich vereinbarten Kündigungsmöglichkeit (z.B. ordentliche Kündigung ausgeschlossen), von der Art und Schwere der Störung, den Folgen, dem Grad des Verschuldens, der Dauer der Betriebszugehörigkeit und einem störungsfreien Verlauf ab.

363 Die Frist für die Ausübung der Kündigung beträgt gemäß § 626 Abs. 2 S. 1 BGB zwei Wochen. Die Kündigungserklärung muss innerhalb dieser Frist zugehen. Sinn und Zweck dieser Regelung ist, dem Arbeitnehmer Klarheit zu verschaffen, ob der Arbeitgeber den Vorfall als Anlass für eine außerordentliche Kündigung sieht. Die Frist beginnt nach § 626 Abs. 1 S. 2 BGB mit dem Zeitpunkt, in dem der Kündigungsberechtigte von den für die Kündigung maßgebenden Tatsachen Kenntnis erlangt.

Maßgeblich ist eine sichere und vollständige Kenntnis des Kündigungsberechtigten oder dessen Vertreters. Bei Dauertatbeständen beginnt die Frist mit der Kenntnisnahme des letzten Vorfalls. Die Frist verlängert sich nicht um die Dauer der Betriebsratsanhörung.

Hinweis

Im Falle der außerordentlichen Kündigung ist für die Anhörung des Betriebsrates § 102 Abs. 2 S. 3 BetrVG einschlägig. Der Betriebsrat hat danach Bedenken spätestens binnen drei Tagen schriftlich mitzuteilen.

364 In der Kündigung ist die Angabe von Kündigungsgründen nicht erforderlich. Auf Verlangen des Arbeitnehmers hin muss der Arbeitgeber aber den Kündigungsgrund unverzüglich schriftlich mitteilen, § 626 Abs. 2 S. 3 BGB.

i) Änderungskündigung

365 Eine **Änderungskündigung** liegt vor, wenn das bisherige Arbeitsverhältnis gekündigt wird und zugleich die Fortsetzung des Arbeitsverhältnisses zu geänderten Bedingungen angeboten wird (vgl. § 2 KSchG).

Als Instrument kommt die Änderungskündigung insbesondere dann in Betracht, wenn eine Änderung der Arbeitsbedingungen, die nicht dem einseitigen Direktionsrecht des Arbeitgebers unterliegen (vgl. § 106 GewO), beabsichtigt ist. Der Arbeitnehmer kann das Angebot der Fortsetzung des Arbeitsverhältnisses zu geänderten Bedingungen nach § 2 KSchG auch unter dem Vorbehalt annehmen, dass die Änderung der Arbeitsbedingungen nicht sozial ungerechtfertigt ist. In dem Fall muss der Arbeitnehmer den Vorbehalt spätestens drei Wochen nach Zugang der Kündigung bzw. bei kürzerer Kündigungsfrist bis zum Ablauf derselben gegenüber dem Arbeitgeber erklären, § 2 S. 2 KSchG, und binnen drei Wochen Klage zum Arbeitsgericht erheben, § 4 S. 2 KSchG.

Beispiel Der Arbeitgeber A erklärt dem Arbeitnehmer B am Mittwoch, 7.8.2013, die Kündigung seines Vollzeitjobs zum 30.9.2013 und bietet gleichzeitig die Weiterbeschäftigung auf Teilzeitbasis ab dem 1.10.2013 an. B kann sich bis Mittwoch, 28.8.2013, entscheiden, ob er Kündigungsschutzklage erhebt und seinen alten Job unbedingt verteidigt, die Änderungskündigung kampflos hinnimmt oder die reduzierte Arbeitszeit zunächst akzeptiert, aber gleichzeitig das Arbeitsgericht anruft, um feststellen zu lassen, dass die Kündigung unwirksam ist. Letzteres muss er spätestens an diesem Tag dem Arbeitgeber mitteilen und Klage erheben. ■

j) Verdachtskündigung

Beispiel In dem Büro des Arbeitgebers B verschwinden seit einiger Zeit persönliche Dinge der Arbeitnehmer. Mitarbeiter A teilt dem B mit, dass er Kollegin C beobachtet habe, wie sie den Geldbeutel des D aus dessen Schreibtisch stahl. B, der schon von einigen Mitarbeitern erzählt bekommen hat, dass sie die C verdächtigen, fordert C zur Stellungnahme auf. Sie sagt nichts zu den Vorwürfen. Es gibt keine Anhaltspunkte dafür, dass die Kollegen die C aus anderen Motiven heraus unberechtigt verdächtigen würden. Auch A hat glaubhaft das von ihm Gesehene dargestellt. B spricht am nächsten Tag die fristlose Kündigung aus. ■ **366**

Eine besondere Kündigungsform ist die **Verdachtskündigung**. Grundsätzlich vermag der bloße Verdacht eines Fehlverhaltens keinen verhaltensbedingten Kündigungsgrund zu rechtfertigen. Das BAG lässt eine Verdachtskündigung jedoch unter strengen Anforderungen zu.[126] Anknüpfungspunkt für den Verdacht müssen objektive Umstände sein, die einen verständig und gerecht abwägenden Arbeitgeber zur Erklärung der Kündigung veranlassen.[126]

Weiter müssen für die Zukunft aller Wahrscheinlichkeit nach Auswirkungen auf den Betrieb vorausgesehen werden können **(negative Zukunftsprognose)**. **367**

Die Verdachtsmomente müssen zu einer erheblichen Störung im Vertrauensbereich führen und betriebliche Interessen des Arbeitgebers erheblich beeinträchtigen. **368**

Der Verdacht muss zudem **dringend** sein, d.h. mit hoher Wahrscheinlichkeit der Realität entsprechen. **369**

Weiter ist auch hier im Rahmen der Verhältnismäßigkeitsprüfung zu fordern, dass die Kündigung nicht anders abwendbar ist, sie kommt also nur **ultima-ratio** in Betracht. Daher muss der Arbeitgeber vor Ausspruch der Kündigung versuchen, den Sachverhalt mit sämtlichen **370**

126 *BAG* NZA 2005, 1056-1059.

ihm zumutbaren Mitteln aufzuklären.[127] Der Arbeitgeber muss dem Arbeitnehmer den konkreten Verdacht nennen und ihm Gelegenheit geben, sich dazu zu äußern.

371 Im Anschluss daran muss auch hier das Interesse des Arbeitgebers an der Beendigung der Zusammenarbeit das des Arbeitnehmers am Fortbestand des Arbeitsverhältnisses überwiegen, also eine Interessenabwägung erfolgen.

Beispiel Arbeitnehmerin C aus obigem Beispiel wird sich nicht mit Erfolg gegen die Kündigung wehren können. B hat alles Erforderliche zur Aufklärung getan. Der Verdacht gegen C hat sich nicht abgeschwächt. ■

372 Stellt sich der Verdacht im Nachhinein als unbegründet dar, ist ein Wiedereinstellungsanspruch des Arbeitnehmers anerkannt.[128]

k) Druckkündigung

373 Mit einer Druckkündigung kann das Arbeitsverhältnis beendet werden, wenn Dritte einen nicht unerheblichen Druck auf den Arbeitgeber hinsichtlich der Entlassung eines bestimmten Arbeitnehmers ausüben. Der Anstoß geht also nicht vom Arbeitgeber selbst aus. Dieser muss aber alles Erforderliche tun, um der Kündigung zu entgehen, z.B. vermittelnde Gespräche führen oder auch Umsetzungen vornehmen. Dritte können unter anderem andere Arbeitnehmer und Kunden sein, die den Arbeitgeber unter Androhung von Sanktionen, Kündigung, Auftragsentzug usw. in Zugzwang bringen.[129]

Beispiel Arbeitnehmer A war zuvor beim Konkurrenten von Arbeitgeber B beschäftigt. Nachdem er dort negativ aufgefallen war – er hatte Gelder des Kunden K unterschlagen –, wurde ihm wirksam gekündigt. A arbeitet nun seit zwei Jahren beanstandungsfrei bei B. Dieser hat gerade erfreulicherweise den Kunden K für sich gewinnen können. A ist zuständig für die Zusammenarbeit mit K. K wehrt sich jedoch energisch dagegen und droht dem B an, die Aufträge wieder abzuziehen, wenn A nicht gekündigt werde. Ein anderer Arbeitnehmer steht für die Bearbeitung der Angelegenheiten von K nicht zur Verfügung. ■

l) Kündigungsschutz im Kleinbetrieb

374 Außerhalb des Kündigungsschutzgesetzes gilt ein eingeschränkter Kündigungsschutz nach den allgemeinen zivilrechtlichen Generalklauseln.

Als Unwirksamkeitsgründe einer Kündigung kommen in Betracht
- Verstoß gegen ein gesetzliches Verbot, § 134 BGB
- Sittenwidrigkeit, § 138 BGB
- Verstoß gegen Treu und Glauben, § 242 BGB

375 Unter diesem Gesichtspunkt wurde von der Rechtsprechung etwa eine Kündigung, die auf willkürlichen oder sachfremden Erwägungen beruht,[130] eine Kündigung in ehrverletzender Form oder eine Kündigung zur Unzeit[131] geprüft.

---

127 Vgl. *Lieb/Jacobs* ArbR § 4 Abs. 3 Rn. 378.
128 *Lieb/Jacobs* ArbR § 4 Abs. 2 Rn. 352.
129 Zu den näheren Voraussetzungen siehe *BAG* NZA 1987, 21-23.
130 *BAGE* 77, 128-137.
131 *BAGE* 97, 294-300.

m) Der besondere Kündigungsschutz

Bestimmte Personengruppen können sich auf einen besonderen gesetzlichen Kündigungs- 376
schutz zurückziehen. Greifen die nachfolgend genannten Schutznormen ein, ist die ausgesprochene Kündigung gemäß § 134 BGB unwirksam.

aa) Schwerbehinderte Menschen

» Schlagen Sie jeweils die Ihnen wahrscheinlich noch unbekannten Paragrafen des SGB IX, MuSchG, BEEG, KSchG und BDSG nach, um den nachfolgenden Erläuterungen folgen zu können. «

Schwerbehinderte Menschen können gem. § 85 SGB IX nur dann gekündigt werden, wenn 377
der Arbeitgeber die Zustimmung des Integrationsamtes vor Ausspruch der Kündigung eingeholt hat. Dieser besondere Kündigungsschutz gilt für jede Form der Kündigung, gem. § 91 Abs. 1 SGB IX auch für die außerordentliche Kündigung.

§ 2 Abs. 2 SGB IX bestimmt, wer als schwerbehindert i.S.d. SGB IX zählt. Demnach sind Men- 378
schen **schwerbehindert**, wenn bei ihnen ein Grad der Behinderung von wenigstens 50 vorliegt und sie im Geltungsbereich des deutschen Sozialgesetzbuchs wohnen oder arbeiten.

Der besondere Kündigungsschutz gilt gem. § 68 Abs. 1 SGB IX nicht nur für schwerbehinderte 379
Menschen, sondern auch für Personen, die i.S.d. § 2 Abs. 3 SGB IX einem schwerbehinderten Menschen gleichgestellt sind. Die Bundesagentur für Arbeit stellt behinderte Menschen den schwerbehinderten Menschen gleich, wenn sie einen Grad der Behinderung zwischen 30 und 50 haben, im Geltungsbereich des SGB IX wohnen oder arbeiten und wenn sie infolge ihrer Behinderung ohne die Gleichstellung einen geeigneten Arbeitsplatz im Sinne des § 73 nicht erlangen oder nicht behalten können **(gleichgestellte behinderte Menschen)**.

bb) Mutterschutz

Besonders vor Kündigungen geschützt sind auch Frauen während der Schwangerschaft und 380
in den ersten vier Monaten nach der Entbindung, § 9 MuSchG.

Voraussetzung ist, dass dem Arbeitgeber im Zeitpunkt der Kündigung die Schwangerschaft 381
oder die Entbindung bekannt gewesen ist oder ihm dies innerhalb von zwei Wochen nach Zugang der Kündigung mitgeteilt wird. Eine Versäumung der 2-Wochen-Frist ist unschädlich, wenn sie auf einem von der Frau nicht zu vertretenden Grund beruht und die Mitteilung unverzüglich nachgeholt wird. Dies kann zum Beispiel der Fall sein, wenn sie selbst erst drei Wochen nach Ausspruch der Kündigung von ihrer Schwangerschaft erfährt.

Der Arbeitgeber kann die besonders geschützte Arbeitnehmerin wirksam kündigen, wenn er 382
eine Zustimmung der für den Arbeitsschutz zuständigen obersten Landesbehörde gem. § 9 Abs. 3 MuSchG erhalten hat. Die Behörde kann nach dieser Vorschrift aus besonderen Gründen, die nicht mit dem Zustand einer Frau während der Schwangerschaft zusammenhängen, ausnahmsweise die Kündigung für zulässig erklären.

cc) Arbeitnehmer in Elternzeit

Arbeitnehmer, die sich in der Elternzeit befinden, unterliegen besonderem Kündigungsschutz 383
gem. § 18 des Gesetzes zum Elterngeld und Elternzeit (BEEG). Der Arbeitgeber darf das Arbeitsverhältnis ab dem Zeitpunkt, von dem an Elternzeit verlangt worden ist, höchstens jedoch acht Wochen vor Beginn der Elternzeit, und während der Elternzeit nicht kündigen.

384 Auch hier kann die für den Arbeitsschutz zuständige oberste Landesbehörde ausnahmsweise eine Kündigung für zulässig erklären. Der Kündigungsschutz gilt auch, wenn der Arbeitnehmer während der Elternzeit bei seinem Arbeitgeber Teilzeitarbeit leistet, § 18 Abs. 2 BEEG.

dd) Der Datenschutzbeauftragte

385 § 4f Abs. 3 BDSG garantiert einen besonderen Kündigungsschutz für den Beauftragten für den Datenschutz.

§ 4f Abs. 3 BDSG lautet wie folgt:

„...Ist nach Absatz 1 ein Beauftragter für den Datenschutz zu bestellen, so ist die Kündigung des Arbeitsverhältnisses unzulässig, es sei denn, dass Tatsachen vorliegen, welche die verantwortliche Stelle zur Kündigung aus wichtigem Grund ohne Einhaltung einer Kündigungsfrist berechtigen. Nach der Abberufung als Beauftragter für den Datenschutz ist die Kündigung innerhalb eines Jahres nach der Beendigung der Bestellung unzulässig, es sei denn, dass die verantwortliche Stelle zur Kündigung aus wichtigem Grund ohne Einhaltung einer Kündigungsfrist berechtigt ist. ...“.

386 Der Datenschutzbeauftragte eines Betriebes kann also nur aus wichtigem Grund (=außerordentlich) gekündigt werden.

Hinweis

Zu beachten ist auch, dass der in § 4f Abs. 3 BDSG geregelte Kündigungsschutz nicht mit Ende der Tätigkeit (nach Abberufung) als Datenschutzbeauftragter aufhört. Der Kündigungsschutz wirkt ein weiteres Jahr fort.

ee) Mitglieder und Wahlbewerber der Betriebsverfassungsorgane

387 § 15 KSchG gewährleistet besonderen Kündigungsschutz für den Betriebsrat, andere Interessenvertreter, Wahlbewerber und Wahlvorstand.

388 § 15 Abs. 1 KSchG sieht den Ausschluss der ordentlichen Kündigung eines Mitglieds eines Betriebsrats, einer Jugend- und Auszubildendenvertretung, einer Bordvertretung oder eines Seebetriebsrats vor. Eine außerordentliche Kündigung ist nur mit Zustimmung des Betriebsrats gem. § 103 BetrVG möglich. Gem. § 15 Abs. 2 KSchG wirkt dieser Schutz noch ein Jahr (im Falle der Bordvertretung ein halbes Jahr) nach Beendigung des Amtes nach. Er ist aber in dieser Phase insoweit gelockert, als eine Zustimmung des Betriebsrats nach § 103 BetrVG nicht mehr notwendig ist. Hier braucht es also im Normalfall „nur“ eines wichtigen Grundes i.S.d. § 626 BGB und einer ordnungsgemäßen Anhörung des Betriebsrats. Eine Ausnahme vom Erfordernis des wichtigen Grundes sieht § 15 Abs. 1 a.E. KSchG vor. Demnach kann auch ordentlich gekündigt werden, wenn die Beendigung der Mitgliedschaft auf einer gerichtlichen Entscheidung beruht.

389 § 15 Abs. 2 KSchG bezieht sich auf Mitglieder öffentlich-rechtlicher Interessenvertretungen und sieht für diese den gleichen Schutz vor wie den oben beschriebenen für die Mitglieder der Gremien des Privatrechts.

390 Besonders geschützt vor Kündigungen sind auch der Wahlvorstand und Wahlbewerber, vgl. dazu § 15 Abs. 3 und 4 KSchG.

ff) Pflegende nach dem FPfZG

Zum 1.1.2012 trat das so genannte Familienpflegezeitgesetz (FPfZG) in Kraft (nicht mit dem Pflegezeitgesetz -PflegeZG- verwechseln!). In seinem § 9 unter der Überschrift „Arbeitsrechtliche Regelungen" findet sich im dritten Absatz eine Regelung zum Sonderkündigungsschutz. Demnach darf der Arbeitgeber das Beschäftigungsverhältnis während der Inanspruchnahme der Familienpflegezeit und der Nachpflegephase nicht kündigen. Eine Kündigung ist jedoch unter den z.B. aus dem Mutterschutzgesetz bekannten Voraussetzungen zulässig. Der Arbeitgeber muss also eine entsprechende Zustimmung der zuständigen Behörde (variiert nach Bundesland) einholen. 391

gg) Kündigungsschutz nach dem Arbeitsplatzschutzgesetz

Aufgrund der vorläufigen Aussetzung der Wehrpflicht dürfte die Vorschrift des § 2 ArbplSchG zwar an praktischer Relevanz verloren haben, soll aber dennoch nicht unerwähnt bleiben. Nach Abs. 1 der Norm besteht ein besonderer Kündigungsschutz von der Zustellung des Einberufungsbescheides an bis zur Beendigung des Grundwehrdienstes. Außerdem ist dem Arbeitgeber die Kündigung während einer Wehrübung untersagt. Abs. 2 der Vorschrift verbietet zudem eine Kündigung „aus Anlass" des Wehrdienstes. 392

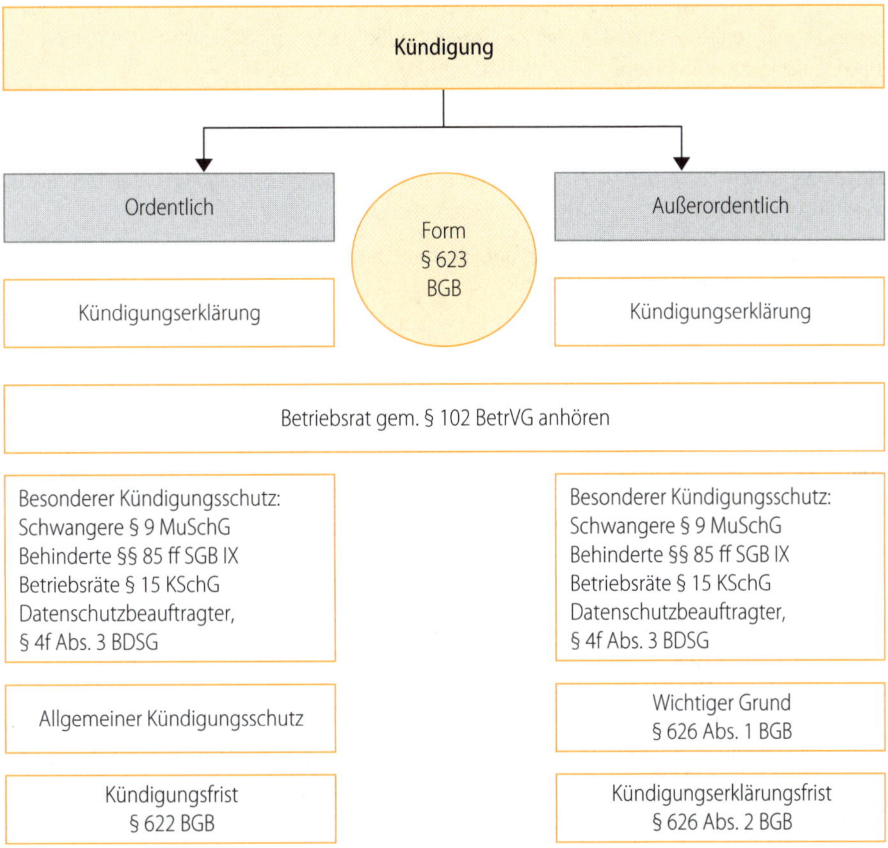

3. Übungsfall Nr. 5

393 „Der alkoholabhängige Angestellte"

Der alkoholabhängige A ist seit 22 Jahren im Unternehmen des B angestellt. A arbeitete zunächst jahrelang als Elektriker. Nachdem B feststellen musste, dass A öfter angetrunken auf der Arbeit erschien und sich auch nach mehreren Abmahnungen nichts veränderte, setzte er den A mit seinem Einverständnis auf einer weniger anspruchsvollen Stelle als Entascher ein. Dort war die Aufgabe des A, die Kesselanlagen zu kontrollieren und bei Bedarf die Asche und Schlacke daraus zu entfernen.

Nach wenigen Wochen auf der neuen Stelle fiel A wieder durch starken Alkoholeinfluss auf. Der B erkannte, dass A in alkoholisiertem Zustand seiner Arbeit nicht nachkommen konnte. Es bestand die Gefahr, dass A sich beim Entaschen selbst verletzt oder, wenn er die Notwendigkeit einer Leerung der Kessel nicht erkennt, die Anlage Schaden nimmt. Die Versetzung auf eine andere Stelle kam mangels Bedarfs nicht in Betracht. Zudem führte die ständige Alkoholisierung des A zu häufigen Fehlzeiten. Denn A wurde jedes Mal, wenn er betrunken auf der Arbeit erschien, von B heimgeschickt und fehlte anschließend einige Tage lang. So kamen im Jahr etwa 10 Wochen der Arbeitsunfähigkeit zusammen.

B bot dem A an, in der unternehmensinternen Sozialstelle eine Therapie zu machen. Dies lehnte A vehement ab. Trotz einer neuerlichen, sehr eindeutigen Abmahnung erschien A kurz darauf wieder betrunken zur Arbeit. Dies veranlasste B zur ordentlichen Kündigung unter Freistellung von der Arbeitsleistung bis zum Ablauf der Kündigungsfrist.

A legte fristgerecht Kündigungsschutzklage ein und begab sich in eine Entzugsklinik, wo er erfolgreich therapiert wurde.

Unterstellt, das Kündigungsschutzgesetz findet auf den Betrieb Anwendung: Ist die Kündigung sozial gerechtfertigt?

394 **Lösung**

I. Verhaltensbedingte Gründe i.S.d. § 1 Abs. 2 Alt. 2 KSchG

Die Kündigung des B könnte aus verhaltensbedingten Gründen i.S.d. § 1 Abs. 2 Alt. 2 KSchG gerechtfertigt sein. Dann müsste ein steuerbares Verhalten des A vorgelegen haben, da nur dann eine Kündigung aus verhaltensbedingten Gründen in Frage kommt. A konnte seiner Tätigkeit wegen seiner Sucht nicht ordnungsgemäß nachkommen. Sein Verhalten ist nach der Rechtsprechung nicht als steuerbar anzusehen, da suchtbedingte Handlungen nicht beeinflussbar seien. Eine verhaltensbedingte Kündigung scheidet aus.

II. Personenbedingte Kündigung i.S.d. § 1 Abs. 2 Alt. 1 KSchG

Es könnte eine wirksame personenbedingte Kündigung vorliegen. Dazu müssten Gründe, die in der Person des A liegen, den B zur Kündigung gebracht haben. Hier könnte eine krankheitsbedingte Rechtfertigung der Kündigung gegeben sein. Dazu müsste zunächst eine Erkrankung des A vorliegen. Nach ständiger Rechtsprechung des BAG ist die Alkoholsucht als eine Krankheit im medizinischen Sinne und damit als Erkrankung im Sinne des Kündigungsschutzrechts zu werten. Da A unbestritten alkoholabhängig ist, ist zu prüfen, ob die Voraussetzungen für eine solche krankheitsbedingte Kündigung erfüllt sind. Es bedarf einer dreistufigen Prüfung: Es muss eine negative Gesundheitsprognose vorliegen, die prognostizierten Fehlzeiten müssen betriebliche Interessen erheblich beeinträchtigen und eine umfassende Interessenabwägung muss ergeben, dass diese Beeinträchtigung zu einer unzumutbaren Belastung des Arbeitgebers führt.

1. Gesundheitsprognose

Hat ein Arbeitnehmer aufgrund seiner Alkoholsucht bereits erhebliche Fehlzeiten vorzuweisen und ist nicht erkennbar, dass er die Krankheit bekämpft, so kann davon ausgegangen werden, dass auch künftig ein nicht unerheblicher Arbeitsausfall zu verzeichnen sein wird. Daher darf hier angenommen werden, dass der Blick auf die Vergangenheit eine negative Prognose zulässt. Etwas anderes könnte sich aus der Tatsache ergeben, dass A nunmehr erfolgreich therapiert und „trocken" ist. Dies zeigt, dass künftig doch nicht mit weiteren suchtbedingten Fehlzeiten zu rechnen ist. Hier ist aber fraglich, wie es sich auswirkt, dass A erst nach Ausspruch der Kündigung reagiert und eine medizinische Maßnahme ergriffen hat. Wie der Begriff „Prognose" schon sagt, muss zu einem bestimmten Zeitpunkt vorausgesagt werden, wie sich die Sachlage in Zukunft entwickeln wird. Hier ist allein maßgeblicher Zeitpunkt für diese Prüfung der des Kündigungsausspruchs. Es müssen zu dieser Zeit objektive Anhaltspunkte dafür vorliegen, dass sich die Situation nicht bessern wird. Dies ist hier gegeben. Als B die Kündigung aussprach, durfte er davon ausgehen, dass mangels der Bereitschaft des A zu einer Therapie dieser weiter machen wird wie bisher. Dass der Zugang der Kündigung den A scheinbar wachgerüttelt und zur Besserung bewegt hat, ist unerheblich für die Richtigkeit der Prognose aus Arbeitgebersicht im April des fraglichen Jahres. Die Prognose des B demnach ist nicht zu beanstanden.

2. Erhebliche Beeinträchtigung betrieblicher Interessen

Zu prüfen ist, ob die Erkrankung des A im Betrieb des B erhebliche Beeinträchtigungen hervorruft. Dies ist unter anderem der Fall, wenn aufgrund der Fehlzeiten oder weiterer Umstände der Betriebsablauf gestört wird oder der Arbeitgeber erhebliche Entgeltfortzahlung zu leisten hat.[132] Hier ist A häufig arbeitsunfähig, sodass der B über sechs Wochen im Jahr Entgeltfortzahlung zu leisten hat. Wesentlicher dürfte hier aber sein, dass A für die Betriebsmittel des B und für sich selbst eine Gefahr darstellt. Wie dem Sachverhalt zu entnehmen ist, können an den Anlagen des B Schäden entstehen, wenn der zuständige Entascher nicht sorgfältig arbeitet. Dieses erhebliche Sicherheitsrisiko muss der B nicht hinnehmen, es beeinträchtigt ihn erheblich in seinen betrieblichen Interessen. Das Problem kann auch nicht durch nochmalige Versetzung behoben werden, da laut Sachverhalt keine anderen Stellen frei sind.

3. Interessenabwägung

An dieser Stelle ist die erhebliche Beeinträchtigung der Arbeitgeberinteressen den Interessen des Arbeitnehmers gegenüberzustellen. Der B hat hier dem A über längere Zeit hinweg durch Abmahnungen und Versetzung zu verstehen gegeben, dass der A nicht weiter beschäftigt werden kann, wenn er nicht etwas gegen seine Sucht unternimmt. Darüber hinaus hat A sogar eine Therapie angeboten bekommen, dies aber abgelehnt. Mehr als die Bereitstellung einer sozialtherapeutischen Einrichtung kann von einem Arbeitgeber nicht verlangt werden.[133] Der A hingegen hat während des Arbeitsverhältnisses nicht erkennen lassen, dass er seine Krankheit und die damit verbundenen Umstände Ernst nimmt oder dagegen vorgehen will. Für ihn spricht lediglich die lange Betriebszugehörigkeit. Dies kann aber nach den dargestellten Bemühungen des B nicht dessen Interesse an einer Beendigung des Arbeitsverhältnisses überwiegen.

Ergebnis

Die Kündigung ist sozial gerechtfertigt.

---

132 *BAGE* 93, 255-266.
133 *BAG* NZA 87, 182 ff.

D. Der Betriebsübergang, § 613a BGB

I. Überblick

» § 613a BGB bitte zuerst Wort für Wort durchlesen! «

395 § 613a BGB enthält Regelungen für den Fall, dass ein Betrieb oder Betriebsteil vom Arbeitgeber auf eine andere Person übertragen wird. Die Vorschrift stellt sicher, dass beim rechtsgeschäftlichen Übergang eines Betriebs(-teils) der Arbeitnehmer nicht über Gebühr benachteiligt wird. Denn die Norm ordnet an, dass das gesamte Arbeitsverhältnis inklusive aller Rechten und Pflichten auf den neuen Inhaber zwingend übergeht (§ 613a Abs. 1 S. 1 BGB). Dadurch wird gewährleistet, dass Arbeitgeber bei Verkauf des Betriebs oder sonstigen strukturellen Änderungen nicht die Gelegenheit nutzen, um Mitarbeiter schlechter zu stellen und sich somit auf deren Kosten einen Vorteil verschaffen (**„Besitzstandswahrung“**[134]). Die Vorschrift bildet damit eine Ausnahme zum Grundsatz des § 613 S. 2 BGB, wonach der Dienstberechtigte seinen Anspruch „im Zweifel“ nicht auf einen anderen überleiten darf, ohne dass der Vertragspartner damit einverstanden ist.

II. Voraussetzungen für die Anwendbarkeit des § 613a BGB

396 Das Arbeitsverhältnis der betroffenen Arbeitnehmer geht nach der Vorschrift des § 613a BGB nur über, wenn folgende Bedingungen erfüllt sind:

PRÜFUNGSSCHEMA

Betriebsübergang gem. § 613a BGB

I. Voraussetzungen des § 613a Abs. 1 S. 1 BGB
- 1. Übergang eines Betriebs- oder Betriebsteils
  - a) Betriebs(-teil)
    - Betriebsbegriff Rn. 397
  - b) Übergang
  - c) auf einen anderen Inhaber
- 2. durch Rechtsgeschäft
  - Vertrag mit unbeteiligten Dritten Rn. 405

II. Fehlender Widerspruch des Arbeitnehmers, § 613a Abs. 6 BGB

JURIQ-Klausurtipp

Lernen Sie dieses Schema nicht auswendig! Damit belasten Sie ihr Gedächtnis nicht unnötig mit Stoff. Denn: Die Voraussetzungen ergeben sich ohne Weiteres aus § 613a BGB. Viel wichtiger ist die Kenntnis der hinter den Voraussetzungen stehenden Begriffe, die im Folgenden kurz erläutert werden.

134 *BAGE* 98, 224-234.

1. Übergang eines Betriebs(-teils)

a) Betriebs(-teil)

Die Vorschrift des § 613a BGB beruht maßgeblich auf europäischem Recht, weswegen nicht ohne Weiteres die Begriffe des deutschen Arbeitsrechts übernommen werden können. Die einschlägige Richtlinie 01/23/EG sieht den Übergang einer **397**

ihre Identität bewahrenden wirtschaftlichen Einheit im Sinne einer organisierten Zusammenfassung von Ressourcen [Hilfsmitteln] zur Verfolgung einer wirtschaftlichen Haupt- oder Nebentätigkeit

vor.

Der EuGH hat zur Prüfung, ob eine wirtschaftliche Einheit im Sinne der Richtlinie vorliegt, folgende Liste von maßgeblichen Faktoren entwickelt:[135] **398**

- Art des betroffenen Unternehmens/Betriebs,
- Übergang materieller Betriebsmittel,
- Wert immaterieller Aktiva,
- Übernahme der Hauptbelegschaft,
- Übergang der Kundschaft,
- Ähnlichkeit der vorher und nachher verrichteten Tätigkeiten in dem Betrieb,
- Dauer einer Unterbrechung dieser Tätigkeit.

Diese Aufstellung darf nicht als Checkliste verstanden werden, wonach ein Betrieb i.S.d. § 613a Abs. 1 S. 1 BGB übergegangen ist, wenn mehr als x Punkte bejaht wurden. Im Gegenteil, es ist eine wertende Gesamtbetrachtung[136] notwendig, bei der die vorstehenden und weitere Aspekte des Einzelfalls beachtet werden müssen. **399**

Eine kleine Hilfestellung bei der Entscheidung lässt sich den BAG-Urteilen vom 18.3.1999[137] und vom 6.4.2006[138] entnehmen: Das BAG hat entschieden, dass in Branchen, bei denen es hauptsächlich auf die **menschliche Arbeitskraft** ankommt, die „Übernahme einer organisierten Gesamtheit von Arbeitnehmern" ein starkes Indiz für das Vorliegen eines Übergangs i.S.d. § 613a BGB gegeben ist. Als Standardbeispiel für eine von Arbeitskraft geprägte Branche gilt das Reinigungsgewerbe.[139] Denn hier sind die benutzten Werkzeuge (Eimer, Wischlappen) nebensächlich, der sie bedienende Arbeitnehmer ist wichtig. **400**

Beispiel Arbeitgeber A ist Inhaber eine Reinigungsfirma, die sich auf die Reinigung von Großindustriefenstern spezialisiert hat. Er will sich aufs Altenteil zurückziehen und überträgt dem Interessenten I mit Zustimmung der jeweiligen Auftraggeber die Reinigungsaufträge. I gründet eine Firma, schafft sich neue Putzmaterialien und Hebebühnen an und stellt 7 der 10 Mitarbeiter von A ein. Alle 10 Mitarbeiter sind besonders für die Reinigung der stark mit verschiedensten Stoffen verschmutzten Industriefenster geschult. Die 3 nicht übernommenen Mitarbeiter waren I zu alt. Er muss sie jedoch wegen § 613a Abs. 1 BGB weiter beschäftigen. Denn die Übernahme von 70 % der Mitarbeiter des A, die allesamt besonders qualifiziert waren, genügt zur Annahme eines Betriebsübergangs nach obigen Maßstäben. ■

135 *EuGH* BB 1997, 735-736.
136 Zuletzt *BAG* ZIP 2010, 694-698.
137 *BAGE* 91, 121-128.
138 *BAGE* 117, 349-360.
139 *BAG* NZA 2006, 31-34.

401 Im Gegensatz dazu kann bei so genannten **„betriebsmittelgeprägten Tätigkeiten"**[140] auch ohne jegliche Übernahme von Personal ein Betriebsübergang zu bejahen sein.

Beispiel Als eher von Betriebsmitteln geprägt wird etwa der Sicherheitsdienst eines Flughafens eingestuft, bei der das Inventar (Kontrollgeräte usw.) im Vordergrund stehen soll.[140]

b) Übergang

402 Die Einstufung eines tatsächlichen Geschehens als „Übergang" i.S.d. § 613a Abs. 1 BGB wird in der Regel eher einfach sein. Dieses Tatbestandsmerkmal stellt klar, dass eine endgültige Betriebsstilllegung durch den Arbeitgeber und die anschließende Wiedereröffnung durch eine andere Person nicht vom besonderen Regelungskreis der EU-Richtlinie erfasst sein soll.

c) Auf einen anderen Inhaber

403 Eng im Zusammenhang mit dem Erfordernis des Übergangs zu sehen ist die Bedingung, dass der Betriebs(-teil) auf einen anderen Inhaber übertragen werden muss. Die übernehmende Partei muss in die Arbeitgeberfunktion des alten Inhabers einsteigen und von diesem unterscheidbar sein. Dies ist etwa nicht gegeben, wenn nur die Rechtsform des Arbeitgebers geändert wird (wobei es hier auch an einem Rechtsgeschäft i.S.d. § 613a Abs. 1 BGB mangeln wird).

2. Vorliegen eines Rechtsgeschäfts

404 § 613a Abs. 1 S. 1 BGB schreibt vor, dass der Übergang „durch Rechtsgeschäft" erfolgen muss. Mit anderen Worten: Die Übertragung der Verantwortung auf den neuen Inhaber muss auf einem **rechtsgeschäftlichen Akt** basieren. Der Begriff des Rechtsgeschäfts kann hier dem allgemeinen Zivilrecht entnommen werden. Dieses Tatbestandsmerkmal dient hier zur Abgrenzung von Übergängen des Betriebs(-teils) durch gesetzlichen (z.B. Gesamtrechtsnachfolge i.S.d. § 1922 BGB) oder hoheitlichen (z.B. hoheitliche „Übertragung" eines Notariats[141]) Akt.

405 Ein Rechtsgeschäft in diesem Sinne liegt vor bei

- Verkauf,
- Verpachtung,
- Unternehmensspaltung,
- Unternehmensverschmelzung,
- Funktionsübertragung vom bisherigen Unternehmen auf ein anderes Unternehmen.[142]

Hinweis

Das Rechtsgeschäft muss nicht unmittelbar zwischen dem Veräußerer und dem Erwerber des Betriebs(-teils) geschlossen werden! Es kann nach der Rechtsprechung des BAG genügen, wenn zum Beispiel ein Kantinenpächter den Pachtvertrag kündigt und der Verpächter einen neuen Pachtvertrag mit einem anderen Gastronomen schließt.[143]

140 *BAG* NZA 2006, 1101-1105.

141 *BAGE* 92, 251-259.

142 Nicht zu verwechseln mit der Funktionsnachfolge, die nicht zum Betriebsübergang führt, vgl. *EuGH* NZA 2006, 29 ff.

143 *BAGE* 35, 104-110.

3. Widerspruchsrecht des Arbeitnehmers

Der Arbeitnehmer, dessen Arbeitsverhältnis vom neuen Inhaber des Betriebs(teils) übernommen werden soll, muss dies nicht hinnehmen. Ihm steht gem. § 613a Abs. 6 BGB das Recht zu, dem Übergang seines Arbeitsverhältnisses zu widersprechen. Der Widerspruch muss gem. § 613a Abs. 6 S. 1 schriftlich und binnen einer Frist von einem Monat nach Zugang der nach § 613a Abs. 5 BGB erforderlichen Mitteilung über den Betriebsübergang (mehr dazu sogleich) erfolgen. Adressaten der Erklärung können der bisherigen Arbeitgeber oder der neue Betriebsinhaber sein, § 613a Abs. 6 S. 2 BGB. **406**

III. Unterrichtung über den Betriebsübergang

Die Übertragung des Arbeitsverhältnisses darf nicht stillschweigend geschehen, sondern muss den Arbeitnehmern gem. § 613a Abs. 5 BGB offiziell in **Textform** mitgeteilt werden. Diese Unterrichtung kann entweder durch den alten Arbeitgeber oder den neuen Inhaber erfolgen und muss Angaben enthalten über: **407**

1. den Zeitpunkt oder den geplanten Zeitpunkt des Übergangs,

2. den Grund für den Übergang,

3. die rechtlichen, wirtschaftlichen und sozialen Folgen des Übergangs für die Arbeitnehmer und

4. die hinsichtlich der Arbeitnehmer in Aussicht genommenen Maßnahmen.

IV. Rechtsfolgen des Betriebsübergangs

1. Übergehen des Arbeitsverhältnisses

Im Falle eines wirksamen Betriebsübergangs tritt der neue Inhaber in das bestehende Arbeitsverhältnis ein, § 613a Abs. 1 S. 1 BGB. Er hat dem Arbeitnehmer also die gleichen Leistungen und Arbeitsbedingungen zu gewähren wie der alte Arbeitgeber. Diese Besitzstandswahrung betrifft nicht nur die persönlichen Errungenschaften des Arbeitnehmers wie die individuellen Regelungen des Arbeitsvertrags und die Erfüllung von Wartezeiten (z.B. Urlaubsanspruch nach BUrlG; Kündigungsschutz gem. KSchG). **408**

Beispiel Der Betrieb des Arbeitgebers A wurde an C verkauft. Arbeitnehmer B war bereits ein halbes Jahr bei A angestellt, verdiente 2000 Euro brutto und erhielt eine Leistungszulage von 150 Euro brutto pro Monat, außerdem ein Weihnachtsgeld, das jeden Monat anteilig ausgezahlt wurde (100 Euro brutto pro Monat). C muss B aufgrund des Eintritts in die Rechte und Pflichten des Arbeitsverhältnisses die aufgezählten Gehaltsbestandteile zahlen. Außerdem kann sich B sofort auf den Kündigungsschutz gem. § 1 KSchG berufen sowie auf die Erfüllung der Wartezeiten des § 4 BUrlG sowie § 3 Abs. 3 EFZG. ■

Gem. § 613a Abs. 1 S. 2 BGB werden darüber hinaus Rechte und Pflichten aus für den Arbeitnehmer anwendbaren Tarifverträgen und Betriebsvereinbarungen in den Arbeitsvertrag des übernommenen Arbeitnehmers transformiert. Indirekt wird so die Bindung des neuen Arbeitgebers an die früheren Kollektivnormen erreicht und der Arbeitnehmer umfassend vor Verschlechterungen geschützt. **409**

Nachteile gegenüber dem „alten Arbeitsverhältnis" kann der Arbeitnehmer aber erfahren, wenn bei dem neuen Inhaber andere, unter Umständen ungünstigere, Tarif- oder Betriebs- **410** vereinbarungen anwendbar sind. § 613a Abs. 1 S. 3 BGB stellt klar, dass eine Transformation der alten Kollektivbedingungen in den Arbeitsvertrag in diesen Fällen unterbleibt.

411 Ungünstigere Änderungen dieser Bedingungen dürfen gem. § 613a Abs. 1 S. 2 Hs. 2 BGB erst nach Ablauf eines Jahres nach dem Betriebsübergang vereinbart werden. Es handelt sich hier also um eine zweiseitig zwingende Schutznorm zugunsten des Arbeitnehmers.

412 Dieses Schutzprinzip wird durch die Vorschrift des § 613a Abs. 1 S. 4 BGB wieder gelockert. Danach können auch vor Ablauf der Einjahresfrist Rechte und Pflichten der Parteien abgeändert werden, wenn die zugrunde liegende kollektive Regelung nicht mehr gilt oder die Anwendung eines anderen Tarifvertrags vereinbart wird. Letzteres ist freilich nur möglich bei fehlender Tarifbindung der Parteien. Bei beidseitiger Tarifbindung gilt nämlich ein Tarifvertrag zwingend, § 4 Abs. 1 S. 1 TVG.

413 Hintergrund der Regelung des § 613a Abs. 1 S. 4 BGB ist, dass der Arbeitnehmer durch den Wegfall der kollektiv geregelten Rechte und Pflichten auch beim alten Arbeitgeber keine Vorteile mehr durch sie erlangt hätte, also weniger schutzwürdig wird. Der neue Inhaber soll hier nicht schlechter gestellt werden als der alte Arbeitgeber.

2. Haftung

414 Der alte Arbeitgeber haftet neben dem neuen Inhaber als Gesamtschuldner für die Einhaltung der Verpflichtungen aus dem übergegangen Arbeitsverhältnis, § 613a Abs. 2 BGB. Dies gilt jedenfalls dann, wenn die Ansprüche des Arbeitnehmers vor dem Betriebsübergang entstanden sind und binnen eines Jahres nach diesem Zeitpunkt fällig werden.

415 Diese Regelung greift nur ein, wenn der bisherige Arbeitgeber auch tatsächlich weiter existiert. Ist das Unternehmen, das früher die Arbeitgeberfunktion innehatte, durch Umwandlung erloschen, gilt die Haftungsregelung des Abs. 2 nicht, § 613a Abs. 3 BGB.

3. Kündigungsverbot „wegen" des Betriebsübergangs

416 Ein häufiger Irrtum im Recht des Betriebsübergangs ist die Annahme, dass ein Arbeitsverhältnis nach einem Betriebsübergang gar nicht gekündigt werden darf. § 613a BGB sieht in seinem Abs. 4 jedoch lediglich ein absolutes Verbot vor für Kündigungen, die **wegen** des Betriebsübergangs ausgesprochen werden. Andere Kündigungen erlaubt § 613a Abs. 4 S. 2 BGB ausdrücklich.

417 Wegen eines Betriebsübergangs erfolgt eine Kündigung nach der Rechtsprechung des BAG dann, wenn „der Betriebsübergang die überwiegende Ursache für Kündigung ist".[144] Gemeint ist mit dieser wenig aussagekräftigen Formel, dass der Beweggrund der Kündigung des neuen oder alten Arbeitgebers nicht der Betriebsübergang selbst gewesen sein darf.[145] Eine Kündigung kann also durchaus mit dem Betriebsübergang zusammenhängen, wenn andere Gründe tragend sind, etwa die Umstrukturierung und damit der Wegfall von Arbeitsplätzen aufgrund der Neuorganisation.

---

144 *BAGE* 86, 20 (26).
145 *BAGE* 92, 251-259.

Liegt einer der seltenen Fälle vor, in denen der § 613a Abs. 4 S. 1 BGB greift, ist die Kündigung **418**
i.S.d. Vorschrift i.V.m. § 134 BGB unwirksam.

JURIQ-Klausurtipp

In der Klausur kann auch die Eigenkündigung eines Arbeitnehmers im Rahmen des § 613a BGB Prüfungsgegenstand sein. Hier muss man unterscheiden, ob der Arbeitnehmer einfach nur gekündigt bzw. seinen Arbeitsvertrag einvernehmlich gelöst hat und dann sozusagen von der Bildfläche verschwindet oder ob er nach der Eigenkündigung vom Betriebsübernehmenden wieder - i.d.R. zu schlechteren Bedingungen - eingestellt wird. Das BAG hat mit Urteil vom 27.9.2012[146] die Unterschiede dieser beiden Sachverhalte herausgearbeitet. Demnach steht es aufgrund der Vertragsfreiheit der Arbeitnehmer zu seiner Disposition, sein Arbeitsverhältnis bzw. dessen Kontinuität i.R.d. § 613a Abs. 1 S. 1 BGB zu beenden. Eigenkündigungen der Arbeitnehmer sind aus diesem Grunde nicht wegen Umgehung des § 613a Abs. 1 S. 1 BGB nichtig (§ 134 BGB). Zur näheren Begründung bemüht das BAG vollkommen zu Recht auch den Vergleich mit dem Arbeitnehmer, der durch einen Widerspruch i.S.d. § 613a Abs. 6 BGB den Übergang seines Arbeitsverhältnisses verhindert. Wenn das Gesetz dies ermögliche, könne es nicht gleichzeitig einer Eigenkündigung oder einem Aufhebungsvertrag im Wege stehen. Eine Umgehung des § 613a Abs. 1 S. 1 BGB mit der Folge des § 134 BGB könne jedoch anzunehmen sein, wenn ein Aufhebungsvertrag die „Beseitigung der Kontinuität des Arbeitsverhältnisses bei gleichzeitigem Erhalt des Arbeitsplatzes" bezwecke. Dies soll dann gegeben sein, wenn gleichzeitig ein neues Arbeitsverhältnis vereinbart wird oder dem Arbeitnehmer klar war, dass er eingestellt vom Betriebserwerber wird. Diese Entscheidung ist übrigens noch aus eigenem anderen Grund interessant: Beteiligt an dem Verfahren waren statt eines Arbeitgebers und eines Arbeitnehmers eine Behörde als Klägerin und der Betriebsübernehmer als Beklagter. Er sollte zum Ersatz des vorgeleisteten Insolvenzgeldes verpflichtet werden. Ein schönes Beispiel dafür, dass ganz klassische arbeitsrechtliche Fallgestaltungen auch „in anderem Gewand" daherkommen können. Davon darf man sich in einer Klausur nicht verwirren lassen.

Online-Wissens-Check

Können Sie die Indizien für einen Betriebsübergang benennen?

Überprüfen Sie jetzt online Ihr Wissen zu den in diesem Abschnitt erarbeiteten Themen. Unter **www.juracademy.de/skripte/login** steht Ihnen ein Online-Wissens-Check speziell zu diesem Skript zur Verfügung, den Sie kostenlos nutzen können. Den Zugangscode hierzu finden Sie auf der Codeseite.

146 *BAG* DB 2013, 642-644.

3. Teil
Kollektivarbeitsrecht

A. Das Koalitionsrecht

I. Begriff der Koalition

419 Der Begriff der **Koalition** spielt im kollektiven Arbeitsrecht eine große Rolle; im Tarifrecht sind Koalitionen (Arbeitgeberverbände, Gewerkschaften) regelmäßig die Hauptakteure des Geschehens. Die Kenntnis des Koalitionsbegriffs gehört deswegen auch unbedingt zum Wissensrepertoire des Prüflings im Arbeitsrecht.

Koalitionen sind in der Regel privatrechtliche Zusammenschlüsse von Arbeitgebern oder Arbeitnehmern zur Wahrung und Förderung der Arbeits- und Wirtschaftsbedingungen.[1]

420 In dieser Definition findet sich teilweise der Wortlaut des Art. 9 Abs. 3 GG wieder, der für dieses Kapitel eine wichtige Grundlage darstellt. Der Begriff „Koalition" wird im Grundgesetz nicht verwendet, Art. 9 Abs. 3 GG stellt auf **„Vereinigungen"** ab, die o.g. Ziele verfolgen. Der verfassungsrechtliche Schutz der Koalitionsfreiheit umfasst sowohl die Bildung als auch den Bestand und die Betätigung der Koalition und ihrer Mitglieder. Art. 9 Abs. 3 GG garantiert damit ein individuelles und ein kollektives Grundrecht.

Hinweis

Träger der Koalitionsfreiheit kann „jedermann" sein. Die Koalitionsfreiheit steht daher nicht wie etwa die Vereinigungsfreiheit gem. Art. 9 Abs. 1 nur den Deutschen zu, sondern ist als Menschenrecht zu verstehen.

421 Der Schutz der Koalitionsfreiheit ist sehr weit, es sind alle „koalitionsspezifischen" Verhaltensweisen umfasst. Auf Art. 9 Abs. 3 GG kann sich daher berufen, wer eine Vereinigung i.S.d. Norm gründet, ihr beitritt, für sie wirbt usw.

422 Art. 9 Abs. 3 GG schützt darüber hinaus auch die **negative Koalitionsfreiheit**, also das Recht, der Koalition fernzubleiben.[2] Niemand kann durch staatlichen oder auch sozialen Druck gezwungen werden, einer Koalition beizutreten. Verboten ist demnach auch, dass auf Nichtmitglieder Druck ausgeübt wird, um sie etwa zum Eintreten in die Gewerkschaft zu bewegen.

II. Merkmale der Koalition

423 Eine Koalition muss eine Vielzahl von Eigenschaften erfüllen, die bis auf die Zweckbestimmung des Art. 9 Abs. 3 GG („Wahrung und Förderung der Arbeitsbedingungen") nicht im Gesetz genannt sind. Die weiteren Merkmale der Koalition haben sich aus der geschichtlichen Entwicklung und dem Sinn und Zweck des Instituts der Koalition ergeben.

1 *Michalski* ArbR Rn. 759.
2 *BVerfGE* 73, 261-280.

1. Zweckbestimmung

Zunächst gilt das in Art. 9 Abs. 3 GG verankerte **Zweckerfordernis**. Die Wahrung und Förderung der Arbeits- und Wirtschaftsbedingungen müssen gewichtige Zwecke der Vereinigung sein. Von diesem weit auszulegenden Begriff der Arbeits- und Wirtschaftsbedingungen ist alles erfasst, was Gegenstand eines Tarif- oder Arbeitsvertrags sein kann oder einen sonstigen Bezug zu den arbeitsrechtlichen und sozialpolitischen Interessen von Arbeitgebern oder Arbeitnehmern hat.[3] **424**

2. Freiwilligkeit und Dauerhaftigkeit

Die Koalition muss sich **freiwillig** zusammengeschlossen haben und auf eine **längere Zeit** des Bestehens ausgelegt sein.[4] Das Merkmal der Freiwilligkeit fehlt etwa dann, wenn ein Mitgliedschaftszwang besteht, wie dies z.B. bei der IHK der Fall ist. Das Erfordernis der Dauerhaftigkeit soll sicherstellen, dass nachhaltige Ziele verfolgt werden können. **425**

Wie ein Verein muss die arbeitsrechtliche Koalition über eine **körperschaftliche Organisation** verfügen, die vom Wechsel der Mitglieder unabhängig ist. Es muss demnach die Bildung eines einheitlichen Willens möglich sein, zudem muss die Handlungsfähigkeit nach außen gesichert sein.[5] **426**

Eine Rechtsfähigkeit ist verzichtbar, nicht zuletzt weil Gewerkschaften nach dem ArbGG passiv und aktiv parteifähig sind, § 10 ArbGG. **427**

3. Gegnerunabhängigkeit

Eine weitere Voraussetzung ist die **Gegnerunabhängigkeit.** Gemeint ist hier die tatsächliche und rechtliche Unabhängigkeit von dem sozialen Gegenspieler und von Dritten (Staat, Parteien, Kirche).[6] Die Koalition muss die von Art. 9 Abs. 3 GG geschützte Tätigkeit alleinverantwortlich und ohne Einfluss von der „falschen" Seite wahrnehmen können. **428**

4. Sonstige Voraussetzungen

Eine weitere Voraussetzung, die allerdings nicht ganz unumstritten ist, bezieht sich auf die **Überbetrieblichkeit** der Koalition. Hierzu wird vertreten, dass die Mitglieder der Koalition aus mehr als einem Betrieb stammen müssten, da ansonsten der Bestand der Koalition von der Personalpolitik des Arbeitgebers abhängig wäre.[7] Das BAG scheint dazu zu tendieren, die Überbetrieblichkeit zu verlangen.[8] **429**

Nicht gegeben sein muss – im Gegensatz zu der Bestimmung der Tariffähigkeit – eine gewisse soziale Mächtigkeit, also die **Durchsetzungsfähigkeit** einer Vereinigung.[9] Dies würde verhindern, dass eine gerade erst gebildete Vereinigung unter dem Schutz des Art. 9 Abs. 3 **430**

3 *Michalski* ArbR Rn. 775.
4 *Michalski* ArbR Rn. 777.
5 *Michalski* ArbR Rn. 778.
6 *BVerfGE* 4, 96-110; BAGE 88, 38-53.
7 *Michalski* ArbR Rn. 782.
8 *BAGE* 113, 82-101.
9 *BAGE* 88, 38-53.

GG stünde, obwohl sie faktisch noch gar nicht die Möglichkeit hatte, genügend Mitglieder und damit eine soziale Macht anzuwerben. Das BAG verlangt insofern aber, dass die sich bildende Koalition anstrebt, eine Durchsetzungsfähigkeit zu erlangen.[10]

431 Die Bereitschaft, **Tarifverträge** abzuschließen, ist nicht Voraussetzung zur Anerkennung einer Vereinigung als Koalition i.S.d. Art. 9 Abs. 3 GG. Dies wird nur dann verlangt, wenn die Koalition Tariffähigkeit erlangen möchte.[11]

432 Auf gleicher Ebene ist die Frage nach der **Arbeitskampfbereitschaft** anzusiedeln. Sie gehört nicht zu den notwendigen Merkmalen des Art. 9 Abs. 3 GG, aber zählt durchaus als notwendiges Merkmal für die Tariffähigkeit einer Koalition.[12]

B. Tarifvertragsrecht

I. Tarifvertrag

433 Das Recht der Tarifverträge spielt eine große Rolle im Arbeitsrecht. Dies lässt sich schon aus der Zahl der derzeit gültigen Tarifverträge ableiten: Zum 1.4.2010 waren im Tarifregister des Bundesarbeitsministeriums rund 64 300 Tarifverträge eingetragen.[13]

434 Bei dem Tarifvertrag handelt es sich um ein Regelungswerk, das nur von Tarifvertragsparteien geschlossen werden kann. Wer dies ist, bestimmt § 2 Abs. 1 des Tarifvertragsgesetzes (TVG). Demnach können nur einzelne Arbeitgeber bzw. ihre Vereinigungen einerseits und Gewerkschaften andererseits am Abschluss eines solchen Vertrags beteiligt sein.

435 Laut § 1 Abs. 1 TVG kann der Tarifvertrag folgende Regelungen beinhalten:

Der Tarifvertrag regelt die Rechte und Pflichten der Tarifvertragsparteien und enthält Rechtsnormen, die den Inhalt, den Abschluß und die Beendigung von Arbeitsverhältnissen sowie betriebliche und betriebsverfassungsrechtliche Fragen ordnen können.

436 Nach Halbsatz 1 kann nahezu alles, was an individuellen Rechten und Pflichten auch in einem Arbeitsvertrag festgehalten werden kann, tariflich geregelt werden (schuldrechtlicher Teil des Tarifvertrags). Darüber hinaus steht den Tarifvertragsparteien nach Halbsatz 2 offen, normative Regelungen, also solche mit Gesetzescharakter, zu treffen.

437 Im normativen Teil des Vertrags werden Vereinbarungen aufgestellt, die gem. § 4 Abs. 1 S. 1 TVG in den einzelnen Arbeitsverhältnissen unmittelbar und zwingend gelten, sofern die Arbeitsvertragsparteien an den Tarifvertrag gebunden sind. Wann dies der Fall ist, wird unten näher ausgeführt.

438 Man unterscheidet je nach Inhalt des Vertrages verschiedene Formen von Tarifverträgen, zum Beispiel:

- **Rahmen-, Manteltarifverträge:** Diese Verträge regeln eher allgemeine Bedingungen des Arbeitsverhältnisses, z.B. Formvorschriften, Kündigungsfristen, Urlaubsanspruch, und werden meist für mehrere Jahre geschlossen.

---

10 *BAGE* 88, 38-53.

11 *BAG* NZA 1990, 623.

12 *BVerfGE* 18, 18.

13 http//www.bmas.de/portal/13548/allgemeinverbindliche__tarifvertraege.html.

- **Lohn-/Gehaltstarifvertrag:** Hier sind Vergütungsregelungen (Stundensätze, Zulagen, etc.) getroffen, die meist nur auf eine kurze Dauer vereinbart werden.
- **Flächentarifvertrag:** Auf Arbeitgeberseite steht hier ein Arbeitgeberverband, der gemeinsam mit einer Gewerkschaft Regelungen trifft, die für alle Betriebe eines bestimmten räumlichen Geltungsbereichs gelten sollen.
- **Firmen-/Haus- oder Unternehmenstarifvertrag:** Auf Arbeitgeberseite schließt ein einzelner Arbeitgeber einen nur für sich und seine Arbeitnehmer anwendbaren Tarifvertrag.

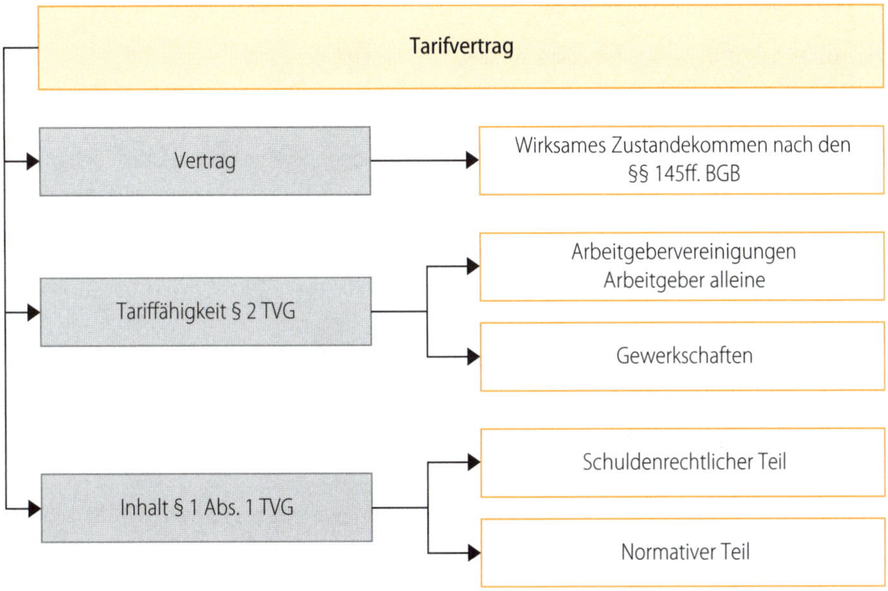

II. Wirksames Zustandekommen eines Tarifvertrages

Wirksames Zustandekommen eines Tarifvertrags

PRÜFUNGS-SCHEMA

I. Einigung

II. Parteien des Tarifvertrags

III. Form

1. Einigung

Ein Tarifvertrag kommt nach den allgemeinen Regelungen des BGB gem. §§ 145 ff BGB durch zwei übereinstimmende Willenserklärungen zustande. **439**

Dem Abschluss des Vertrags können zuweilen harte und monatelange Verhandlungen zwischen den Tarifvertragsparteien vorausgehen. Scheitern die Verhandlungen, kommt es wie im Kapitel „Streik" angedeutet, oft zum Arbeitskampf. Diese Machtspiele der Vertragsparteien führen in der Regel nach einer gewissen Zeit zur Wiederaufnahme der Verhandlungen und schließlich auch zum Tarifvertragsabschluss. **440**

441 § 2 Abs. 2 TVG regelt, dass auch Zusammenschlüsse von Gewerkschaften und von Vereinigungen von Arbeitgebern (Spitzenorganisationen) im Namen der ihnen angeschlossenen Verbände Tarifverträge abschließen können, wenn sie eine entsprechende Vollmacht haben. Abs. 2 der Vorschrift bestimmt, dass auch Spitzenorganisationen selbst Parteien eines Tarifvertrages sein können, wenn der Abschluss von Tarifverträgen zu ihren satzungsgemäßen Aufgaben gehört.

2. Parteien des Tarifvertrags

442 § 2 Abs. 2 TVG schreibt vor, wer einen Tarifvertrag abschließen darf:

Tarifvertragsparteien sind Gewerkschaften, einzelne Arbeitgeber sowie Vereinigungen von Arbeitgebern.

443 Gewerkschaften und Arbeitgeberverbände sind Koalitionen, wenn sie die oben genannten Voraussetzungen des Art. 9 Abs. 3 GG erfüllen. Es muss sich demnach um eine freiwillige, gegnerunabhängige Vereinigung handeln, die die Erhaltung und Förderung der Arbeitsbedingungen zum Zweck hat, auf eine gewisse Dauer angelegt ist und körperschaftlich organisiert ist.

444 Dies allein genügt allerdings noch nicht, um wirksame Tarifverträge abschließen zu können. Darüber hinaus müssen **Tariffähigkeit** und **Tarifzuständigkeit** gegeben sein.

a) Tariffähigkeit

445 **Tariffähigkeit** ist die Fähigkeit, Partei eines wirksamen Tarifvertrages zu sein. Dies ist gegeben, wenn die Vereinigung fähig ist, durch Vereinbarung mit dem sozialen Gegenspieler u.a. Arbeitsbedingungen des Einzelvertrages mit der Wirkung zu regeln, dass sie für die tarifgebundenen Personen unmittelbar und mit dem Ausnahmetatbestand des § 4 Abs. 3 TVG unabdingbar als Rechtsnormen gelten.[14]

Voraussetzung für das Vorliegen einer Tariffähigkeit ist demnach zunächst, dass die Vereinigung **„tarifwillig"** ist. Das bedeutet, der Abschluss von Tarifverträgen muss zu den in der Satzung verankerten Aufgaben gehören. Das BVerfG hat klargestellt, dass hier nicht zwingend auch die Bereitschaft zum Arbeitskampf vorhanden sein muss.[15]

446 Arbeitnehmervereinigungen bedürfen darüber hinaus einer sozialen Mächtigkeit, also einer gewissen **Durchsetzungsfähigkeit**. Auf den Gegner kann nur dann genügend Druck ausgeübt werden, wenn starke Argumente für ein Eingehen auf die Forderungen vorgebracht werden können.

447 Dies ist zum Beispiel dann zu bejahen, wenn hinter der Gewerkschaft eine so große Anzahl von Beschäftigten als Mitglied steht, dass der Arbeitgeber bzw. der Arbeitgeberverband sich ernsthaft überlegen muss, ob ein Streik nicht zu viele Nachteile für ihn mit sich bringt. Bei einer nicht ausreichend mächtigen Vereinigung besteht hingegen die Gefahr, dass die Arbeitnehmer übervorteilt werden.

448 Schließt eine nicht tariffähige Vereinigung einen Tarifvertrag, ist dieser **nichtig**.[16]

---

14 *BAGE* 29, 72-89.
15 *BVerfGE* 18, 18 ff.
16 *BAGE* 120, 182-197.

b) Tarifzuständigkeit

Das Kriterium der **Tarifzuständigkeit** dient zur Abgrenzung der Geschäftsfelder der verschiedenen Arbeitnehmer- und Arbeitgebervereinigungen.[17] Für welchen Tarifbereich eine Vereinigung zuständig ist, ergibt sich aus ihrer Satzung. Nur in diesem Rahmen kann die Partei Tarifverträge abschließen. Die Gewerkschaft Cockpit, die für Piloten zuständig ist, kann demnach beispielsweise keine Tarifverträge für Klinikärzte vereinbaren. Eine Überschreitung der Tarifzuständigkeit führt ohne Weiteres zur Unwirksamkeit des Tarifvertrags.[18] **449**

3. Form

§ 1 Abs. 2 TVG schreibt als Wirksamkeitsvoraussetzung für Tarifverträge die Schriftform vor. Bei Missachtung dieses Formzwangs ist der Tarifvertrag nichtig nach § 125 S. 1 BGB. **450**

Der Arbeitgeber, in dessen Haus der Tarifvertrag anwendbar ist oder sein kann, muss nach § 8 TVG den Vertrag im Betrieb zur Einsicht auslegen. Es handelt hier lediglich um eine **Ordnungsnorm**. Ein Verstoß dagegen hat keine Auswirkungen auf die Gültigkeit des Tarifvertrags.[19] **451**

III. Aufgaben eines Tarifvertrags

Tarifverträgen können folgende Funktionen zugeschrieben werden: **452**

Zunächst schützen sie die davon erfassten Arbeitnehmer **(Schutzfunktion)**. Denn ihre Vereinigungen können maßgeblich bei der Normfindung mitwirken, sodass meist für den Arbeitnehmer günstige Regelungen verhandelt werden. Außerdem dürfen die Festlegungen eines Tarifvertrags nicht unterschritten werden, § 4 Abs. 3 TVG. **453**

Damit einher geht die sogenannte **Ordnungsfunktion**. Hier wird angenommen, dass sowohl Arbeitgeber wie auch Arbeitnehmer darauf vertrauen können, dass sie unter geregelten Arbeitsbedingungen beschäftigt werden. **454**

Weiterhin dient ein Tarifvertrag dem Frieden zwischen den Parteien **(Friedensfunktion)**. Während der Laufzeit eines gültigen Tarifvertrags dürfen die Tarifparteien nicht zum Arbeitskampf zur Durchsetzung anderer Regeln aufrufen. **455**

Zuletzt schreibt man den Tarifverträgen eine **Verteilungsfunktion** zu. Sie sollen gerecht danach entscheiden, für welche Leistung welche Gehälter gezahlt werden (durch Festlegung unterschiedlicher Entgeltgruppen) und sicherstellen, dass die Arbeitgeber nicht über Gebühr das von den Arbeitnehmern erwirtschaftete Sozialprodukt für sich beanspruchen (durch entsprechend höhere Löhne). **456**

---

17 *BAGE* 93, 83-96.
18 *BAGE* 101, 357-376.
19 *BAG* NZA 03, 1112.

JURIQ-Klausurtipp

Sie sollten die Begriffe „Differenzierungsklausel" und „Spannenklausel" kennen. Beide sind in dem Urteil des BAG vom 23.3.2011[20] gut dargestellt. Konkret ging es in dem Sachverhalt darum, dass eine Gewerkschaft folgende Klauseln in den Tarifvertrag hineinverhandelt hatte: *„I. Lohn- und Gehaltsempfänger, die Mitglied der Vereinten Dienstleistungsgewerkschaft ver.di sind, erhalten pro Kalenderjahr eine Erholungsbeihilfe als Bruttobetrag in Höhe von Euro 260. [...] IV. Der Anspruch auf Gewährung der Erholungsbeihilfe setzt voraus, dass der Lohn- oder Gehaltsempfänger bei Antragstellung dem Arbeitgeber glaubhaft seine Mitgliedschaft in der Vereinten Dienstleistungsgewerkschaft ver.di nachgewiesen hat. Weitere Einzelheiten sind betrieblich zu regeln. V. Gewährt die H die Leistung nach Ziffer I., entsprechende oder über die in Ziffer I festgelegten Ansprüche hinausgehende Beträge oder sonstige Leistungen Lohn- und Gehaltsempfängern, die nicht Mitglied der Vereinten Dienstleistungsgewerkschaft ver.di sind, so erhöht sich für die Lohn- und Gehaltsempfänger, die Mitglied der Vereinten Dienstleistungsgewerkschaft ver.di sind, die Arbeitgeberleistung entsprechend."* Die Richter des BAG begriffen die Klausel I als einfache Differenzierungsklausel und segneten sie als wirksam ab. Solche Klauseln normierten als zusätzliches Tatbestandsmerkmal die Mitgliedschaft in der tarifschließenden Gewerkschaft, was keinen Bedenken begegne. Denn die Koalitionen seien bei der Bestimmung der tatbestandlichen Voraussetzungen für tarifliche Ansprüche weitgehend frei. Maßstab für die Zulässigkeit solcher Differenzierungsklauseln sei die negative Koalitionsfreiheit. Der nicht oder anders organisierte Arbeitnehmer werde nicht beeinträchtigt. Die versprochene Leistung von 260 Euro im Jahr sei auch nicht so hoch, dass ein nennenswerter Druck auf diese Arbeitnehmer ausgeübt werden könne, der sie zum Eintritt in die tarifschließende Gewerkschaft zwingen würde. Dies würde wiederum einen Eingriff in die negative Koalitionsfreiheit bedeuten. Klausel V hingegen wurde als Spannenklausel eingestuft und für unwirksam erklärt. Die Koalitionen hätten damit ihre Tarifmacht überschritten. Durch die Klausel werde *„ein tariflicher Anspruch normativ begründet, der in Bestand und Höhe von vertraglichen Bedingungen zwischen dem tarifgebundenen Arbeitgeber und nicht tarifgebundenen Arbeitnehmern abhängig"* sei. Die Klausel habe also den Zweck, dem Arbeitgeber eine Lohngleichstellung von so genannten Außenseitern mit den Gewerkschaftsmitgliedern unmöglich zu machen. Dies komme den Koalitionen nicht zu, befanden die Bundesarbeitsrichter. Sie seien nicht befugt, die einzelvertraglichen Gestaltungsmöglichkeiten einzuschränken.

IV. Bindung an den Tarifvertrag

457 § 4 Abs. 1 S. 1 TVG ordnet die unmittelbare und zwingende Geltung der im Tarifvertrag festgelegten Regelungen betreffend den Inhalt, den Abschluss oder die Beendigung von Arbeitsverhältnissen an.

458 Voraussetzung dafür ist allerdings die Tarifgebundenheit beider Arbeitsvertragsparteien sowie natürlich die Einschlägigkeit des Tarifvertrags.

1. Voraussetzungen der Tarifgebundenheit

459 § 3 TVG normiert die **Tarifgebundenheit**. Nach Abs. 1 dieser Vorschrift sind die Mitglieder der Tarifvertragsparteien und der Arbeitgeber, der selbst Partei des Tarifvertrages ist, an den Tarifvertrag gebunden.

20 *BAG* NZA 2011, 920-927.

Die Bindungswirkung beginnt mit dem Beitritt der Vertragsparteien in die Vereinigung, § 3 Abs. 1 TVG, und endet gem. § 3 Abs. 3 TVG mit Ablauf des Tarifvertrages, auch wenn das Mitglied aus dem Verband ausscheidet. **460**

Eine nur einseitige Tarifbindung genügt für die Anwendung der im Tarifvertrag geregelten Betriebsnormen, § 3 Abs. 2 TVG. Grund für diese Sonderregelung ist, dass Betriebsnormen nur Sinn machen, wenn sie im ganzen Betrieb einheitlich gelten. Daher müssen sie ohne Rücksicht auf die Organisationszugehörigkeit der Arbeitnehmer gelten.[21] **461**

2. Geltungsbereich

Der Geltungsbereich des einzelnen Tarifvertrags richtet sich nach seinen eigenen Festlegungen. **462**

Man kann hier unterscheiden zwischen
- sachlichem (betrieblich am Betriebszweck orientiert oder fachlich nach konkreter Tätigkeit bzw. konkretem Beruf bestimmt),
- räumlichem (Gebiet der Tarifvertragsparteien),
- persönlichem (Beschränkung auf Arbeitnehmer mit bestimmten persönlichen Merkmalen),
- zeitlichem (Dauer des Tarifvertrages)
- Geltungsbereich.

Oft deutet der Tarifvertrag schon in seiner Bezeichnung auf seinen Geltungsbereich hin (z.B. „Tarifvertrag über Einmalzahlungen", „Tarifvertrag für Akademiker"). **463**

3. Allgemeinverbindlichkeit

Nach § 5 Abs. 1 TVG kann das Bundesministerium für Arbeit und Soziales einen Tarifvertrag im Einvernehmen mit einem aus je drei Vertretern der Spitzenorganisationen der Arbeitgeber und der Arbeitnehmer bestehenden Ausschuss auf Antrag einer Tarifvertragspartei für **allgemeinverbindlich** erklären, wenn die in § 5 Abs. 1 TVG näher genannten Voraussetzungen vorliegen: **464**

Das Bundesministerium für Arbeit und Soziales kann einen Tarifvertrag im Einvernehmen mit einem aus je drei Vertretern der Spitzenorganisationen der Arbeitgeber und der Arbeitnehmer bestehenden Ausschuss auf Antrag einer Tarifvertragspartei für allgemeinverbindlich erklären, wenn

1. die tarifgebundenen Arbeitgeber nicht weniger als 50 vom Hundert der unter den Geltungsbereich des Tarifvertrags fallenden Arbeitnehmer beschäftigen und

2. die Allgemeinverbindlicherklärung im öffentlichen Interesse geboten erscheint.

Von den Voraussetzungen der Nummern 1 und 2 kann abgesehen werden, wenn die Allgemeinverbindlicherklärung zur Behebung eines sozialen Notstands erforderlich erscheint.

Diese Erklärung erstreckt die Tarifgebundenheit auf Personen, die nach dem Maßstab des § 3 Abs. 1 TVG eigentlich nicht tarifgebunden sind, § 5 Abs. 4 TVG. Die gleiche Vorschrift stellt zusätzlich klar, dass lediglich die normativen Regelungen des Tarifvertrags von der Allgemeinverbindlicherklärung („AVE") erfasst werden. **465**

21 *Lieb/Jacobs* § 6 Abs. 2 Rn. 535.

4. Rechtsfolge der Bindung

466 Sind diese Voraussetzungen erfüllt, binden die Regelungen des Tarifvertrags beide Parteien, § 4 Abs. 1 TVG. Von dieser Wirkung kann nur abgewichen werden, wenn der Tarifvertrag eine Dispositionsbefugnis vorsieht **(„Öffnungsklausel")** oder die Abweichung zugunsten des Arbeitnehmers **(„Günstigkeitsprinzip")** ist, § 4 Abs. 3 TVG.

467 Wann genau eine Regelung für den Arbeitnehmer günstiger ist als die tarifliche Vereinbarung ist zuweilen nur schwer zu ermitteln. Grundsätzlich ist zu fragen, ob die außertarifliche Vereinbarung für die Interessen des **einzelnen** Arbeitnehmers günstiger ist. Bei kollektiven Tatbeständen ist das Interesse der betroffenen **Belegschaft** ausschlaggebend. In Zweifelsfällen ist ein **Sachgruppenvergleich** vorzunehmen. Bei diesem werden in einem inneren Zusammenhang stehende Teilkomplexe der unterschiedlichen Regelungen verglichen.[22] Anwendung findet die Regelung, die insgesamt günstiger ist als die jeweils andere.[23]

468 Wenn die Laufzeit des Tarifvertrags beendet ist, sind die Parteien gem. § 4 Abs. 5 TVG nicht vollständig von der Bindung an den Tarifvertrag befreit. Nach dieser Norm gelten die Normen des beendeten Tarifvertrags so lange weiter, bis sie durch eine andere Abmachung ersetzt werden. Es entfällt also nur die zwingende Bindung, nicht hingegen die unmittelbare. Andere Abmachungen in dem Sinne können einzelvertragliche Regelungen, neue Tarifverträge und – im Rahmen des § 77 Abs. 3 TVG – auch Betriebsvereinbarungen sein.

C. Das Arbeitskampfrecht

469 Das Recht des Arbeitskampfes ist sehr prüfungsrelevant. Denn es lassen sich hier im Gewand einer individualrechtlichen Klausur gut kollektivrechtliche Fragen abprüfen. Oft wird der Sachverhalt von einem bestreikten Arbeitgeber oder ausgesperrten Arbeitnehmer handeln, der nach der Rechtslage oder seinen Ansprüchen fragt.

I. Begriff

470 Der Begriff des Arbeitskampfes ist nicht explizit im Gesetz geregelt, wird lediglich in einigen Bundesgesetzen (vgl. § 2 Abs. 1 Nr. 2 ArbGG, § 74 Abs. 2 BetrVG, § 146 SGB III, § 25 KSchG) genannt.

Er wird wie folgt definiert:

> **Arbeitskampf** ist die von der Arbeitgeber- oder Arbeitnehmerseite zur Erreichung bestimmter Ziele mittels kollektiver Störungen der Arbeitsbeziehungen bewirkte Druckausübung.[24]

471 Teilnehmer eines Arbeitskampfes in dem Sinne können also nur Arbeitnehmer oder Arbeitgeber und deren Organisationen sein. Auf Arbeitnehmerseite wird in der Regel das Druckmittel „Streik" eingesetzt. Arbeitgebern steht mit der Aussperrung ein hartes Kampfmittel zur Verfügung.

---

22 *BAG* BB 2004, 1282-1284.

23 Ausführlich dazu: *Michalski* ArbR Rn. 861 ff.; *Lieb/Jacobs* ArbR § 6 Rn. 486 ff.

24 *Michalski* ArbR Rn. 940.

II. Streik

Der Streik ist eine der in der Praxis meist genutzten Formen des Arbeitskampfes. Auch dieser 472
Begriff ist nicht legal definiert. Durch die Rechtsprechung hat sich folgende Umschreibung etabliert:

Streik ist die von einer größeren Anzahl von Arbeitnehmern planmäßig und gemeinsam durchgeführte Arbeitseinstellung zur Erreichung eines Ziels.[25]

1. Rechtmäßigkeit des Streiks

Streikende Arbeitnehmer werden von dem Schutz des Art. 9 Abs. 3 GG erfasst. Voraussetzung 473
ist aber natürlich, dass die getroffene Arbeitskampfmaßnahme sich innerhalb der Grenzen dieses Grundrechts bewegt.

Beispiel Die Arbeitnehmer, unterstützt von der Gewerkschaft G, beschließen den Zugang zu dem Betriebsgelände komplett zu verbarrikadieren. Der sich noch im Verwaltungsgebäude befindliche Chef C kommt nicht mehr raus, die Lieferanten, die Teile für die Produktion der nicht streikenden Arbeitnehmer bringen wollen, kommen nicht hinein. Dieses Verhalten ist von Art. 9 Abs. 3 GG nicht gedeckt. Denn die Streikenden machen nicht nur ihr Recht zum Streik geltend, sondern behindern gleichzeitig die nicht streikenden Kollegen an der Weiterarbeit und greifen enorm in die Bewegungsfreiheit des C ein. Dies ist mit Sinn und Zweck von Art. 9 Abs. 3 GG – Wahrung und Förderung der Arbeits- und Wirtschaftsbedingungen – nicht vereinbar. ■

2. Legitimes Ziel

Die Rechtsprechung hat stets klargestellt, dass das einzig legitime Ziel eines Streiks die Errei- 474
chung eines tariflich regelbaren Gegenstands sein kann.[26] Dahinter steht der Gedanke, dass Arbeitnehmer einerseits oft nur unter Zuhilfenahme des harten Arbeitskampfmittels „Streik" die Arbeitgeber von einem tragbaren Tarifvertrag überzeugen können. Gleichzeitig muss aber verhindert werden, dass die Belegschaft versucht, sämtliche Forderungen – eventuell sogar nicht im Zusammenhang mit dem konkreten Arbeitsverhältnis stehende Forderungen, z.B. politische Streiks – dadurch durchzusetzen, dass der eingerichtete und ausgeübte Gewerbebetrieb des Arbeitgebers beeinträchtigt wird, obwohl dieser nicht einmal zur Gewährung der Forderungen in der Lage ist.

Selbst wenn ein Tarifvertrag oder einzelne tarifliche Regelungen erzwungen werden sollen, 475
bedeutet dies nicht automatisch das Vorliegen eines legitimen Ziels i.S.d. Art. 9 Abs. 3 GG. Es ist darüber hinaus notwendig, dass die gewünschte Vereinbarung auch im Rahmen des geltenden Rechts Bestand haben kann. Die Erzwingung einer rechtswidrigen Regelung (z.B. eine auf grundlose Diskriminierung von Männern oder Frauen ausgelegte Tarifklausel) kann nicht von dem besonderen Grundrechtsschutz gedeckt sein.

Beispiel Die Männergewerkschaft M will durchsetzen, dass im Tarifvertrag zwischen den Gehältern von Männern und Frauen Unterschiede gemacht werden sollen. ■

---

25 *Michalski* ArbR Rn. 948.
26 *BAGE* 123, 134-152.

3. Kein Verstoß gegen die Friedenspflicht

476 Eine weitere wichtige Voraussetzung für die Rechtmäßigkeit eines Streiks ist, dass dadurch nicht eine tarifvertragliche **Friedenspflicht** verletzt wird. Im Sinne des Grundsatzes „pacta sunt servanda" dürfen die Arbeitnehmer nicht Forderungen stellen, die den aktuell gültigen Tarifverträgen entgegen stehen. Denn diese Vereinbarungen haben zwingenden Charakter für die Tarifvertragsparteien und damit für die Arbeitnehmer.

477 Wenn die gültigen Regelungen nicht mehr gefallen oder aus anderen Gründen neu verhandelt werden sollen, muss der Tarifvertrag gekündigt und die Kündigungsfrist abgewartet werden. Erst dann besteht wieder Spielraum für die Erzwingung neuer Vereinbarungen.

4. Organisation durch eine Gewerkschaft

478 Mit Blick auf den Schutz des Art. 9 Abs. 3 GG ist das Arbeitskampfrecht nur den von diesem Grundrecht erfassten Personen zuzubilligen. Die Gewerkschaften als Tarifpartner der Arbeitgeber sind die einzigen, denen das Recht auf Durchführung eines Streiks zukommt. Denn nur sie sind in der Lage, die Forderungen auch in einem Tarifvertrag festzuhalten, § 2 Abs. 1 TVG.

479 Wird nicht von einer Gewerkschaft zum Streik aufgerufen, handelt es sich um einen so genannten **„wilden Streik"**,[27] der per se rechtswidrig ist. Es besteht aber die Möglichkeit, dass der rechtswidrige wilde Streik von einer Gewerkschaft übernommen wird. Dadurch kann er rechtmäßig werden.

5. Verhältnismäßigkeit

480 Auch wenn grundsätzlich die Voraussetzungen für einen Streik gegeben sind, muss das Ultima-Ratio-Prinzip beachtet werden. Es ist also stets auf die Verhältnismäßigkeit der Streikmaßnahme zu schauen. Vor einem Streik müssen demnach alle anderen Mittel zur Konfliktlösung ausgeschöpft worden sein.

Beispiel Die Gewerkschaft ruft zum Streik auf, ohne auch nur eine Forderung Richtung Arbeitgeber gestellt zu haben, geschweige denn einen Termin zu Verhandlungen vereinbart zu haben. ■

Insbesondere müssen bis dahin laufende Vertragsverhandlungen gescheitert sein, auch wenn dies nicht ausdrücklich von einer oder beiden Verhandlungspartnern erklärt werden muss.[28] Weiterhin ist auch bei der Durchführung selbst der Grundsatz der Verhältnismäßigkeit zu wahren. Es dürfen beispielsweise nicht sogenannte Erhaltungs- oder Notstandsarbeiten verhindert werden, durch deren Unterlassung dem Arbeitgeber erhebliche Sachschäden entstehen können.[29]

27 *BAGE* 30, 50-67.
28 *BAGE* 105, 5.
29 *BAGE* 79, 152-159.

6. Rechtsfolgen

a) Rechtmäßiger Streik

Wie obiger Definition zu entnehmen ist, erbringen Arbeitnehmer während der Dauer eines Streiks keine Arbeitsleistung. Eine Streikteilnahme steht daher grundsätzlich der Verpflichtung des Arbeitnehmers entgegen, dem Arbeitgeber seine Dienste zur Verfügung zu stellen. Wegen des Schutzes des Art. 9 Abs. 3 GG wird im Rahmen eines rechtmäßigen Streiks diese Arbeitsverweigerung aber nicht als rechtswidrig empfunden. **481**

Der rechtmäßige Streik führt vielmehr zu einer **Suspendierung** des Arbeitsverhältnisses, also der Aussetzung aller Hauptpflichten beider Parteien.[30] Der Arbeitnehmer wird von der Arbeitspflicht befreit, erhält im Gegenzug aber auch kein Arbeitsentgelt. **482**

Gewerkschaftlich organisierte Arbeitnehmer erhalten von der Streikkasse der Gewerkschaft finanzielle Unterstützung. Nicht organisierte Arbeitnehmer dürfen zwar auch streiken,[31] haben aber natürlich keinen Anspruch auf Leistungen der Gewerkschaft. Arbeitslosengeld erhalten sie wegen § 146 SGB III auch nicht. **483**

b) Rechtswidriger Streik

Bei einem rechtswidrigen Streik kann der bekämpfte Arbeitgeber arbeitsrechtliche Konsequenzen ziehen und darüber hinaus Schadensersatzansprüche gegen die streikenden Arbeitnehmer haben. War eine Gewerkschaft an einem rechtswidrigen Streik beteiligt, kommen auch Ansprüche gegen diese in Betracht. **484**

Zu denken ist insbesondere an folgende Vorschriften: **485**

- Der Arbeitgeber hat wegen der rechtswidrigen Arbeitsverweigerung der Arbeitnehmer keine Lohnzahlungspflicht, §§ 326 Abs. 1 S. 1, 275 Abs. 1 BGB. Er kann daher die Entgeltzahlung verweigern bzw. überzahltes Entgelt zurückfordern nach den Grundsätzen der §§ 812 ff. BGB.
- Der Arbeitgeber hat gegebenenfalls gegen die Arbeitnehmer einen Anspruch auf Schadensersatz gem. §§ 280 Abs. 1 BGB bzw. 823 Abs. 1 BGB. Eine Haftung der Gewerkschaften kann sich aus § 831 BGB oder nach den Grundsätzen des § 31 BGB ergeben.
- Ein Arbeitnehmer, der sich an einem rechtswidrigen Streik beteiligt, verletzt seine arbeitsvertraglichen Hauptpflichten. Eine Kündigung kommt jedoch nur dann in Betracht, wenn der Arbeitnehmer wusste, dass der Streik rechtswidrig war. Wenn die Gewerkschaft zu einem Streik aufruft, darf der Arbeitnehmer aber grundsätzlich von der Rechtmäßigkeit des Streiks ausgehen. In diesen Fällen kann man einen entschuldbaren Irrtum des Arbeitnehmers annehmen. Etwas anderes gilt natürlich dann, wenn der Arbeitnehmer wusste oder hätte wissen müssen, dass der Streik rechtswidrig ist.[32]
- Der Arbeitgeber (-verband) kann von der streikführenden Gewerkschaft Unterlassung des Streiks verlangen, §§ 1004 Abs. 1 i.V.m. § 823 Abs. 1, Art. 9 Abs. 3 GG.[33]

---

30 *BAGE* 115, 247-257.
31 *BAGE* 33, 185-195.
32 *BAG* NZA 1984, 34-38.
33 *BAGE* 122, 134-167.

c) Folgen für unbeteiligte Arbeitnehmer

486 Ein Streik kann auch auf unbeteiligte Arbeitnehmer Auswirkungen haben, sei es, wenn der eigene oder ein anderer Betrieb bestreikt werden. Die hier relevanten Grundsätze des „Arbeitskampfrisikos" wurden oben bereits dargestellt.

III. Die Aussperrung

487 Die **Aussperrung** ist ein praktisch zwar seltenes, aber durchaus unter dem Gesichtspunkt der Waffengleichheit zulässiges Arbeitskampfmittel auf Seiten des Arbeitgebers.

> Unter einer **Aussperrung** versteht man die von einem oder mehreren Arbeitgebern planmäßig vorgenommene Arbeitsausschließung einer Mehrzahl von Arbeitnehmern unter Verweigerung der Lohnzahlung zur Erreichung eines Ziels.[34]

488 Bei der Aussperrung schließt der Arbeitgeber also Teile der Belegschaft aus dem Unternehmen aus, sodass sie ihre Arbeit nicht erbringen können. Gleichzeitig wird, entgegen der Grundregel des § 615 BGB, kein Arbeitsentgelt gezahlt. Sperrt der Arbeitgeber als Reaktion auf einen Streik der Arbeitnehmer aus, spricht man von einer Abwehraussperrung. Im Gegensatz dazu steht die Angriffsaussperrung.

489 Eine **Abwehraussperrung** ist grundsätzlich zulässig, wenn der Arbeitgeber sich seinerseits an den Grundsatz der Verhältnismäßigkeit hält. Demnach muss sich unter anderem – vereinfacht ausgedrückt – die Zahl der ausgesperrten Arbeitnehmer in einem gewissen Verhältnis zu den streikenden Arbeitnehmern halten. Die Rechtsprechung hat hier nicht unumstrittene Quoten geschaffen,[35] die in der Regel in einer Arbeitsrechtsklausur aber nicht geprüft werden.

490 Eine **Angriffsaussperrung**, bei der der Arbeitgeber zuvor nicht bestreikt wurde, wird überwiegend als zulässig erachtet. Zwar hat das BAG hierzu nicht ausdrücklich Stellung nehmen müssen, weil die Angriffsaussperrung praktisch kaum von Relevanz ist.[35] Aber mit Blick darauf, dass zuweilen auch der Arbeitgeber auf den Aufbau von Druck angewiesen sein kann (z. B. um tarifliche Löhne zu senken und so das Unternehmen zu erhalten), muss es ihm nach Art. 9 Abs. 3 GG auch möglich sein, selbst aktiv zu werden.

1. Rechtmäßigkeit

491 Die Voraussetzungen der rechtmäßigen Aussperrung entsprechen weitgehend denen des rechtmäßigen Streiks. Demnach muss Ziel des Arbeitskampfs die Erzwingung einer rechtlich möglichen Tarifnorm sein und der Grundsatz der Verhältnismäßigkeit muss gewahrt bleiben.

2. Rechtsfolgen

492 Bei der rechtmäßigen Aussperrung werden wie beim Streik die Hauptpflichten des Arbeitsvertrags suspendiert.[36]

Hat der Arbeitgeber rechtswidrig ausgesperrt, muss er seinen Arbeitnehmern nach den Grundsätzen des § 615 BGB Arbeitsentgelt zahlen und haftet für eventuelle Schäden gem. §§ 280 ff. BGB.

---

34 *Michalski* ArbR Rn. 971.
35 *BAGE* 33, 140-185.
36 Zur sog. lösenden Aussperrung vgl. Staudinger-*Oetker* Vorbem. zu §§ 620 ff. BGB Rn. 80.

D. Das Betriebsverfassungsrecht

Hinweis 493

Im Rahmen der universitären und praktischen Juristenausbildung liegt der Schwerpunkt des Mitbestimmungsrechts regelmäßig auf dem Betriebsverfassungsgesetz, also den Regelungen der Mitbestimmung für private Unternehmen in Bezug auf ihre einfachen Arbeitnehmer. Daher werden im Folgenden die Regelungen für die leitenden Angestellten (SprAuG), die Unternehmensorgane (z. B. das DrittelbG, Montan-MitbestimmungsG etc.) und das öffentliche Recht (z. B. PersVG) nicht weiter ausgeführt.

Das Recht der Betriebsverfassung hat zum Ziel, einen gerechten Ausgleich zwischen der Macht des Unternehmens und der strukturellen Unterlegenheit des einzelnen Arbeitnehmers zu schaffen. Hierzu erlaubt es die Bildung von Zusammenschlüssen der Belegschaft (Betriebsrat, Personalvertretung etc.) und überträgt diesen Gremien Mitspracherechte, was unternehmerische Entscheidungen angeht. So wird gewährleistet, dass die Arbeitgeber bei Ausübung ihrer Rechte aus Art. 12 und 14 GG keine willkürlichen und allein am Profit orientierten Maßnahmen treffen können.

I. Grundsätzliche Prinzipien

Das Betriebsverfassungsgesetz schreibt bestimmte Richtlinien vor, die die Zusammenarbeit 494
der Betriebsparteien regeln und von beiden Seiten beachtet werden müssen.

§ 2 Abs. 1 BetrVG lautet:

Arbeitgeber und Betriebsrat arbeiten unter Beachtung der geltenden Tarifverträge vertrauensvoll und im Zusammenwirken mit den im Betrieb vertretenen Gewerkschaften und Arbeitgebervereinigungen zum Wohl der Arbeitnehmer und des Betriebs zusammen.

Dieses Gebot der **vertrauensvollen Zusammenarbeit** darf nicht als unverbindlicher Wunsch 495
des Gesetzgebers verstanden werden, sondern stellt eine wichtige Auslegungsregel dar. Unbestimmte Rechtsbegriffe des BetrVG müssen demnach stets im Zusammenhang mit § 2 Abs. 1 BetrVG gelesen werden. Die Norm soll sicherstellen, dass im Vordergrund der Verhandlungen zwischen den Parteien ausschließlich Interessen der Belegschaft und des Betriebs stehen und nicht etwa Streitigkeiten „aus Prinzip“, verletztem Stolz oder ähnlichen Motiven abgehalten werden.

Mit § 2 Abs. 1 BetrVG eng einher geht auch die Regelung des § 74 Abs. 1 BetrVG, die mit 496
„Grundsätze für die Zusammenarbeit“ überschrieben ist und in Satz 1 ein monatliches Treffen der Parteien vorschreibt. Dabei sollen *„strittige Fragen mit dem ernsten Willen zur Einigung“* verhandelt und *„Vorschläge für die Beilegung von Meinungsverschiedenheiten“* gemacht werden.

§ 74 Abs. 2 BetrVG schreibt die **innerbetriebliche Friedenspflicht** vor, wonach Maßnahmen 497
des Arbeitskampfes zwischen Arbeitgeber und Betriebsrat unzulässig sind. Der Betriebsrat darf also zum Beispiel nicht die Arbeitnehmer bei einem Streik unterstützen.

Weiterhin haben Arbeitgeber wie auch Betriebsrat Betätigungen zu unterlassen, durch die 498
der Arbeitsablauf oder der Frieden des Betriebs beeinträchtigt werden, § 74 Abs. 2 S. 2 BetrVG. Auch eine parteipolitische Betätigung im Betrieb ist beiden Seiten grundsätzlich untersagt, § 74 Abs. 2 S. 3 Hs. 1 BetrVG.

499 § 75 Abs. 1 BetrVG verpflichtet darüber hinaus Betriebsrat wie auch Arbeitgeber dazu, alle im Betrieb tätigen Personen nach den Grundsätzen von Recht und Billigkeit zu behandeln und darüber zu wachen, dass keine diskriminierenden Maßnahmen getroffen werden.

II. Räumlicher Geltungsbereich

500 Das BetrVG gilt für das gesamte Bundesgebiet. Erfasst sind daher alle Betriebe, die in der Bundesrepublik Deutschland angesiedelt sind.

III. Sachlicher Geltungsbereich

501 Anwendbar ist das BetrVG nur, wenn nach oben genannten Maßstäben ein „Betrieb" gegeben ist, § 1 Abs. 1 S. 1 BetrVG. Ein solcher Betrieb kann gem. § 1 Abs. 1 S. 2 BetrVG auch ein Betrieb sein, der von mehreren Unternehmen gemeinsam geführt wird. § 1 Abs. 2 BetrVG enthält hierzu eine gesetzliche Vermutung, wann ein solcher gemeinsamer Betrieb vorliegen soll.

502 **Betriebsratsfähigkeit** liegt darüber hinaus in Betriebsteilen vor, die die Voraussetzungen des § 4 Abs. 1 S. 1 BetrVG erfüllen. In dem betroffenen Betriebsteil kann ein eigener Betriebsrat gewählt werden, wenn er die erforderliche Arbeitnehmerzahl des § 1 Abs. 1 S. 1 BetrVG aufweist und außerdem räumlich weit vom Hauptbetrieb entfernt ist (§ 4 Abs. 1 S. 1 Nr. 1 BetrVG) oder über einen eigenständigen Aufgabenbereich und eine eigenständige Organisation verfügt, Nr. 2 der Norm.

Beispiel Das Unternehmen A besteht aus einem Betrieb am Sitz in der Stadt S (100 Mitarbeiter) und einem kleineren Betrieb in dem Dorf D (30 Mitarbeiter). S und D sind 80 km voneinander entfernt, wobei die komplette Strecke über schlecht ausgebaute Landstraßen führt. Der Weg über die Autobahn ist 130 km lang. Gem. § 4 BetrVG darf im Betrieb in D ein eigener Betriebsrat gewählt werden. Zwar ist die Entfernung von 80 km nicht allzu weit, um generell eine „räumliche Nähe" abzulehnen. Besondere Beachtung verdient jedoch die Tatsache, dass die Strecke nur schlecht zu fahren ist und somit eine im Notfall schnelle und umfassende Betreuung des Standorts D durch den Betriebsrat in S nicht gewährleistet ist. Ein Verweis auf Kommunikationsmittel wie Telefon oder E-Mail ist nicht angebracht, weil zwischen Betriebsrat und vertretenden Arbeitnehmern auch ein persönlicher Kontakt möglich sein muss. Auch muss der Betriebsrat ständig in der Lage sein, sich einen persönlichen Überblick über den Betrieb zu verschaffen, was bei einer zuvor notwendigen u.U. stundenlangen Fahrt nicht gegeben ist.

503 Wenn alle Voraussetzungen der §§ 1 bzw. 4 BetrVG erfüllt sind, muss kurz geprüft werden, ob sich ein Ausschluss oder eine Einschränkung der Anwendbarkeit des BetrVG aus den §§ 114 ff. BetrVG ergibt. Keine Anwendung findet das BetrVG nach § 118 Abs. 2 BetrVG auf Religionsgemeinschaften und ihre karitativen und erzieherischen Einrichtungen. Die Vorschriften zur Seeschifffahrt (§§ 114 bis 116 BetrVG) finden nur teilweise Anwendung.

504 Von Relevanz für die Ausbildung ist § 118 Abs. 1 BetrVG. Dieser schließt den Anwendungsbereich des BetrVG für sogenannte **Tendenzbetriebe** aus, wenn der Anwendung der konkreten Normen *„die Eigenart des Unternehmens oder des Betriebs [dem] entgegensteht"*. Was unter einem Tendenzbetrieb zu verstehen ist, lässt sich § 118 Abs. 1 S. 1 Nrn. 1 und 2 BetrVG entnehmen. Wichtig ist die Unterscheidung, dass im konkreten Betrieb die Tendenzen des

Unternehmens unmittelbar verfolgt werden müssen.[37] Die Redaktion einer Zeitschrift ist zum Beispiel von der Einschränkung des § 118 Abs. 1 BetrVG unmittelbar erfasst. Eine eigenständige Druckerei hingegen nicht, da dort in der Regel keine tendenzbezogenen Arbeiten ausgeführt werden.[38]

Gem. § 118 Abs. 1 S. 2 BetrVG sind die §§ 106 bis 110 nicht, die §§ 111 bis 113 nur insoweit anzuwenden, als sie den Ausgleich oder die Milderung wirtschaftlicher Nachteile für die Arbeitnehmer infolge von Betriebsänderungen regeln. **505**

§ 130 BetrVG schließt darüber hinaus die Geltung des BetrVG für die Verwaltungen und Betriebe des öffentlichen Rechts aus. **506**

IV. Persönlicher Geltungsbereich

Das BetrVG regelt den persönlichen Geltungsbereich in seinem § 5. Demnach sind Arbeitnehmer und Auszubildende erfasst, unabhängig davon, ob sie im Betrieb, Außendienst oder Telearbeit beschäftigt sind. Außerdem zählen auch Heimarbeiter, die hauptsächlich für den Betrieb tätig sind, zu den Arbeitnehmern im Sinne des Betriebsverfassungsgesetzes, § 5 Abs. 1 S. 2 BetrVG. **507**

» Lesen Sie vorab § 5 BetrVG, der als zentrale Norm für die Frage des Geltungsbereichs zu sehen ist. «

In Absatz 2 der Vorschrift ist ein Katalog derjenigen Personen enthalten, die nicht als Arbeitnehmer im Sinne der Betriebsverfassung zu werten sind. Demnach zählen zum Beispiel gesetzliche Vertreter einer juristischen Person (Nr. 1) oder Familienangehörige des Arbeitgebers (Nr. 5) nicht zu den Arbeitnehmern i.S.d. § 5 Abs. 1 BetrVG. **508**

Abs. 3 der Norm sieht vor, dass das BetrVG für leitende Angestellte nur dann Anwendung findet, wenn dies im Gesetz selbst ausdrücklich bestimmt ist. Für diese Arbeitnehmergruppe regelt erstens das Sprecherausschussgesetz (SprAuG) besondere Mitbestimmungsrechte. Zweitens stehen die leitenden Angestellten eher im Lager des Arbeitgebers, sodass ein besonderer Schutz vor demselben nicht sachgemäß erscheint. Wer als leitender Angestellter einzustufen ist, regelt § 5 Abs. 3 S. 2 BetrVG. **509**

Beispiel Der Personalleiter, der ohne Einverständnis der Geschäftsführung Arbeitnehmer einstellen und entlassen darf, ist leitender Angestellter i.S.d. § 5 Abs. 3 S. 2 Nr. 1 BetrVG. ■

V. Organe der Betriebsverfassung

Das Betriebsverfassungsgesetz kennt nicht nur den Betriebsrat als Organ der Arbeitnehmervertretung. Entsprechend den verschiedenen Ebenen, die ein Unternehmen aufweisen kann, gibt es zusätzlich noch **510**

- den Gesamtbetriebsrat, §§ 47–52 BetrVG (Vertretung der Belegschaft auf Unternehmensebene) und
- den Konzernbetriebsrat, §§ 54–59a BetrVG (Vertretung der Mitarbeiter auf Konzernebene).

37 Lieb/Jacobs § 8 Abs. 3 Rn. 757.
38 *BAG* DB 1976, 584-585.

511 Hinzu kommen beispielsweise
- die Betriebsversammlung, §§ 42–46 BetrVG (Versammlung aller Betriebsangehörigen im Forum),
- der Wirtschaftsausschuss, §§ 106–109 BetrVG,
- die Jugend- und Auszubildendenvertretung, §§ 60–73 BetrVG,
- die Einigungsstelle §§ 76, 76a BetrVG.

512 Da es in den Klausuren des Studiums und des Vorbereitungsdienstes in der Regel bei betriebsverfassungsrechtlichen Klausuren nur um den Betriebsrat und seine Rechte geht, wird im Folgenden vertieft auf diese Punkte genauer eingegangen.

Hinweis

Eines sollten Sie jedoch hinsichtlich der Größe des Betriebsrats wissen: In der Praxis gab häufig Streit darüber, ob die im Betrieb eingesetzten Leiharbeitnehmer im Rahmen des § 9 S. 1 BetrVG (Größe des Betriebsrats) mitzuzählen sind oder nicht. Das BAG hat zuletzt am 13.3.2013[39] klargestellt, dass im Entleihbetrieb regelmäßig beschäftigte Leiharbeitnehmer grundsätzlich als Arbeitnehmer i.S.d. § 1 Abs. 1 S. 1 BetrVG zählen. Der urteilende Senat gab damit seine bisherige, dem entgegen stehende Rechtsprechung auf. Ein Punkt für die neue Überzeugung des BAG war, dass es unlogisch sei, dass man Leiharbeitnehmern das aktive Wahlrechtzum Betriebsrat zubillige (§ 7 Abs. 2 BetrVG), ihnen aber abspreche, „wahlberechtigte Arbeitnehmer" i.S.d. § 9 S. 1 BetrVG zu sein. Außerdem sei durch ihre Berücksichtigung gewährleistet, dass die Zahl der Betriebsratsmitglieder in einem angemessenen Verhältnis zur Zahl der betriebsangehörigen Arbeitnehmer stehe.

VI. Der Betriebsrat

1. Rechtsstellung

513 Der Betriebsrat ist ein Gremium, das die Interessen der Belegschaft vertreten soll. Die Arbeitnehmer entscheiden in freier und unmittelbarer Wahl selbst, wer nach ihrer Ansicht ihre Interessen am besten vertreten kann. Es handelt sich daher beim Betriebsrat um ein gewähltes Organ, das grundsätzlich eigenverantwortlich entscheiden kann, welche „Politik" es mit welchen Mitteln betreiben will. Eine Weisungsabhängigkeit von der Belegschaft besteht nicht.

514 Der Betriebsrat ist zivilrechtlich nicht rechtsfähig. Im Arbeitsgerichtsprozess ist er aber gem. § 10 ArbGG **parteifähig**.

515 Gemäß § 37 BetrVG handelt es sich bei dem Amt des Betriebsrates um eine ehrenamtliche Tätigkeit. Dementsprechend wird kein Entgelt dafür gezahlt. Das einzelne Betriebsratsmitglied hat aber Anspruch auf Lohnfortzahlung, und zwar auch für die Zeit, in der er aufgrund betriebsratlicher Tätigkeit nicht arbeitet.

39 *BAG* Urteil vom 13.3.2013, Az. 7 ABR 69/11, juris.

2. Schutz des Betriebsrates

Der Betriebsrat wird zwar als „Sozialpartner" des Arbeitgebers bzw. Unternehmers begriffen. Trotzdem steht er eben diesem in der Regel als Gegner gegenüber, vertritt er doch die oft gegenläufigen Interessen der Belegschaft. Die Mitglieder des Rats bedürfen daher eines gewissen gesetzlich angeordneten Schutzes, um ungestört von Arbeitgebereinfluss ihren Aufgaben nachgehen zu können. 516

Die wichtigsten Grundsätze zum Schutz der Mitglieder der Interessenvertretung sind: 517

- **Ungestörtheit der Organarbeit**
  § 78 S. 1 BetrVG verbietet ausdrücklich eine Störung oder Behinderung der Arbeit der Mitbestimmungsorgane des BetrVG. Der Arbeitgeber darf demnach die Arbeit des Betriebsrats weder blockieren, sabotieren noch sonst negativ beeinflussen.

- **Gleichbehandlung**
  § 78 S. 2 BetrVG verbietet die Ungleichbehandlung von Betriebsratsmitgliedern und Mitgliedern anderer Interessenvertretungen im Vergleich zu anderen Betriebsangehörigen. Demnach ist weder eine Benachteiligung noch eine Bevorzugung erlaubt.

- **Kündigungsschutz**
  Der besondere Kündigungsschutz der einzelnen Mitglieder gem. § 15 KSchG wurde bereits oben ausführlich erläutert.

- **Entgeltschutz**
  § 37 Abs. 4 garantiert dem einzelnen Betriebsratsmitglied, dass sein Entgelt während der Amtszeit und eines Nachwirkungszeitraums von einem Jahr nach Beendigung des Amtes nicht geringer bemessen werden darf als das vergleichbarer Arbeitnehmer mit betriebsüblicher beruflicher Entwicklung. Mit anderen Worten: Betriebsratsmitglieder müssen zum Beispiel an üblichen Gehaltssteigerungen Anteil haben, dürfen nicht – etwa aufgrund fehlender Praxis wegen der Ausübung von Betriebsratstätigkeit – von den Steigerungen ausgenommen werden.

3. Rechte des Betriebsrats

Das BetrVG sieht ein differenziertes System an Mitbestimmungsmöglichkeiten der Arbeitnehmervertretung, also des Betriebsrats, vor. Die Rechte des Betriebsrats reichen von einem einfachen Informationsrecht (hier muss der Arbeitgeber bloß rechtzeitig über geplante Maßnahmen unterrichten) bis hin zum „echten" Mitbestimmungsrecht (bei dem der Betriebsrat geplante Maßnahmen regelrecht blockieren kann). 518

a) Informationsrechte

Der Betriebsrat kann das Recht haben, rechtzeitig über eine Maßnahme **informiert** zu werden, sodass er sich eine Meinung darüber bilden und gegebenenfalls Einfluss nehmen kann. 519

Beispiel § 105 BetrVG: Vor einer Einstellung oder Versetzung eines leitenden Angestellten ist dem Betriebsrat die geplante Maßnahme rechtzeitig mitzuteilen.

b) Widerspruchsrechte

520 Der Betriebsrat kann dem Vorhaben des Arbeitgebers **widersprechen**, wenn ihm ein solches Recht vom BetrVG explizit zugesprochen wird. Dieser Widerspruch hat keine Auswirkung auf die Rechtmäßigkeit der Maßnahme an sich, kann aber andere Folgen haben.

Beispiel § 102 Abs. 3 BetrVG: Der Betriebsrat kann der Kündigung des A widersprechen, wenn der Arbeitgeber eine fehlerhafte Sozialauswahl vorgenommen hat (Ziff. 1). ■

c) Anhörungsrechte

521 Einige Normen des BetrVG schreiben vor, dass der Betriebsrat vor einer bestimmten Maßnahme **angehört** werden muss. Er muss hier umfassend informiert werden und die Gelegenheit erhalten, sich zu der Sache zu äußern. Diese Stellungnahme muss der Arbeitgeber zur Kenntnis zu nehmen.

Beispiel § 102 Abs. 1 BetrVG: Der Arbeitgeber muss den Betriebsrat vor JEDER Kündigung anhören, ihm also die Tatsache der beabsichtigten Kündigung und die Gründe dafür sowie die Daten des betroffenen Arbeitnehmers mitteilen. ■

d) Beratungsrechte

522 Manche Vorschriften des BetrVG sehen **Beratungsrechte** des Betriebsrats vor. Er kann demnach vom Arbeitgeber verlangen, umfassend über Maßnahmen informiert zu werden und darf seine Meinung dazu äußern und verlangen, dass der Arbeitgeber mit ihm die Sachlage erörtert. Der Arbeitgeber seinerseits muss erkennen lassen, dass er sich mit den Ansichten des Betriebsrats auseinandergesetzt hat, auch wenn dies letztendlich unter Umständen keinen Einfluss auf seine Entscheidung hat.

Beispiel § 90 Abs. 2 BetrVG: Der Arbeitgeber will das Verwaltungsgebäude umbauen und erweitern. Er muss dem Betriebsrat die Pläne mitteilen und auf seine Reaktion warten, um die Ideen des Betriebsrats eventuell aufgreifen zu können. ■

e) Zustimmungsverweigerungsrechte

523 Hier kann der Betriebsrat die **Zustimmung verweigern**, sodass der Arbeitgeber die Maßnahme nicht durchführen darf. Er muss sich an das Arbeitsgericht wenden und die Ersetzung der Zustimmung durchsetzen. Eine ausdrückliche Zustimmung des Betriebsrates ist hingegen nicht notwendig, vgl. die Zustimmungsfiktion des § 99 Abs. 3 S. 2 BetrVG.

Beispiel § 99 Abs. 1 BetrVG: Der Arbeitgeber muss den Betriebsrat vollständig über eine geplante Versetzung informieren. Beruft sich der Betriebsrat auf einen der Gründe des § 99 Abs. 2 BetrVG, darf der Arbeitnehmer zunächst nicht versetzt werden. ■

f) Zustimmungsrechte

524 Das stärkste Recht des Betriebsrats besteht in den Fällen, in denen ihm das BetrVG ein Recht auf Zustimmung zubilligt. Hier kann der Arbeitgeber ohne das Einverständnis des Betriebsrats die geplante Maßnahme nicht treffen. Das Vorliegen eines **Zustimmungsrechts** erkennt man daran, dass im Falle einer fehlenden Einigung zwischen Rat und Arbeitgeber die Einigungsstelle entscheidet und der Spruch dieser Stelle die Einigung ersetzt. Dieser Verweis auf

die Einigungsstelle i.S.d. § 76 BetrVG macht klar, dass eine Einigung vonnöten ist, um die Maßnahme durchsetzen zu können. Der Arbeitgeber kann sich also nicht ohne Weiteres über das starke Mitbestimmungsrecht des Betriebsrats hinwegsetzen. Tut er dies trotzdem, sind entsprechende Weisungen für die betroffenen Arbeitnehmer unverbindlich, müssen also nicht befolgt werden[40] bzw. sind die ergriffenen Maßnahmen rechtswidrig.

Beispiel § 87 Abs. 1 BetrVG: Vor der Anordnung von Überstunden (Mehrarbeit) muss der Arbeitgeber mit dem Betriebsrat eine entsprechende Vereinbarung darüber treffen (Ziff. 3). ■

4. Beteiligung in besonderen Angelegenheiten

Die Beteiligungsrechte des Betriebsrats in sozialen und personellen Angelegenheiten sind aller Erfahrung nach von größter Klausurrelevanz, weswegen sie im Folgenden etwas näher erläutert werden. **525**

a) Soziale Angelegenheiten, §§ 87 ff. BetrVG

Die §§ 87 bis 89 BetrVG beinhalten Vorschriften zu sozialen Angelegenheiten. Gemeint sind damit alle Maßnahmen, die Fürsorgecharakter gegenüber den Arbeitnehmern des Betriebs besitzen. Am wichtigsten für den Studierenden/Referendaren ist die Regelung des § 87 BetrVG, der für einen langen Katalog von Regelungsbereichen zwingende Mitbestimmungsrechte des Betriebsrats vorschreibt. **526**

Geprüft werden sollte wie folgt:

Mitbestimmungsrecht nach § 87 Abs. 1 BetrVG

PRÜFUNGS-SCHEMA

I. Vorliegen eines Regelungstatbestands i.S.d. § 87 Abs. 1 Nrn. 1–13

II. Fehlen einer gesetzlichen oder tariflichen Regelung, § 87 Abs. 1 Einleitungssatz (ES)

III. Kollektiver Bezug der Maßnahme

aa) Maßnahme gem. § 87 Abs. 1 Nrn. 1-13 BetrVG

Zu prüfen ist zunächst, ob die vom Arbeitgeber geplante oder vom Betriebsrat verlangte Maßnahme unter einen der Tatbestände des § 87 Abs. 1 Nrn. 1–13 BetrVG zu subsumieren ist. **527**

Alle diese Merkmale sind von einer umfangreichen Rechtsprechung geprägt, sodass ihre Definition im Einzelnen im Rahmen eines Skripts nicht darzustellen ist. Die klausurrelevantesten Fälle des § 87 Abs. 1 BetrVG sind der Erfahrung nach Folgende: **528**

Beispiel § 87 Abs. 1 Nr. 1 BetrVG: „Fragen der Ordnung des Betriebs und des Verhaltens der Arbeitnehmer im Betrieb".

40 *BAGE* 3, 207; *BAGE* 69, 134-171.

Der Arbeitgeber will eine Uniform für alle Kellner in seinem Restaurant einführen. Grundsätzlich ist die Verpflichtung zum Tragen von Firmenkleidung vom Weisungsrecht des Arbeitgebers gedeckt. Besteht ein Betriebsrat, muss der Arbeitgeber aber zunächst eine Vereinbarung mit demselben treffen. Denn die uniforme Kleidung der Mitarbeiter betrifft das Verhalten der Arbeitnehmer und die Ordnung im Betrieb. Faustregel: Nach § 87 Abs. 1 Nr. 1 BetrVG nicht mitbestimmungspflichtig sind nur solche Anordnungen des Arbeitgeber, die die Arbeitspflicht unmittelbar konkretisieren. ■

Beispiel § 87 Abs. 1 Nr. 6 BetrVG: „Einführung und Anwendung von technischen Einrichtungen, die dazu bestimmt sind, das Verhalten oder die Leistung der Arbeitnehmer zu überwachen".

Der Arbeitgeber will eine neue Telefonanlage installieren, die – ohne dass dies vom Arbeitgeber gewünscht ist – automatisch angerufene Nummern speichert. Dies genügt, um ein Mitbestimmungsrecht des Betriebsrats zu bejahen. Denn durch die Anlage ist möglich festzustellen, ob Arbeitnehmer während der Arbeitszeit privat telefonieren. Zwar „bestimmt" der Arbeitgeber nicht die Anlage zur Überwachung der Arbeitnehmer. Nach ständiger Rechtsprechung des BAG genügt aber die potenzielle Möglichkeit der Überwachung, sodass der Wille des Arbeitgebers zur Überwachung oder eben „Nicht-Überwachung" unerheblich ist. ■

Beispiel § 87 Abs. 1 Nr. 10 BetrVG:

„Fragen der betrieblichen Lohngestaltung, insbesondere die Aufstellung von Entlohnungsgrundsätzen und die Einführung und Anwendung von neuen Entlohnungsmethoden sowie deren Änderung"

Der Arbeitgeber möchte künftig die außertariflichen Mitarbeiter nach festgelegten Grundsätzen entlohnen. Die entworfene Tabelle sieht vor, dass Mitarbeiter mit Fachhochschulabschluss 60 000 Euro jährlich verdienen, solche mit Hochschulabschluss 80 000 Euro und solche mit Doktortitel 100 000 Euro. Vor der Einführung und Umsetzung dieser Idee muss der Betriebsrat um eine Vereinbarung ersucht werden. ■

bb) Fehlen einer stärkeren Regelung

529 Der Einleitungssatz des § 87 Abs. 1 BetrVG verfolgt zwei Ziele. Zum einen muss von Maßnahmen abgegrenzt werden, die der Arbeitgeber von Gesetzes wegen schon umsetzen muss, sodass hier überhaupt kein Regelungsspielraum für die Betriebsparteien mehr bleibt. Zum anderen dürfen Betriebsrat und Arbeitgeber auch keine Regelung treffen, die den tariflichen Vereinbarungen entgegen steht. Denn der Gesetzgeber hat den Tarifvertragsparteien in dieser Hinsicht einen gewichtigeren Rang eingeräumt, vgl. auch § 77 Abs. 3 S. 1 BetrVG.[41]

530 Sie müssen also die Frage beantworten, ob die Betriebsparteien überhaupt noch die Macht haben, über die geplante Angelegenheit zu bestimmen. In der Klausur ist hier die Auswertung jeweils einschlägiger Tarifvertragsklauseln oder gesetzlicher Vorschriften notwendig.

Beispiel Der Tarifvertrag sieht vor, dass die Gehälter nur unbar auf die Konten der Arbeitnehmer überwiesen werden dürfen. Der Arbeitgeber kann daher keine abweichende Vereinbarung gem. § 87 Abs. 1 Nr. 4 letzte Alternative BetrVG treffen, der Betriebsrat eine andere Regelung nicht verlangen. ■

41 Zur Frage, ob der Tarifvorrang auch für nicht gebundene Arbeitgeber gilt („Zwei-Schranken-Theorie"), vgl. *BAGE* 69, 134.

cc) Kollektiver Tatbestand

§ 87 Abs. 1 BetrVG setzt voraus, dass die geplante Maßnahme einen **kollektiven Bezug** hat. Dies bestimmt sich nicht allein danach, ob nur ein Mitarbeiter oder mehrere (ein „Kollektiv") betroffen sind. Vielmehr ist maßgeblich, ob die zu treffende Regelung im gemeinsamen Interesse einer Gruppe von Arbeitnehmern oder gar der ganzen Belegschaft liegt. **531**

Beispiel So kann zum Beispiel die Verringerung der Arbeitszeit einer einzelnen Arbeitnehmerin dazu führen, dass ein Tatbestand des § 87 Abs. 1 Nr. 2 BetrVG geschaffen wird, wenn die von ihr gewünschte Arbeitszeitverteilung auf den gesamten Dienstplan Auswirkungen hat.[42] ■ **532**

dd) Rechtsfolge

Wird das Mitbestimmungsrecht des Betriebsrats i.S.d. § 87 Abs. 1 BetrVG bejaht, ist folgendes zu beachten: Der Arbeitgeber darf die geplante Maßnahme nicht ergreifen, bevor nicht eine Regelung mit dem Betriebsrat darüber getroffen wurde. Aus § 87 Abs. 2 BetrVG geht hervor, dass der Betriebsrat ein zwingendes Mitbestimmungsrecht hat, sodass der Arbeitgeber notfalls eine Einigungsstelle anrufen muss. **533**

b) Personelle Einzelmaßnahmen, §§ 99 ff. BetrVG

Die §§ 99 ff. BetrVG enthalten Rechte des Betriebsrats hinsichtlich einzelner personeller Maßnahmen. Konkret geht es hier in Klausurfällen meist um Angelegenheiten wie die Einstellung und Versetzung von Arbeitnehmern (§ 99 BetrVG) sowie Kündigungen (§§ 102, 103 BetrVG). **534**

Gem. § 99 Abs. 1 BetrVG hat der Betriebsrat ein starkes Recht bei Versetzungen, Einstellungen und weiteren in der Norm genannten Maßnahmen. Er ist unter anderem umfassend über die Pläne des Arbeitgebers zu unterrichten, hat Anspruch auf Vorlage der erforderlichen Unterlagen und kann die Zustimmung zu der Maßnahme verweigern. **535**

In dem Fall muss der Arbeitgeber seine Pläne zurückstellen und zuerst das Arbeitsgericht anrufen und um Ersetzung der Zustimmung bitten, § 99 Abs. 4 BetrVG. In besonders eiligen Fällen steht ihm auch die Möglichkeit offen, die personelle Maßnahme vorläufig zu vollziehen, § 100 BetrVG. Das Arbeitsgericht muss aber gem. § 100 Abs. 2 BetrVG trotzdem in Anspruch genommen werden. **536**

Äußert sich der Betriebsrat nicht schriftlich binnen der Wochenfrist des § 99 Abs. 3 S. 1 BetrVG unter Angabe der Verweigerungsgründe, wird die Zustimmung gesetzlich fingiert, § 99 Abs. 3 S. 2 BetrVG. **537**

» Zu den Folgen bei Nichtbeachtung der Rechte des Betriebsrats durch den Arbeitgeber vgl. §§ 100, 101 BetrVG. «

§ 102 Abs. 1 BetrVG sieht ein Anhörungsrecht des Betriebsrats vor jeder Kündigung vor. Der Arbeitgeber muss den Rat umfassend über den zu kündigenden Arbeitnehmer und die Kündigungsgründe informieren. Der Betriebsrat hat dann die Möglichkeit, die Kündigung entweder ausdrücklich oder schweigend hinzunehmen oder binnen einer Woche, bei außerordentlichen Kündigungen binnen drei Tagen, zu widersprechen. Dieser Widerspruch muss auf Gründen i.S.d. § 102 Abs. 3 BetrVG beruhen und hat lediglich die in Abs. 4 und 5 der Norm genannten Rechtswirkungen. **538**

Die Wirksamkeit der Kündigung wird von dem Widerspruch nicht berührt. **539**

42 *BAG* NZA 2009, 565-571.

5. Betriebsvereinbarung/Regelungsabrede

540 Treffen Betriebsrat und Arbeitgeber Vereinbarungen miteinander, können sie dies als Betriebsvereinbarung oder als Regelungsabrede ausgestalten.

a) Betriebsvereinbarung

541 Das Instrument der Betriebsvereinbarung wird von § 77 BetrVG geregelt. Gem. § 77 Abs. 2 i.V.m. Abs. 4 BetrVG handelt es sich bei einer Betriebsvereinbarung um einen schriftlichen Vertrag (§§ 145 ff. BGB) zwischen Arbeitgeber und Betriebsrat, der gegenüber den Arbeitnehmern Normwirkung entfaltet.

542 Eine wirksame Betriebsvereinbarung ist demnach ähnlich wie der Tarifvertrag als gesetzähnliches Regelungswerk zu betrachten, das direkt auf das einzelne Arbeitsverhältnis einwirkt. Im Vergleich mit einzelvertraglichen Regelungen gilt hier das **Günstigkeitsprinzip**, sodass der Arbeitgeber sich nicht durch eine Betriebsvereinbarung von den vertraglichen Pflichten lösen kann.[43]

Beispiel Der Arbeitsvertrag sieht vor, dass Arbeitnehmer A ein Weihnachtsgeld in Höhe von 500 € bekommt. Die neue Betriebsvereinbarung hingegen gewährt nur ein Weihnachtsgeld von 300 €. Einen Tarifvertrag zu dem Thema gibt und gab es nie. Der A kann vom Arbeitgeber 500 € Weihnachtsgeld verlangen, weil dieser Betrag höher und damit natürlich günstiger ist für den A. ■

543 Dieses Prinzip findet grundsätzlich auch Anwendung, wenn die günstigere vertragliche Regelung nicht auf einer Einzelabrede, sondern auf einer Gesamtzusage, betrieblichen Übung oder arbeitsvertraglichen Einheitsregelung beruht. Hier ist allerdings nicht danach zu fragen, ob die Regelung für den einzelnen Arbeitnehmer günstiger ist. Das BAG hat für die Fälle, in denen der Arbeitgeber nachträglich eine andere Regelung durch eine Betriebsvereinbarung schaffen will, das so genannte „kollektive Günstigkeitsprinzip" entwickelt.[44] Demnach ist danach zu fragen, ob die neue Betriebsvereinbarung im Gesamtvergleich zu der alten kollektiven Regelung nicht ungünstiger ist.

544 Die Betriebsparteien können den Geltungsbereich der Vereinbarung frei bestimmen, sodass nicht unbedingt jede Betriebsvereinbarung in einem Betrieb auch auf jeden Mitarbeiter Anwendung findet.

545 Gem. § 77 Abs. 6 BetrVG kennt auch das Recht der Betriebsvereinbarungen eine **Nachwirkung**, wiederum ähnlich wie beim Tarifvertragsrecht. Allerdings wirken nur Betriebsvereinbarungen nach, die aufgrund eines zwingenden Mitbestimmungsrechts des Betriebsrats geschaffen wurden. Dies geht aus § 77 Abs. 6 BetrVG hervor, der lautet:

Nach Ablauf einer Betriebsvereinbarung gelten ihre Regelungen in Angelegenheiten, in denen ein Spruch der Einigungsstelle die Einigung zwischen Arbeitgeber und Betriebsrat ersetzen kann, weiter, bis sie durch eine andere Abmachung ersetzt werden.

546 Dieser Hinweis auf die Ersetzungsbefugnis der Einigungsstelle ist stets in den Normen zu finden, die eine zwingende Mitbestimmung des Rates vorsehen. Zudem kann ein solches Ersetzungsrecht der Einigungsstelle durch Vereinbarung zwischen den Betriebsparteien geschaffen werden, § 76 Abs. 6 BetrVG.

---

43 *BAGE* 56, 18-44.

44 *BAGE* 99, 183-197.

Bei der Auslegung einer Betriebsvereinbarung ist zu beachten, dass hier zweierlei Maßstäbe 547
anzuwenden sind. Ist in einer Betriebsvereinbarung eine Regelung enthalten, die Rechte und Pflichten der Betriebsparteien beinhaltet, ist diese Regelung gem. §§ 133, 157 BGB auszulegen wie ein ganz normaler Vertrag. Betrifft die Frage hingegen den normativen Teil der Betriebsvereinbarung, ist der objektive Inhalt der Vereinbarung maßgeblich für die Auslegung. Denn die Parteien haben eine Norm geschaffen, die auf die Arbeitnehmer wesentlich einwirkt. Daher ist danach zu fragen, wie diese die Vereinbarung verstehen. Was die Vertragsparteien subjektiv gemeint haben, tritt in den Hintergrund.[45]

Eine wesentliche und klausurrelevante Vorschrift ist die des § 77 Abs. 3 BetrVG. 548

Sie lautet:

Arbeitsentgelte und sonstige Arbeitsbedingungen, die durch Tarifvertrag geregelt sind oder üblicherweise geregelt werden, können nicht Gegenstand einer Betriebsvereinbarung sein. Dies gilt nicht, wenn ein Tarifvertrag den Abschluss ergänzender Betriebsvereinbarungen ausdrücklich zulässt.

Das Gesetz schränkt also die Vertragsmacht der Betriebsparteien insoweit ein, als gewisse Inhalte nicht vereinbart werden dürfen, wenn ein vorrangiger Tarifvertrag entweder besteht oder diese Dinge üblicherweise regelt. Unerheblich ist dabei, ob der Arbeitgeber tarifgebunden ist oder nicht. Es genügt, wenn sich sein Betrieb im Geltungsbereich des einschlägigen Tarifvertrags befindet.[46]

Ist gerade kein geltender Tarifvertrag ersichtlich, muss geprüft werden, ob der geplante Ver- 549
einbarungsgegenstand üblicherweise von einem Tarifvertrag des jeweiligen Geltungsbereichs geregelt ist. Ist dies der Fall, ist eine dennoch getroffene Betriebsvereinbarung insoweit unwirksam.[47]

Beispiel Der Arbeitgeber vereinbart mit dem Betriebsrat, dass die Arbeitnehmer des Betriebs 26 Tage Urlaub im Jahr haben sollen. Ein aktueller Urlaubstarifvertrag liegt nicht vor, die Feststellungen ergeben aber, dass im fraglichen Tarifgebiet üblicherweise ein solcher abgeschlossen wird, da alle bisherigen Urlaubstarifverträge einen Urlaub von 25 Urlaubstagen vorgesehen haben. Die Betriebsvereinbarung unterliegt daher der Sperre des § 77 Abs. 3 BetrVG, ist unwirksam. Der Arbeitnehmer kann sich nur auf den gesetzlichen Urlaub berufen, wenn sein Arbeitsvertrag keine – zugunsten des Arbeitnehmers abweichende, § 13 BUrlG – Regelung enthält. ■

Eine Ausnahme von dieser Regelungssperre sieht § 77 Abs. 3 S. 2 BetrVG vor, wenn die Tarif- 550
parteien ausdrücklich den Betriebsparteien die Möglichkeit zu einer abweichenden Vereinbarung eröffnet haben (**„Öffnungsklausel"**).

b) Regelungsabrede

Betriebsrat und Arbeitgeber haben auch die Möglichkeit, eine sogenannte Regelungsabrede 551
zu vereinbaren. Diese ist im Gesetz nicht vorgesehen, entfaltet daher mangels einer ausdrücklichen Bestimmung auch keine Wirkung für den einzelnen Arbeitnehmer. Will der Arbeitgeber die Regelungen für die Arbeitnehmer bindend gestalten, muss er mit jedem einzelnen eine Vertragsänderung vereinbaren.

---

45 *BAG* AP Nr 86 zu § 102 BetrVG 1972.

46 *BAGE* 85, 208-224.

47 *BAG* ZBVR 2004, 98-100.

552 Da auch keine Formvorschrift existiert, können die Betriebsparteien die Regelungsabrede formlos oder auch konkludent treffen.

553 Das Instrument der Regelungsabrede wird in der Praxis gerne genutzt, um den Tarifvorbehalt des § 77 Abs. 3 BetrVG zu umgehen. Im einzelnen Betrieb wird dann eine Regelungsabrede getroffen, die nach § 77 Abs. 3 BetrVG eigentlich unzulässige Inhalte aufweist. Ist der Arbeitgeber nicht tarifgebunden und erklären sich die Arbeitnehmer einverstanden, die Abrede in ihre Arbeitsverträge zu „transformieren", können die tariflichen oder tarifüblichen Regelungen unbeachtet bleiben.

Beispiel Im obigen Beispiel war die Betriebsvereinbarung zum Urlaub unwirksam wegen § 77 Abs. 3 BetrVG, somit bestand kein Anspruch der Arbeitnehmer auf zwei weitere Tage Urlaub im Jahr. Die Betriebsparteien einigen sich daher darauf, die Vereinbarung als Regelungsabrede zu betiteln. Der Arbeitgeber bietet den Arbeitnehmern daraufhin an, die Abrede zum Gegenstand des Arbeitsvertrags zu machen. Bei Zustimmung der Arbeitnehmer entsteht ein jeweils individueller vertraglicher Anspruch auf Zusatzurlaub. ■

554 Allerdings kann die tarifzuständige Gewerkschaft unter Umständen in diesen Fällen einen Unterlassungsanspruch gem. § 1004 Abs. 1 i.V.m. § 823 Abs. 1 BGB, Art. 9 Abs. 3 GG haben, wenn sie beweisen kann, dass die Abrede auf eine Verdrängung der geltenden Tarifbestimmungen abzielt.[48]

Online-Wissens-Check

Unter welchen Voraussetzungen ist § 87 BetrVG anwendbar?

Überprüfen Sie jetzt online Ihr Wissen zu den in diesem Abschnitt erarbeiteten Themen. Unter **www.juracademy.de/skripte/login** steht Ihnen ein Online-Wissens-Check speziell zu diesem Skript zur Verfügung, den Sie kostenlos nutzen können. Den Zugangscode hierzu finden Sie auf der Codeseite.

48 *BAGE* 91, 210-234.

4. Teil
Das Verfahren vor den Arbeitsgerichten

A. Aufbau

555

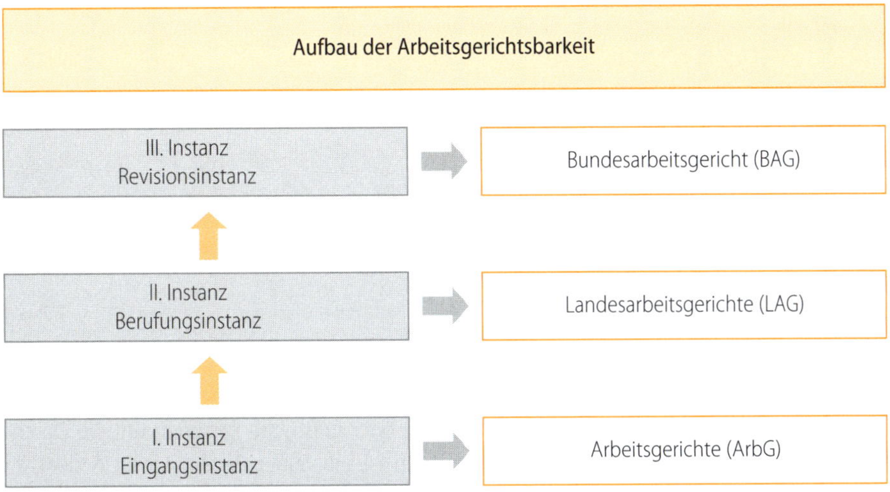

Der Aufbau der Arbeitsgerichtsbarkeit ist wie die meisten Gerichtszweige in Deutschland dreistufig angeordnet:

- Arbeitsgericht (ArbG)
- Landesarbeitsgericht (LAG)
- Bundesarbeitsgericht (BAG)

Hinweis

Aufbau und Besetzung der verschiedenen Instanzen der Arbeitsgerichtsbarkeit sind sehr selten Gegenstand von schriftlichen Klausuren, weswegen im Folgenden nicht näher darauf eingegangen wird. Vor einer mündlichen Prüfung sollten Sie die §§ 14 bis 45 ArbGG durchlesen.

B. Zuständigkeit der Arbeitsgerichtsbarkeit

Der Rechtsweg zu den Gerichten für Arbeitssachen ist eröffnet, wenn es sich bei dem zu lösenden Konflikt um eine arbeitsrechtliche Streitigkeit handelt. Dies ist der Fall, wenn Normen aus dem Bereich des Arbeitsrechts betroffen sind. 556

Gemäß § 2 ArbGG sind die Gerichte für Arbeitssachen im **Urteilsverfahren** ausschließlich zuständig für die in Abs. 1 aufgezählten Nrn. 3 bis 10 und in Fällen des § 2 Abs. 2 ArbGG. Diese Zuständigkeit ist zwingend, es können keine anderen Vereinbarungen getroffen werden, die den Streit an einen anderen Gerichtszweig verweisen sollen. Die Zuständigkeit der Arbeitsgerichte kann hingegen in den Fällen des § 2 Abs. 3 über die Absätze 1 und 2 der Vorschrift rein tatsächlich begründet sein oder gem. § 2 Abs. 4 ArbGG vereinbart werden. Die 557

Zuständigkeit bleibt auch nach Beendigung des Arbeitsverhältnisses bestehen, wenn noch über Ansprüche gestritten wird, die aus dem Arbeitsverhältnis herrühren.

558 Die Arbeitsgerichte sind im Urteilsverfahren darüber hinaus gem. § 2 Abs. 1 Nr. 1, 2 ArbGG auch für einige tarifvertragliche Streitigkeiten zuständig.

559 Im sogenannten **Beschlussverfahren** nach § 2a ArbGG entscheiden die Arbeitsrichter über betriebsverfassungsrechtliche, sonstige mitbestimmungsrechtliche Streitigkeiten und über die Tariffähigkeit und Tarifzuständigkeit von Vereinigungen.

C. Verfahrensarten

560 Wie im Rahmen der Zuständigkeiten schon angesprochen, kennt das Arbeitsgerichtsgesetz zwei Verfahrensarten, das Urteilsverfahren und das Beschlussverfahren. Maßgeblich für die Einordnung einer Streitigkeit ist ihr Gegenstand, §§ 2, 2a ArbGG.

I. Urteilsverfahren

561 Im Urteilsverfahren streiten in der Regel natürliche oder juristische Personen um die Durchsetzung ihrer eigenen Rechte. Das Urteilsverfahren ist ein reiner Parteiprozess, in dem im Wesentlichen die Regeln der ZPO gelten, soweit das ArbGG nichts Abweichendes bestimmt (§ 46 Abs. 2, § 64 Abs. 6, § 72 Abs. 5 ArbGG).

1. Zulässigkeit einer Klage vor dem Arbeitsgericht

562 Ähnlich wie bei der Zivilprozessklausur muss, falls Anlass besteht, die Zulässigkeit einer Klage vor ihrer Begründetheit angesprochen werden. Eine Klage ist zulässig, wenn die folgenden Voraussetzungen gegeben sind.

a) Sachliche Zuständigkeit

563 Das Arbeitsgericht ist zuständig, wenn eine Streitigkeit i.S.d. § 2 ArbGG ausgetragen werden soll. Das Gericht muss von Amts wegen prüfen, ob eine arbeitsrechtliche Angelegenheit vorliegt.

564 Dies kann dann problematisch sein, wenn unklar ist, ob die Beteiligten Arbeitnehmer- bzw. Arbeitgeberstatus für sich beanspruchen können. Die Rechtsprechung unterscheidet hier drei Fälle:[1]

565 Kann der Anspruch, auf den der Kläger sich stützt, nur aus einer arbeitsrechtlichen Norm entnommen werden, spricht man von einem **„sic-non-Fall"**. Die Frage nach der Arbeitnehmereigenschaft des Klägers ist hier für die Zulässigkeit und die Begründetheit von Belang (**„doppelrelevante Tatsache"**).

1 ErfK-*Koch* § 2 ArbGG Rn. 38 ff.

Daher genügt nach der Rechtsprechung die schlüssige Behauptung des Klägers, er sei Arbeitnehmer. Wird das in der Begründetheitsprüfung verneint, wird die Klage als unbegründet abgewiesen.

Beispiel Kündigungsschutzklage gem. §§ 4, 7 KSchG. ■

Kann der Anspruch entweder auf eine arbeitsrechtliche oder allgemeine zivilrechtliche Grundlage gestützt werden, wobei nicht beide Vorschriften gleichzeitig anwendbar sein können, liegt ein so genannter **„aut-aut-Fall"** vor. Hier muss das Gericht schon im Rahmen der Zulässigkeitsprüfung entscheiden, ob die arbeitsrechtliche Grundlage Anwendbarkeit findet. 566

Beispiel Zahlungsklage, die entweder auf § 611 BGB i.V.m. einem Dienstvertrag oder § 611 i.V.m. einem Arbeitsvertrag basieren kann. ■

Zuletzt gibt es Fälle, in denen sowohl Grundlagen aus dem Arbeits- als auch dem allgemeinen Zivilrecht einschlägig sein können, wobei sich diese Normen nicht gegenseitig ausschließen, so genannter **„et-et-Fall"**. Dieser ist zu behandeln wie der aut-aut-Fall. 567

Beispiel Prüfung einer fristlosen Kündigung gem. § 626 BGB. ■

Etwas exotischer ist der Fall, dass zwar Arbeitgeber und Arbeitnehmer um einen Anspruch streiten, dieser aber nicht privatrechtlicher, sondern öffentlich-rechtlicher Natur ist. Dies ist beispielsweise zu bejahen, wenn der Arbeitnehmer vom Arbeitgeber die Korrektur seiner Lohnsteuerbescheinigung verlangt. 568

Beispiel Ein solcher Fall wurde Mitte des Jahres 2013 vom BAG entschieden. Diese Kenntnis wird wohl nicht von Ihnen verlangt, könnte Ihnen aber bei Prüfern, die Wert auf Aktuelles legen, wichtige Zusatzpunkte garantieren. In der gebotenen Kürze: Die Richter des BAG entschieden am 7.5.2013[2], dass Streitigkeiten über die Lohnsteuerbescheinigung vor dem Finanzgericht auszufechten sind, § 33 Abs. 1 Nr. 1 i.V.m. § 33 Abs. 2 Finanzgerichtsordnung (FGO). Die Gerichte für Arbeitssachen sind nämlich gem. § 2 Abs. 1 Nr. 3 lit e ArbGG nur für bürgerliche Rechtsstreitigkeiten zwischen Arbeitgebern und Arbeitnehmern über Arbeitspapiere zuständig. Der Streit um die Richtigkeit der Lohnsteuerbescheinigung kann jedoch eine abgabenrechtliche Angelegenheit und als solche keine bürgerliche, sondern eine Angelegenheit auf dem Gebiet des öffentlichen Rechts sein. Bitte passen Sie aber auf: Nicht jede Frage, die sich um die Richtigkeit der o.g. Bescheinigung dreht, gehört vor die Finanzgerichte! Je nachdem, was der Arbeitnehmer genau verlangt, kann doch ein Streit i.S.d. § 2 Abs. 1 Nr. 3 lit e ArbGG vorliegen. Konkret wollte sich das BAG nicht festlegen, wo genau die Grenze zu ziehen ist. Für die Prüfung dürfte es jedoch ausreichen, überhaupt etwas mit diesen Stichpunkten anfangen zu können. ■

b) Örtliche Zuständigkeit

Hinsichtlich der örtlichen Zuständigkeit gelten die §§ 12 ff. ZPO, auf die § 46 Abs. 2 S. 1 ArbGG verweist. Sofern kein ausschließlicher Gerichtsstand gegeben ist, ist der allgemeine Gerichtsstand des Beklagten zu ermitteln, § 12 Abs. 1 ZPO. Sofern der Arbeitgeber eine natürliche Person ist, bestimmt sich bei Klagen gegen ihn die örtliche Zuständigkeit nach seinem Wohnsitz, § 13 ZPO. Ist der Arbeitgeber juristische Person, gelten hingegen die §§ 12, 17 ZPO. Die besonderen Gerichtsstände der Niederlassung gemäß § 21 ZPO und des Erfüllungsorts nach 569

2 *BAG* DStR 2013, 1345-1346.

§ 29 ZPO können ebenso anwendbar sein. Für den Erfüllungsort maßgeblich ist § 269 BGB. Erfüllungsort ist der Ort, an dem die Arbeitsleistung zu erbringen ist.

570 Nach § 48 Abs. 1a ArbGG ist für Streitigkeiten im Urteilsverfahren auch das Arbeitsgericht zuständig, in dessen Bezirk der Arbeitnehmer gewöhnlich seine Arbeit verrichtet oder zuletzt gewöhnlich verrichtet hat.

571 Die Tarifvertragsparteien können auch eine andere Zuständigkeit vereinbaren, § 48 Abs. 2 ArbGG.

572 Strebt der Arbeitgeber eine Klage gegen den Arbeitnehmer an, ist Gerichtsstand der Wohnsitz des Arbeitnehmers oder wiederum der Ort der Arbeitsleistung als Erfüllungsort, § 29 ZPO.

c) Parteifähigkeit

573 Die Parteifähigkeit richtet sich grundsätzlich nach den allgemeinen Vorschriften der ZPO.

Unter **Parteifähigkeit** versteht man die Fähigkeit, als Partei vor Gericht auftreten zu können. Nach § 50 ZPO ist parteifähig, wer rechtsfähig ist.

Da es im Zivilprozess wie im Arbeitsgerichtsprozess regelmäßig um die Durchsetzung subjektiver Rechte geht, können Parteien grundsätzlich nur solche Personen sein, die auch Träger von Rechten und Pflichten sind. Es sind damit alle natürlichen und juristischen Personen parteifähig. Bei mangelnder Parteifähigkeit ist eine Klage als unzulässig abzuweisen.

574 Eine arbeitsrechtliche Besonderheit auf dem Gebiet der Parteifähigkeit findet sich in § 10 S. 1 ArbGG. Danach sind im arbeitsgerichtlichen Verfahren auch Gewerkschaften und Vereinigungen von Arbeitgebern sowie Zusammenschlüsse solcher Verbände unabhängig von ihrer Rechtsfähigkeit parteifähig.

575 Das Gesetz bestimmt darüber hinaus, dass die in § 2a Abs. 1 Nrn. 1 bis 3f ArbGG genannten Personen bzw. Stellen Beteiligte des Prozesses sein können. Parteifähig im arbeitsgerichtlichen Verfahren sind weiterhin in den Fällen des § 2a Abs. 1 Nr. 4 auch die beteiligten Vereinigungen von Arbeitnehmern und Arbeitgebern sowie die oberste Arbeitsbehörde des Bundes oder derjenigen Länder, auf deren Bereich sich die Tätigkeit der Vereinigung erstreckt.

Hinweis

An dieser Stelle in der Klausur sollte man, wenn es um Gewerkschaften geht, nicht viel zur Parteifähigkeit der Gewerkschaft sagen oder gar Rechtsprechung des BGH dazu erörtern. Es genügt im Allgemeinen der Hinweis auf § 10 ArbGG.

d) Prozessvertretung

576 Vor den Arbeitsgerichten herrscht, wie vor den Amtsgerichten, kein Anwaltszwang. Die Parteien können sich also vor den Gerichten vertreten lassen, müssen es aber nicht, § 11 Abs. 1 ArbGG.

577 § 11 ArbGG sieht verschiedene Personen für eine mögliche Prozessvertretung vor. Die Parteien können sich außer von Anwälten auch von den Vertretern der Arbeitgeberverbände

oder den Gewerkschaften vertreten lassen, von Familienangehörigen, Juristen und auch Streitgenossen.

Vor den Landesarbeitsgerichten und dem BAG besteht hingegen Anwaltszwang, § 11 Abs. 4 578
S. 1 ArbGG. Vertretungsberechtigt sind dort neben Rechtsanwälten auch Vertreter der Gewerkschaften oder Arbeitgeberverbände und sonstige in § 11 Abs. 2 Nrn. 4 und 5 ArbGG genannte Personen.

e) Prozessfähigkeit und Prozessführungsbefugnis

Unter der **Prozessfähigkeit** versteht man die Fähigkeit einer Person, die Prozesshandlungen 579
oder Verfahrenshandlungen selbst oder durch einen gewillkürten Vertreter vorzunehmen.[3]

Die **Prozessführungsbefugnis** erlaubt hingegen, ein bestimmtes Recht als Partei im Prozess im eigenen Namen geltend zu machen.[4] Dazu befugt ist zumeist der Anspruchsinhaber.

Problematisch ist es, wenn jemand ein fremdes Recht im eigenen Namen geltend macht. In 580
dem Fall ist zu erörtern, ob eine zulässige Prozessstandschaft vorliegt.[5]

Fälle der **gesetzlichen** Prozessführungsbefugnis, etwa durch den Insolvenzverwalter, §§ 84 f. 581
InsO, oder den Testamentsvollstrecker, § 2212 BGB, sind stets zulässig.

Bei **gewillkürter** Prozessstandschaft muss derjenige, dem die Prozessführungsbefugnis vom 582
Berechtigten eingeräumt wurde, ein eigenes schutzwürdiges Interesse an der Verfolgung des fremden Rechts haben.[6]

2. Begründetheit der Kündigungsschutzklage

Die Kündigungsschutzklage ist, wie oben bereits angesprochen, eine Feststellungsklage. Diese 583
kommt in der Praxis in zwei Formen vor, als besondere und allgemeine Feststellungsklage.

a) Die besondere Kündigungsschutzklage

Die Kündigungsschutzklage ist eine besondere, gesetzlich vorgesehene Feststellungsklage, 584
vgl. § 4 Abs. 1 KSchG. Wie aus der Norm zu entnehmen ist, lautet der Klageantrag hier:

„Es wird festgestellt, dass das Arbeitsverhältnis durch die Kündigung vom … nicht aufgelöst ist."

Wie oben bereits beschrieben, muss die Klage binnen drei Wochen nach Zugang der schrift- 585
lichen Kündigung beim Arbeitsgericht eingereicht werden, andernfalls gilt die Kündigung als von Anfang an wirksam, §§ 4, 7 KSchG.

Gem. §§ 23 Abs. 1 S. 2, 4, 7 KSchG gilt dies auch bei ansonsten fehlender Anwendbarkeit des 586
KSchG. Es handelt sich hier nicht um eine Prozessvoraussetzung, sondern um eine materiellrechtliche Ausschlussfrist.[7]

---

3 *Hüßtege* in Thomas/Putzo § 51 Rn. 2.
4 *Hüßtege* in Thomas/Putzo § 51 Rn. 20.
5 Vertiefend hierzu Skript „Zivilprozessrecht".
6 *Hüßtege* in Thomas/Putzo § 51 Rn. 34.
7 *BAG* DB 1980, 1498-1500.

Hinweis

Die Vorschriften immer ganz lesen! Gem. § 4 Abs. 4 KSchG beginnt die Frist erst zu laufen, wenn dem durch besondere Kündigungsvorschriften geschützten Arbeitnehmer die behördliche Zustimmung zur Kündigung bekannt gegeben wurde.

587 Da § 4 Abs. 1 KSchG auf den Zugang einer bestimmten Kündigung abstellt, spricht man hier auch von einem **„punktuellen" Streitgegenstand**.[8] Es wird also nur eine bestimmte Kündigung auf ihre Wirksamkeit hin überprüft, wenn man den o.g. Antrag stellt.

588 Ergehen während des Kündigungsschutzprozesses weitere Kündigungen, muss der Klageantrag jeweils entsprechend erweitert werden. Sonst läuft der Kläger Gefahr, bei späteren Kündigungen die 3-Wochen-Frist zu verpassen. In dem Fall endet das Arbeitsverhältnis trotz einer eventuell gewonnenen Kündigungsschutzklage unter Umständen wegen einer anderen, gemäß § 7 KSchG als wirksam fingierten Kündigung.

589 Das für alle Feststellungsklagen erforderliche Feststellungsinteresse i.S.d. § 256 Abs. 1 ZPO ergibt sich bei der besonderen Kündigungsschutzklage aus eben dieser gesetzlichen Fiktion.[9]

JURIQ-Klausurtipp

In der Klausur genügt hier ein kurzer Hinweis auf § 7 KSchG.

b) Die allgemeine Feststellungsklage wegen eines Kündigungssachverhalts

590 Mithilfe einer allgemeinen Feststellungsklage (§ 46 Abs. 2 ArbGG i.V.m. § 256 ZPO) kann der Arbeitnehmer gegen eine Kündigung vorgehen, die nicht unter den § 4 Abs. 1 KSchG fällt. Dies kann z. B. der Fall sein, wenn die Kündigung nur mündlich ausgesprochen wurde und somit keine schriftliche Kündigung i.S.d. § 4 Abs. 1 KSchG vorliegt oder der Arbeitnehmer nur festgestellt haben will, dass die Kündigungsschutzfrist nicht ordnungsgemäß eingehalten wurde.[10]

Der Klageantrag lautet hier: *„Es wird festgestellt, dass das Arbeitsverhältnis zwischen den Parteien über den Zeitpunkt der Kündigungsfrist hinaus fortbesteht".*

591 Damit wird klargestellt, dass nicht ein einziger Kündigungssachverhalt untersucht werden soll, sondern das Fortbestehen des Arbeitsverhältnisses an sich. Bei diesen Klagen muss der Arbeitnehmer sein besonderes Feststellungsinteresse gem. § 256 Abs. 1 ZPO gesondert darlegen. Er muss hier vortragen, dass ein streitiger Beendigungstatbestand im Raum steht[11] und damit die von § 256 Abs. 1 ZPO geforderte Ungewissheit über ein Rechtsverhältnis.

8 *BAG* NZA 1995, 595-596.
9 *BAG* DB 1981, 2233-2234.
10 *BAGE* 116, 336-345.
11 *BAGE* 121, 273-288.

c) Der kombinierte Feststellungsantrag

Oft wird in der Klageschrift der Antrag angekündigt: *„Es wird festgestellt, dass das Arbeitsverhältnis nicht durch die Kündigung vom … zum … aufgelöst worden ist, sondern über diesen Zeitpunkt hinaus fortbesteht."* 592

Damit soll das oben geschilderte Szenario verhindert werden, in dem der Arbeitgeber den Arbeitnehmer mit einer Vielzahl von Kündigungen förmlich überflutet und hofft, dass der Arbeitnehmer eine übersieht oder vergisst, den Antrag gem. § 4 Abs. 1 KSchG zu erweitern. Die Rechtsprechung akzeptiert den kombinierten Klageantrag – es handelt sich hier übrigens um eine Klagehäufung i.S.d. § 260 ZPO –, wenn der Kläger für den darin befindlichen allgemeinen Feststellungsantrag ein besonderes Interesse vorbringt. Er muss daher beispielsweise darlegen, dass der Arbeitgeber weitere Kündigungen in Aussicht gestellt hat, sodass die o.g. Gefahr hinreichend wahrscheinlich besteht.[12] 593

3. Feststellungsklage

Die **Feststellungsklage** gem. § 256 ZPO kommt auch in anderen Fällen als Kündigungsschutzklage in Betracht. Der Kläger kann nach der Vorschrift die Feststellung begehren, dass festgestellt wird, ob ein Rechtsverhältnis besteht oder nicht, sowie ob eine Urkunde echt ist oder nicht. Der Kläger muss auch hier ein berechtigtes Interesse an der gerichtlichen Entscheidung haben. Ein wichtiges Beispiel für eine solche Feststellungsklage ist die Statusklage gem. § 2 Abs. 1 Nr. 3b ArbGG, mit der der Kläger geltend macht, er sei Arbeitnehmer des Beklagten. 594

4. Leistungsklage

Die gesetzlich nicht geregelte **Leistungsklage** ist auf die Verurteilung des Gegners zu einer Leistung, Duldung oder Unterlassung gerichtet. Zumeist machen die Arbeitsvertragsparteien hiermit geltend, dass der jeweils andere Geld zu bezahlen (Vergütungsansprüche etc.) oder zurück zu bezahlen (Überzahlung des Arbeitslohns gem. § 812 BGB) habe. 595

5. Gestaltungsklage

Die **Gestaltungsklage** hat zum Ziel, ein konkretes Rechtsverhältnis umzugestalten. Sie ist nur zulässig, wenn dies ausdrücklich im Gesetz vorgesehen ist. Ein gutes Beispiel für eine arbeitsrechtliche Gestaltungsklage bieten die §§ 9, 10 KSchG. Mit einem Antrag nach diesen Vorschriften begehrt der Kläger die Auflösung des Arbeitsverhältnisses gegen die Zahlung einer Abfindung. 596

II. Beschlussverfahren

Im so genannten „Beschlussverfahren" werden die in § 2a ArbGG aufgezählten Streitigkeiten vor dem Arbeitsgericht ausgetragen. Die Entscheidung des Gerichts besteht hier, wie der Name schon sagt, nicht in einem Urteil, sondern einem Beschluss. Konkrete Vorschriften zu dem Beschlussverfahren beinhalten die §§ 80 ff. ArbGG. § 80 Abs. 2 ArbGG ordnet die Geltung 597

12 *BAGE* 85, 262-274.

näher genannter Vorschriften des Urteilsverfahrens an, falls sich aus dem besonderen Beschlussverfahrensrecht nicht etwas anders ergibt.

1. Sachliche Zuständigkeit

598 Die in § 2a ArbGG genannten Streitigkeiten weisen alle einen Bezug zum kollektiven Arbeitsrecht auf. Demnach ist für Angelegenheiten aus dem Mitbestimmungsrecht (§ 2a Abs. 1 Nr. 1 bis 3f ArbGG) und dem Tarifrecht (Nr. 4, der lediglich Tarifzuständigkeit und Tariffähigkeit einer Vereinigung erfasst) der Rechtsweg vor die Arbeitsgerichte eröffnet.

2. Örtliche Zuständigkeit

599 § 82 ArbGG beinhaltet Regelungen zur örtlichen Zuständigkeit. Die im Rahmen der Klausuren wichtigste Norm hier ist die des § 82 Abs. 1 S. 1 ArbGG. Diese schreibt vor, dass grundsätzlich das Arbeitsgericht örtlich zuständig ist, in dessen Bezirk der Betrieb liegt. Bei überörtlichen Angelegenheiten (§ 82 Abs. 1 S. 2 bis Abs. 5 ArbGG) ist der Sitz des Unternehmens bzw. der Gesellschaft maßgeblich.

3. Beteiligte

600 Zu den Beteiligten des Beschlussverfahrens zählen Antragsteller, Antragsgegner und ggf. weitere in §§ 10, 83 Abs. 3 ArbGG genannte Stellen und Personen.

4. Prozessvertretung

601 Hier gelten gem. § 80 Abs. 2 S. 1 ArbGG die Vorschriften des Urteilsverfahrens.

5. Sonstige Besonderheiten

602 Das Beschlussverfahren sieht einige für einen Zivilprozess eher ungewöhnliche Regelungen vor. § 83 Abs. 1 S. 1 ArbGG verpflichtet das Gericht, den Sachverhalt – im Rahmen der gestellten Anträge – von Amts wegen zu erforschen (**„Untersuchungsgrundsatz"**). Die Beteiligten sind gem. § 83 Abs. 1 S. 2 ArbGG verpflichtet, an der Aufklärung des Sachverhalts mitzuwirken.

603 Weiterhin kennt das Beschlussverfahren keinen Gütertermin wie das Urteilsverfahren, sondern sieht gar die Möglichkeit vor, ohne mündliche Verhandlung zu entscheiden, § 83 Abs. 4 ArbGG.

Online-Wissens-Check

Wie prüft man die Zulässigkeit einer arbeitsgerichtlichen Klage?

Überprüfen Sie jetzt online Ihr Wissen zu den in diesem Abschnitt erarbeiteten Themen. Unter **www.juracademy.de/skripte/login** steht Ihnen ein Online-Wissens-Check speziell zu diesem Skript zur Verfügung, den Sie kostenlos nutzen können. Den Zugangscode hierzu finden Sie auf der Codeseite.

Sachverzeichnis

Die Zahlen verweisen auf die Randnummern.